밥과 장미

권리를 위한 지독한 싸움

오도엽 씀

삶창

권리를 위한 밥과 장미 지독한 싸움

스물, 벗들과 함께 서로의 이름을 지운 채 공장에 갔다

마흔, 홀로 공장을 등지고 길을 나섰다

벗들은 내가 떠나온 그곳에 있다

이름도 명예도 없이 그렇게 여전히

퐁퐁과 수세미로 박박 밀어도 지워지지 않던 기름때

어느새 희멀건 손이 되었다

전태일 40주기를 맞이하며 벗들에게 이 책을 바친다

나, 이제 간다

차례

프롤로그 | 밥과 장미를 찾아 나선 사람들 | 10

1부 | 보이지 않는 사람들
아주 오래된 오늘 | 22
뻥 뚫린 가슴 | 32
상큼 발랄하게 튄 레모나 | 41
사라진 공장 | 51
2년짜리 비정규직 목숨 | 63
골병드는 병원 | 71
나이스 샷에 감춰진 비명 | 83
선생님은 없다 | 92
노동자들의 수다 | | 노동자에게는 법이 상실된 지 오래지요 | 102

2부 | 경계에 선 사람들
경영하려면, 쇼를 하라 쇼! | 120
엄마는 근무 중 | 130
위험! 추락 주의 | 140

굴러라, 바퀴야 | 153

상냥한 구두 발자국 | 162

고마워요, 청소 엄마 | 172

빛나는 조연 | 182

노동자들의 수다 2 | 노동조합이 있어 좋아졌다 | 193

3부 | 허공에 뜬 사람들

기타 노동자에게 밥과 장미를 | 208

자동차 먹튀 공장 | 223

사각 종이상자의 비밀 | 235

철탑 위로 날아오른 사람들 | 244

싸움의 이유 | 254

바람 부는 날의 휴게소 | 262

사람이고 싶다 | 271

노동자들의 수다 3 | 그러니까 한국 법이 개법이지 | 282

추천사 | 우리가 알아야 할 대한민국의 가장 생생한 단면 | 한홍구 | 298

프롤로그 밥과 장미를 찾아 나선 사람들

이 책은 철저히 권리를 침탈당한 사람들의 증언을 바탕으로 쓴 격문입니다. 탐방이나 인터뷰를 통해 취재를 했지만 르포르타주의 기본을 무시했습니다. 기록자(reporter)의 역할에 충실하려 했지만 한국 언론이 보여주는 저널리즘은 철저히 거부하며 글을 썼습니다. 그래서 이곳에 나온 글들은 편파적입니다.

사실에 접근하는 방법은 다양합니다. 내가 택한 방법은 저울의 균형입니다. 편파적으로 글을 썼는데 어떻게 저울의 균형이냐고 얘기할지 모르겠습니다. 내가 가진 저울은 글 밖에 있습니다. 바로 내가 사는 사회의 저울입니다. 권리를 침탈당하고 잃은 쪽의 입장만을 편파적으로 많이, 아니 전부이다시피 글을 구성했습니다. 이처럼 고상하지 못한 방법을 택한 이유는 단순합니다. 굳이 내 글이 아니더라도 권리를 빼앗는 쪽은 더 많은 기회를 이미 사회에서 독점했기 때문에. 굳이 나까지 나서서 어쭙잖은 저널리스트나 르포라이터의 폼을 잡을 필요가 없기 때문입니다.

그래서 감히 주장합니다. 내 글은 편파적입니다. 저널리스트답지도 않습니다. 르포르타주의 기본을 무시합니다. 그랬기에 가장 공정하고 가장 저널리즘에 가깝고 르포르타주의 정신에 가깝다고 주장합니다.

이곳에 실린 목소리는 상식의 목소리입니다. 가장 낮은 곳에서 보이지 않는 모습을 지닌 채 들리지 않는 목소리로 상식을 위해 살아가는 소외된 사람들의 목소리입니다. 바로 권리를 위한 지독한 싸움을 하는 사람들의 증언입니다.

글 중간 중간에 불쑥불쑥 내 감정이 폭발합니다. 하지 말아야 함을 알면서 굳이 감정을 내세운 까닭이 있습니다. 내 글은 기사도 르포도 아닌 '삐라'이기 때문입니다. 세상에 뿌리는 삐라.

이 삐라들을 굳이 책으로 엮을 필요가 있을까, 숱한 고민을 했습니다. 그때 꿈결처럼 나를 깨우쳐준 글이 있었습니다. '인류 법학사에서 최고의 고전'으로 평가받는 폰 예링의 명연설입니다.

법의 목적은 평화이며, 평화를 얻는 수단은 투쟁이다. 법이 부당하게 침해되고 있는 한—그리고 세상이 존속하는 한 이러한 현상은 계속된다—법은 이러한 투쟁을 감수하지 않으면 안 된다. 법의 생명은 투쟁이다. 즉 민족과 국가권력, 계층과 개인의 투쟁이다. 이 세상의 모든 권리는 투쟁에 의해 쟁취되며, 중요한 모든 법규는 무엇보다도 이러한 법규에 반대하는 사람들에 맞서 투쟁함으로써 쟁취된 것이다.

(……)

즉 투쟁은 법의 영원한 노동이다. 노동 없이 소유권이 존재할 수 없듯이 투쟁 없이 법은 없다. "이마에 땀을 흘리지 않고서는 빵을 먹을 수 없다"고 하는 원칙에는 "당신은 투쟁하는 가운데 스스로의 권리를 찾아야 한다"는 원칙이 동일한 진리로 서로 대응하고 있다. 권리가 자기의 투쟁 준비를 포기하는 순간부터 권리는 스스로를 포기한다. - 권리의 경우에도 시인의 말이 그대로 적용된다.

현명함의 마지막 결론은,
날마다 자유와 생명을 쟁취하는 자만이
그것을 향유한다 라는 점이라.

–「권리를 위한 투쟁」 루돌프 폰 예링(윤철홍 역, 책세상, 2007)

나는 이 글을 읽을 때 '법'을 '밥'으로 바꿔 읽습니다. 밥을 위해 인류는 법을 만들었습니다. 밥은 가장 기본적인 권리입니다. 권리는 주어지는 것이 아니라 싸워서 찾는 것입니다. 밥을 위한 저항은 욕심이 아닙니다. 부끄러움도 아닙니다. 여기 권리를 찾아나선 이들의 지독한 저항의 목소리가 있습니다. 이들의 밥과 함께 피어난 장미를 만나보세요.

이 글을 책으로 엮겠다는 다짐이 선 날, 경기도 평택으로 갔습니다. 그곳에서 '밥과 장미'를 찾아 떠도는 이들을 만났습니다. 그들의 목소리로 '밥과 장미'는 시작합니다.

* * *

여기는 2009년 권리를 위한 지독한 저항이 있었던 땅. 어둠이 가시지 않은 새벽, 차가운 겨울비가 봄을 애타게 부르며 흩뿌립니다.

이길재 씨는 무거운 몸을 이끌고 중장비 학원으로 갑니다. 단 한 시간이라도 푹 잠들 수 있다면……. 밤새 몸을 뒤척이다 새벽을 맞곤 합니다. 그날 이후, 이길재 씨의 밤은 악몽과 끝없는 사투입니다. 잠에서 깨면 온몸이 땀으로 뒤범벅입니다. 어김없이 새벽은 밝아오지만 삶은 어두운 밤에서 깨어날 생각을 하지 않습니다. 밤이 무섭습니다. 지난여름 이후…….

이길재 씨는 학원에서 지게차와 포클레인을 배우는 시간만은 모든 걸 잊습니다. 어서 빨리 중장비 자격증을 따는 길이 지루한 악몽에서 벗어나는 일이기에. 이길재 씨는 쌍용자동차 해고자입니다.

스무 해를 다녔던 쌍용자동차는 이길재 씨의 첫 직장입니다. 어느 날, 산 자와 죽은 자로 공장 동료들이 나뉩니다. 이길재 씨는 죽은 자가 됩니다. 이력서에 쓸 내용이라고는 '쌍용자동차 20년 근무' 밖에 없는 마흔여섯의 이길재 씨. 어서 중장비 자격증을 따서 취업을 해야 남편으로 아버지로 간신히 살아남을 수 있습니다.

지난해 쌍용자동차를 떠난 사람은 3000명에 이릅니다. 누구도 공장을 떠나고 싶어 나간 사람은 없습니다. 희망퇴직 혹은 정리해고, 어느 쪽도 선택이 아닙니다. 날벼락처럼 덮친 운명. 그날 이후로 발을 뻗고 잠들지 못한 사람들이 숱합니다. 이길재 씨처럼.

쌍용자동차 해고자들은 어찌 살고 있을까? 반년이 지난 2010년 2월 평택을 찾아갑니다. 다시는 가고 싶지 않은 도시. 이성보다는 야만이 지난여름을 불지옥처럼 달군 쌍용자동차. 물이 그리운 이들에게 하늘은 한 방울의 비도 허락하지 않았던 곳. 헬기의 굉성과 방패를 시멘트 바닥에 내리찍는 소리가 '해고는 살인이다' 라는 외침을 집어삼킨 전쟁터. 내비게이션의 안내에 따라 운전을 하건만 몇 번이고 쌍용자동차로 가는 길을 놓칩니다.

이제는 얼굴을 볼 수 없는 사람도 있습니다. 뇌출혈로, 심근경색으로, 때론 스스로 자신의 삶을 마감한 사람들. 목숨이 아직 살아 있는 해고자들은 발버둥을 칩니다. 살아남기 위해. 인력시장을 통해 공사장 잡부로 나갑니다. 밤을 지새우며 올빼미처럼 대리운전을 합니다. 시급 4500원을 받으며 택배 아르바이트를 합니다. '죽은 자' 의 명에에서 도망치려고 아등바등합니다. 발이 닳도록 고용센터를 들락거리며 이력서를 쓰지만 입사는커녕 면접 보러 오라는 소식조차 없습니다. 다니던 학원을 그만둔 자식들, 식당으로 옷 가게로 돈벌이를 나가는 아내를 보며 무능한 자신의 가슴에 못질을 합니다.

쌍용자동차에서 해고된 올해 마흔둘의 이영호 씨. 부모님도 아내도 "이젠 쌍용이라는 회사가 싫으니 인연을 끊으라"고 이영호 씨에게 '강요' 합니다. 하지만 이영호 씨는 공장에서 함께 쫓겨난 동료들을 만나러 집을 나섭니다. 2월 25일 오전 7시 30분, 비 내리는 쌍용자동차 정문 앞. 예전에 한솥밥을 먹었던, 다행히 '살생부'의 명단에서 빠져 살아남은 이들이 바쁘게 공장 안으로 들어갑니다. 유난히 큰 눈으로 정문 앞을 바라보는 이영호 씨의 얼굴이 촉촉이 젖습니다. 비가 내려 다행입니다. 빗물이 설운 눈물을 지웁니다.

작년 쌍용자동차 문제로 평택이 고용특구로 지정됐는데, 실제로 (실직자들이) 받는 혜택이 없어요. 평택시와 노동부 통계를 보니까 쌍용자동차 실직자 가운데 지난해 연말 기준으로 650명 정도가 취업했다고 그러더라고요. 이 가운데 30프로는 자영업이고. 나머지 취업한 사람들 대부분은 구인구직 프로그램으로 취업된 것이 아니고 친인척이나 아는 사람을 통해 취업했어요. 그 가운데 70명은 다시 직장을 그만뒀어요. 지금 천 칠팔백 명이 실업 상태로 있는 거예요. -이영호 씨

정부는 2009년 8월 13일 평택을 고용개발촉진지역으로 지정합니다. 노동부와 평택시가 쌍용자동차 실직자들의 재취업을 돕겠다고 나섰지만 성과는 초라합니다. 이력서에 쌍용자동차 경력이 들어가면 아예 면접 볼 기회조차도 주어지지 않는 현실의 장벽이 두툼하게 놓여 있습니다.

최철호(가명) 씨는 거짓말을 보태지 않고 백 군데 가까이 이력서를

넣었습니다. 하지만 어느 곳에서도 연락이 오지 않습니다. 쌍용자동차에서 근무한 내용을 빼고 이력서를 넣자 최근에 한 중소기업에서 면접을 보러 오라는 연락이 왔습니다. 들뜬 마음으로 달려갔습니다.

쌍용차 다닌 걸 빼니까 면접 보러 오라 하더라고요. 갔더니 어찌 알았는지, 왜 쌍용차 다닌 것을 쓰지 않았냐고 묻더라고요. 하도 취업이 안 돼서 그랬다고 했더니, 쌍용차 다닌 분들은 받지 않는다고, 미안하다 그러며 가라 하더라고요. –최철호 씨

이후로 최철호 씨는 이력서를 쓰지 않습니다. 이력서를 쓸 필요가 없는, 몸뚱이가 이력이 되는 건설 현장을 찾아갑니다. 최철호 씨는 평택 미군기지 건설 현장에 자주 갑니다. 그곳에서 일하는 일용직 가운데 100여 명은 최철호 씨와 함께 공장에서 일했던 쌍용자동차 동료들입니다. 이들과 마주치기 싫어 안산이나 송탄의 아파트 공사 현장을 찾아가기도 합니다. 하지만 그곳에서도 심심찮게 동료들과 마주칩니다. 반가움보다는 계면쩍은 마음이 앞서 서로를 외면합니다.

아니 쌍용자동차 다닌 게 무슨 죕니까? 20년을 쌍용차에 다녔어요. 이력서에 쓸 게 없어요. 쌍용차 빼면은. 고용특구 지정하면 뭐합니까? 희망퇴직을 했든 정리해고를 당했든 상관없어요. 파업에 참여했든 안 했든 관계없이 쌍용자동차에 다녔다면 무슨 폭력집단에 있었던 사람처럼 색안경을 쓰고 보니 어디 취업이 됩니까? 이젠 더러워서 이력서 안 씁니다. –최철호 씨

최철호 씨는 작업복 가방을 어깨에 걸고 힘겹게 집으로 갑니다. 오늘은 비가 와서 공친 날입니다. 혹시나 하며 작업복을 챙겨 집을 나섰지만 역시나 오늘 하루 그의 노동력을 살 현장은 없습니다. 공친 날, 대낮에 텔레비전을 켜고 멀뚱히 앉아 아내와 자식 얼굴을 맞이할 생각을 하니 가슴이 터질 것 같습니다. 소주 한 병을 사서 작업복 가방에 쑤셔 넣습니다.

올해 마흔의 정완석 씨도 쌍용자동차에 16년을 다니다 해고되었습니다. 만약 로또 1등에 당첨된다면 "뒤도 돌아보지 않고 이민을 가겠다"고 합니다. 정완석 씨는 이 땅이 왜 지긋지긋할까요?

내가 왜 해고가 된 건지 모르는 거예요. 내가 회사 물건을 빼돌리다 걸려서 해고되면 이해가 되는데 그냥 조용히 16년 동안 일만 했는데 하루아침에 해고 통지서를 받았는데, 그런 게 잘못된 거잖아요.

-정완석 씨

쌍용자동차에서 해고된 사람들 대부분은 자신이 왜 해고가 됐는지 모릅니다. 소방 호스에서 질금질금 흐르는 물로 양치질을 하고, 주먹밥으로 끼니를 때우며, 최루탄과 경찰의 곤봉에 온몸이 만신창이가 되며, 77일간 자신의 몸을 공장에 묶은 채 고통을 당한 까닭은 내가 왜 해고가 됐는지 몰랐기 때문입니다. 그리고 반년이 흘렀지만 아직도 물음표로 남아 있습니다.

막대한 힘과 돈을 풀어서 이념 전쟁을 시킨 거하고 똑같더라고. 전쟁. 공장 안의 남북 전쟁. 산 자와 죽은 자를 만들어, 나라가 망한다는 위기의식을 퍼뜨려가지고 니들 때문에 회사가 망했다, 선전하는 거지. 산 자들에게는 니들이 나서서 쟤들을 무찔러야 산다, 그러며 노동자끼리 싸우게 만들고 말이에요. 처음엔 병아리였죠. 내가 왜 해고를 당해야 하지? 병아리 같은 마음으로 출발했다고. 근데 점점점 지나면서 회사가 싸움닭을 만들더라고. 싸움닭이 나중에는 공룡이 되고, 공룡이 괴물이 되고, 이제 마녀사냥을 해가지고 폭도들이다, 쉽게 말하면 반정부 세력이다, 이런 쪽으로 몰아가는 거야. 그리고 벼랑으로 뚝 떨어뜨리는 거야. –이길재 씨

해고자들이 취직이 되지 않은 이유는 '선입견' 때문입니다. 해고를 당하자 일하고 싶다며 병아리 같은 마음으로 나선 이들을 공권력과 경영진들은 붉은 페인트로 도배질합니다. 쌍용자동차를 망치고 한국 경제를 무너뜨리고 국가를 전복시키려는 세력으로 덮어씌웁니다.

여주가 집인 김길용(가명) 씨는 주말부부 생활을 하며 쌍용자동차를 다녔습니다. 역시 해고자이자 실업자입니다. 개인택시를 할까 싶어 택시 면허를 땄지만 1억이라는 돈이 있어야 개인택시를 살 수 있다는 말에 좌절합니다. 아내가 학교 보조교사로 나가 한 달에 50만 원을 벌고 있습니다. 110만 원씩 받던 실업급여는 오는 4월 22일이 되면 끊깁니다. 그전에 어떤 일자리든 구해야 하는데, 앞날이 깜깜합니다.

저 같은 경우도 지금 잠을 못 자요. 회사에서 받은 배신감이 떠나지 않아요. 아침까지 잠을 설치죠. 새벽에 일찍 일어나 멍하니 있는 거예요. 걱정이 돼서. 무얼 하긴 해야 되는데 받아주는 데는 없고, 그렇다

고 해서 돈이 있는 것도 아니고. -김길용 씨

다니던 학원을 그만둔 자식들을 보고 있자면 김길용 씨 가슴은 미어터집니다. 좀 못 먹고, 못 입더라도 자식들이 배우고 싶어하는 것은 어떻게든 가르치겠다는 다짐으로 허리띠를 졸라맸던 김길용 씨. 이제는 학원비가 아니라 급식비를 고민해야 할 때가 멀지 않았습니다.

올해 마흔 살인 최영호 씨는 지난 2월 12일 교도소에서 나왔습니다. 최영호 씨는 자신이 석방되어 집에 돌아간 날, 책상 위에 놓여 있던 종이 한 장을 잊을 수 없습니다.

집에 딱 갔는데 그게 있더라고요. 책상 위에 대출, 신용대출 용지가 있더라고요. 아내가 쓰지는 않았는데 어디서 받아놨는지 그게 있더라고요. 그걸 보면서……, 아, 마음이……, 지금도 계속 씁쓸하죠.

-최영호 씨

자신이 없는 동안 신용대출 신청서를 눈앞에 두고 수십 번을 멈칫멈칫 했을 아내. 최영호 씨는 직장을 구하는 일보다 아내의 마음을 보듬어주는 게 먼저입니다. 아내는 최영호 씨에게 애원했습니다. 그깟 회사 그만두고 희망퇴직하고 나오라고. 아내는 물었습니다. '가정이 우선이냐, 동료가 우선이냐?' 최영호 씨는 희망퇴직 대신 부당한 해고에 맞선 파업을 선택합니다. 그 선택으로 해고와 함께 전과자 낙인을 찍었습니다. 아내는 남편의 선택을 이해합니다. 하지만 서운함마저 지울 수는 없습니다. 그걸 최영호 씨는 압니다.

고등학교 때 만난 첫사랑이 지금의 아내입니다. 7년간의 열애 끝에 결혼했고, 이제 20년 지기입니다. 어떤 어려움이 있어도 아내와 함께 인생을 걸고 싶습니다. 석방된 뒤로 집에서 설거지와 청소를 도맡아 합니다. 너무 가까운 존재라 잊고 지냈던 아내에게 다시 20년 전 첫사랑의 마음으로 다가가 대화를 나누려고 노력합니다.

병역을 마치고 쌍용자동차에 입사했을 때 최영호 씨의 소망은 소박했습니다. '이곳에서 평생 일하고 싶다. 사랑하는 이와 결혼해서 아이들도 키우고 노후를 준비하겠다'는 것입니다. 쌍용자동차에서 쫓겨나는 순간, 그 꿈은 흐릿하게 사라집니다. 이제 어떻게든 살아남아 사랑하는 아내와 아이들을 잃지 않아야 합니다.

서울로 돌아오는 길, 아직 비가 내립니다. 쌍용자동차 해고자의 삶을 취재할 때가 '아직은' 아닙니다. 아무 것도 바뀐 것이 없습니다. 이들은 여전히 해고자이고, 이들이 내민 이력서에는 '사회에서 추방'이라는 붉은 낙인이 여전히 찍혀 있습니다. 처참한 절망을 확인, 또 확인하는 과정이 되풀이되고 있을 뿐입니다. 77일간의 옥쇄파업은 공권력과 자본의 무자비한 공격을 받아 끝이 났지만, 해고자의 삶은 정부의 약속과 달리 생존권이 봉쇄를 당한 채 더 큰 고통을 강요받고 있습니다. 파업 이후, 쌍용자동차 해고자의 삶은 세상에서 봉쇄되었습니다. 다시 옥쇄를 선택할지 모릅니다. 옥처럼 아름답게 부서져 사라지는 것마저도 '봉쇄'된 이들의 삶 앞에 따뜻한 봄비 대신 차가운 겨울비가 억수로 쏟아집니다.

1부
보이지 않는 사람들

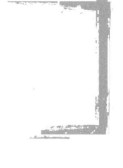

동우화인켐 비정규 하청 노동자 한지희

아주 오래된 오늘

"작업 시간에 화장실 좀 가지 마. 일할 때 물을 작작 좀 마셔!"

조장의 훈계로 작업을 시작합니다. 최순이(가명) 씨는 화가 치솟습니다. 화장실 한 번 가려면, 관리자한테 허락을 받아 시간을 적고 확인증을 받아야 갈 수 있으니, 차라리 참을 수만 있다면 가라고 사정해도 가고 싶지 않습니다. 생리 현상을 가지고 아침부터 한마디 듣고 나니 기분이 잡칩니다. 엊그제 옆 라인의 언니는 관리자한테 허락받는 일이 수치스러워, 참다 참다 그만 옷에다 실례를 하고 말았습니다. 소변 참는 게 일상이다 보니, 심지어 방광염에 걸려 약을 지어 먹는 경우도 많습니다.

최순이 씨는 작업등을 켜고 LCD 편광필름을 검사합니다. 밝은 불빛에 필름을 반사시키며 검사를 하는데, 한 시간도 지나지 않아 눈이 침침해집니다. 갈수록 눈이 나빠져 걱정입니다. 시력이 나빠지면 일터를 그만두어야 합니다.

"아줌마, 빨리 좀 해!"

이제 스물서넛 된 정규직 직원이 반말입니다. 하청노동자는 아예 사람으로 보이지 않는지 늘 반말을 툭툭 던집니다. 최순이 씨는 올해 마흔다섯입니다. 조회 때는 조장이 화장실 가는 걸로 지랄이더니, 이제는 새파랗게 젊은 것이 닦달입니다. 최순이 씨는 어이가 없지만 참습니다. '어쩌랴. 상대는 원청회사 정규직 직원인데…….'

하지만 너무 분합니다. 같은 공장에 같은 날 입사해도 하청 노동자는 연봉이 원청회사 직원의 절반에 불과합니다. 급여가 법에서 정한 최저임금에 미치지 못한 적도 있었습니다. 주면 주는 대로 받았지요. 처음 입사할 때 상여금이 500%였는데, 아무런 통보도 없이 슬그머니 400%로 줄였습니다. 이런 사실도 모른 채 미련스럽게 일만 했습니다. 나중에 이 사실을 알고 얼마나 화가 났는지 모릅니다. 돈 때문이 아닙니다. 정당한 임금조차 못 받으면서 소변이 마려워도 다리를 비비 꼬며 일한 자신이 너무 한심했고, 자신을 속인 회사가 너무 괘씸했습니다.

이번 주말에 고향에 계신 아버지 칠순 잔치를 가야 하는데 도저히 말할 용기가 나지 않습니다. '지난달 일요일에 시동생 결혼식 때문에 쉬었는데, 이번 달에도 빠진다고 하면 보통 난리가 아닐 텐데…….'

최순이 씨는 이해가 되지 않습니다. 주5일 근무인데, 왜 토요일은 커녕 일요일에도 맘대로 쉬지 못하는지, 왜 눈치를 보며 일요일 근무를 빠져야 하는지, 당연히 쉬는 날 쉰다고 하는데 욕을 먹어야 하는지 알 수 없는 노릇입니다. 남들은 묵묵히 일하는데 자기 혼자 따질 수도 없는 노릇입니다.

그놈의 잔업이나 좀 적었으면 좋겠습니다. 이건 몸이 아파도 꼬박 꼬박 잔업을 해야 하니, 미칠 정도가 아니라 등골이 휘어 죽겠습니다. 주야 바꿔 가며 열두 시간 맞교대를 돌다 보면, 살려고 일하는 건지, 죽으려고 일하는 건지, 최순이 씨는 당최 알 수 없습니다.

최순이 씨의 어깨가 아려옵니다. 새우등처럼 굽은 채로 꼼짝하지 않고 일을 하자니 사지가 뒤틀립니다. 일어나 기지개라도 한 번 펴고 싶은데, 작업장 안에서 일어서지도 못하게 합니다. 가끔은 일터를 박차고 나가고 싶은 심정입니다.

아닙니다. 앉아서 일하는 걸 다행으로 여겨야지요. 지난달 불량이 났다고 보름 동안 종일 서서 일했습니다. 다리가 팅팅 부었던 그때 생각을 하면 새우등이 되어도 앉아서 일하는 게 낫습니다. 서 있다고 기지개를 펼 수 있는 것도 아닌데, 참고 일해야지요.

이렇게 일해서 최순이 씨가 얼마를 버는지 아세요? 기본급 88만 원. 잔업 60시간을 해도 110만 원이 안 됩니다.

어떤가요? 1960년대 이야기 같지요? 아닙니다. 2008년 경기도 평택시 포승공단 동우화인켐에서 일하는 비정규직 하청 노동자들의 고백입니다.

동우화인켐은 국내 굴지의 기업인 삼성에 LCD 필름과 반도체에 사용되는 화학약품을 납품하는 회사입니다. 한국 LCD 편광필름 시장의 40%를 차지하고 있습니다. 이곳 포승공단에는 2001년에 공장을 설립했습니다. 2007년 매출은 1조 5000억 원, 순이익은 9000억 원입니다. 2002년 매출은 1500억 원이었으니 5년 만에 자그마치 10배나 성장했습니다.

2008년 10월에 동우화인켐을 찾아갔습니다. 서울 동대문에서 지하철과 버스를 갈아타며 회사 앞에 도착하니 서울에서 부산까지 고속철도를 이용해 가는 시간보다 더 걸렸습니다. 이곳에서 동우화인켐 비정규직 노동자들을 만나 이야기를 들었습니다. 동우화인켐에는 1000명이 넘는 비정규직 노동자가 일하고 있습니다.

동우화인켐의 고속 성장의 비밀은 불행히도 동우화인켐 직원의 절반 이상을 차지한 비정규직 노동자의 설움과 절망에 있었습니다.

동우화인켐 하청 노동자 16명은 설움의 눈물을 닦습니다. 절망의 일터를 희망의 일터로 만들려고 2008년 5월에 노동조합을 만듭니다. 몇 주 사이에 400명의 노동자들이 노조에 가입합니다. 제조업 비정규직 노조 가운데 가장 규모가 큽니다. 그만큼 동우화인켐 하청 노동자의 설움이 컸다는 말이지요.

조합원이 늘어가는 과정은 감동, 그 자체입니다. 조합 가입 유인물을 돌릴 때는 슬금슬금 관리자 눈치를 보며 피하던 동료들이, 점심시간이나 휴게시간에 조합 간부 곁에 다가와 금속노조 조끼 주머니에 손을 살짝 집어넣고 쏜살같이 사라지곤 합니다. 주머니에 무얼 넣고 갔나 만져보면 조합에 가입하겠다는 종이가 들어 있습니다. 처음 16명이 조합을 만들 때만 해도 과연 조합을 지켜낼 수 있을까 하는 두려움에 사로잡혀 있었습니다. 그 두려움은 몇 주 사이에 싸그리 사라지고 자신감으로 가득 찹니다.

노동조합을 만드니 청소하는 아주머니들이 찾아왔어요. 나이가 많아요. 환갑이 넘은 분도 있고요. 청정작업은 따로 소장이 있어요. 월급날은 아주머니들을 사무실로 불러서 소장이 급여를 준대요. 월급

주면서 김치나 고추장을 담가오라고 한대요. 자기 외손자 돌이라고 금반지를 해오라고도 하고요. 상품권을 사다가 상납도 했고요. 작업 시간에 졸았다, 걸레질 방향이 틀렸다며 툭 하면 사유서를 쓰라고 했대요. 사유서를 쓰면 (징벌로) 상여금 가운데 이삼십 프로를 삭감해서 준대요. 징계 절차도 해명 기회도 없이 소장 마음 내키는 대로 감봉을 한 거예요. 나이 든 아줌마들이 마땅히 갈 일자리도 없고 그러니 온갖 수모를 당하고, 돈까지 뜯겨가며 소장 앞에 찍 소리 못한 채 있었던 거예요. 이 말을 하면서 아주머니들이 펑펑 울어요. 집에 가서 가족들한테도 말할 수 없다며 우는 거예요. 정말 부끄러워 어떤 때는 이렇게 돈을 벌어야 하나, 하는 생각도 들었대요.

노동조합을 만들자마자 생긴 일입니다. 초창기라 조직을 꾸리느라 정신없이 바쁠 때입니다. 하지만 간부들은 이 일에 적극적으로 나섭니다. 노동조합을 꾸리는 문제보다 중요하다고 여겼지요. 소장이 노동자에게 한 행위는 파렴치한 범죄행위였기에 조합 간부들은 만사를 제쳐두고 달려들었습니다. 결국 소장은 쫓겨납니다.

조합에서 열성을 가지고 싸워 악질 관리자(소장)를 몰아내자 청소 작업을 하던 노동자들이 김치를 담가서 조합을 찾아왔어요. "소장한테 가져다 준 김치는 수모를 당하며 눈물로 담갔지만, 이 김치는 고마워서 정성껏 담았어. 이런 김치는 골백번 담가도 내 마음이 행복할 거야. 내가 해줄 수 있는 게 이거밖에 없어." 이리 말하면서 ……. 이 김치가 목에 넘어가지 않았어요. 눈물이 나서 차마 먹을 수가 없었어요.

노동조합을 만든 이유 가운데 하나가 동우화인켐 노동자의 건강권과 생명권을 지키려는 것입니다. 한 달에 한 번꼴로 작업장에서 유독가스 냄새가 났습니다. 제품을 검품하는 작업장 노동자들은 헛구역질을 하고 눈이 따갑고 머리까지 어질어질하다고 고통을 호소합니다. 회사는 그때마다 별일 아니라며 계속 작업을 지시합니다. 더 이상 고통을 참지 못한 노동자 한 명이 작업을 하지 못하겠다고 현장 반장에게 항의했지요. 반장은 남들은 다 하는데 왜 그러냐며 작업을 계속하라고 다그칩니다. 반장이 직접 해보라고 따졌습니다. 반장이 직접 작업을 해보고 나서야 자신도 도저히 참을 수 없었던지 작업을 중단시킨 일도 있습니다.

조합 간부들은 더 이상 노동자들을 유해한 환경에 방치할 수가 없었습니다. 다시 가스 유출 사고가 나자 작업장 밖으로 작업자를 대피시킵니다. 함께 일하는 동료의, 그리고 나 자신의 건강과 생명을 지키려는 '본능'이지요. 하지만 회사는 작업중지를 해서 손해를 입혔다며 조합 간부들에게 2억 원의 가압류와 함께 해고, 정직, 감봉과 같은 징계를 내립니다.

2002년에는 화학약품을 다루는 공장에서 화재가 일어나 4명의 노동자가 죽은 일도 있습니다. 2006년에는 가스가 폭발했는데, 얼마나 강력했던지 50미터 남짓 떨어진 인근 현대모비스 공장까지 파편이 날아갔습니다.

회사는 노동조합이 두려웠던지 100명 남짓의 용역 경비를 새로 고용합니다. 이들은 공장에 있던 해고 노동자들에게 폭력을 행사한 뒤 사지를 들어 공장 밖으로 내팽개칩니다. 회사는 사람의 목숨보다 매출과 이익에만 눈이 벌겋게 달아올라 있습니다.

10월 13일 새벽, 다시 가스 유출 사고가 일어납니다. 조합 간부들이 노동부의 협조를 받아 현장에 들어가 정체불명의 유독가스를 채취합니다. 원진노동환경건강연구소에서 가스 성분을 분석하니 놀라운 결과가 나옵니다. 암을 일으킬 수 있는 벤젠, 앉은뱅이 병을 일으켜 논란이 된 노말헥산, 독성 물질인 트리클로로에틸렌과 톨루엔이 검출됩니다.

삼성반도체에서 일하는 노동자가 백혈병으로 18명이나 죽어 요즘 국정감사에서도 시끌벅적합니다. 그러면 지금껏 이 약품을 직접 만들어 납품한 동우화인켐 노동자는 더 위험한 조건에 놓였던 것 아닐까요?

죽음을 몰고 올지 모르는 가스를 피해 작업장을 뛰쳐나간 것이 죄가 된 노동자가 2억 원의 가압류를 받아야 하는지, 해고를 당해 마땅한지, 이제 한번 따져봐야겠어요. 이익에 눈이 멀어 노동자의 생명권을 강탈할 것이 아니라 당장 공장을 멈추고 가스 유출의 진상규명에 나서는 게 맞지 않나요? 한겨울이 다가오는데 노동자를 공장 밖 길바닥으로 내쫓을 것이 아니라 함께 신나고 안전한 일터를 만드는 데 노력해야죠. 1조 5000억 원의 매출만 자랑할 것이 아니지요. 1조 5000억 원의 적자를 보더라도 지켜야 할 것은 지켜야죠. 생명보다 중요한 건 없잖아요. 바로 사람의 목숨이 달려 있잖아요. 동우화인켐 사훈이 '인간 존중'인데, 그 인간에 비정규직 노동자는 없어요.

동우화인켐 비정규직 이효진 씨는 "왜 꿈속에서도 시원하게 한번 이겨보지 못하는지 속이 상해 밤새 뒤척"인다고 합니다. "동지다, 투쟁이다, 노조다, 이런 말보다 앞서 '씨발' 하는 욕설이, 쌍욕보다 먼저 설움이, 설움보다 먼저 눈물이 괴었다"고 합니다.

비정규직 안석호 씨는 거리에 쫓겨나 싸우다 보니 멀리 떠난 어머니가 더욱 그리운가 봅니다. 현장 동료 아주머니들 이야기를 고인이 된 어머니께 편지로 씁니다.

그런데 저는 또 어머님들에게 받기만 하면서 살고 있습니다. 제가 해줄 수 있는 일이라고는 검품하느라 피곤한 어깨 잠깐 주물러주고, 점심 드시고 졸린 분들 뒤에서 실없는 농담으로 웃게 해드리고, 일 끝나고 볼일 보러 가야 되는데 잔업해라 특근해라 하는 회사 비판하고, 어린 자식들 챙겨줘야 된다고 야간 일 못한다는 말 못하는 사람들 대신 종이에 몇 글자 적어서 불법이라고 말해주는 일, 법적으로 아무런 문제없는 일을 마치 불법이라 윽박지르는 관리자들 앞에서 큰소리 치고 싸우는 것밖에 없었습니다.

하지만 이제 그것도 할 수 없게 되었습니다. 제가 지금 할 수 있는 일이라고는 아침 일찍 일어나 제 걱정해주시는 어머니들 얼굴 뵙기 위해 회사 앞에서 피켓 들고 서 있는 일뿐입니다. 회사에서는 개별 면담으로 회유하고 협박해 탈퇴서를 받고 있는데 저는 아무것도 해줄 것이 없어 마음이 더욱더 아픕니다. 회사와 노동조합의 싸움뿐만 아니라 제 자신의 투쟁 또한 이겨내서 현장에서 보고 싶은 사람들 마음껏 볼 수 있도록, 어머니에게 다하지 못한 효를 지금 저를 믿어주시는 어머니들에게 할 수 있도록 하늘에 계신 어머니와 현장에서 일하시는 어머님들이 응원해주세요.

─안석호 씨의 편지에서

며칠 뒤면 전태일 38주기 추도식입니다. 동우화인켐 비정규직 노동자의 얼굴에 1970년대 청계천 봉제공장에서 일하던 시다들의 얼굴이 겹칩니다.

숨이 막혀 작업을 중단하고
밖으로 나왔더니 징계래요

동우화인켐 비정규직 노동자들이 해고를 당한 이유는 자신의 생명을 지키려는 본능에 몸이 움직였기 때문입니다.

산업안전보건법에 따르면 작업 현장에 위험이 있으면 작업을 중지하고 대피할 권리를 명시하고 있습니다. 또한 작업을 중지하고 대피한 노동자에게 이를 이유로 해고나 그 밖의 불리한 처우를 하지 못하도록 규정하고 있습니다. 위험 요소를 상급자에게 보고했을 경우 상급자는 이에 대한 적절한 조치를 해야 합니다. 사용주는 안전과 보건을 위한 조치를 한 뒤에 작업을 시작해야 합니다. 위험 때문에 작업을 중지했다면 해고와 같은 징계 사유가 될 수 없습니다.

법에 따른 정당한 요구를 동우화인켐 비정규직 노동자는 한 것입니다. 하지만 법에 따라 처벌받아야 할 사업주는 막대한 이윤을 자신의 호주머니에 담고, 비정규직 노동자는 아직도 아스팔트에 주저앉아 자신들의 권리를 호소하고 있습니다. 노동자에게는 법이 없네요. 대한민국에서는.

한국주택금융공사, 비정규 계약직 이재석

뻥 뚫린 가슴

저는 금융 계통에서만 13년을 일했어요. 채권추심 업무를 보는데, 나름 이 분야의 베테랑이라고 자부합니다. 본래 광주지사에서 일했어요.

오늘은 2008년 6월 3일. 경제를 누구보다도 잘 안다는 이가 대통령에 취임한 지 딱 100일째 되는 날입니다. 금융기관에서만 13년을 일한 이재석 씨는 여느 날과 마찬가지로 잘 다려진 하얀 와이셔츠를 입고 한국주택금융공사 전북 익산센터로 출근합니다. 늘 하던 대로 이재석 씨는 자리에 앉자마자 컴퓨터를 켜고 회사 전산망에 접속합니다. 부사장 명의의 '계약인력 운용' 공문이 올라와 있네요. 이재석 씨 얼굴이 밝아집니다.

2007년 6월 '공공 부문 비정규직 종합 대책'이 만들어집니다. 비정규직 직원을 정규직이나 무기계약직으로 전환하라는 지침이지요. 전산망에 뜬 공문 제목을 보자마자 이재석 씨는 이젠 꿈에 그리던 정규직이 되거나 최소한 무기계약직이 되어 고용불안에 시달리지 않아도 된다는 생각에 가슴이 설렙니다.

마우스로 공문을 클릭합니다. 악, 그런데 이게 웬 날벼락인가! 한국주택금융공사의 채권추심을 담당하는 계약직 인력을 모두 계약 종료하고 새로운 인력으로 충원하겠다는 공문이 아닌가. 이재석 씨는 혹시 잘못 읽지 않았나 싶어 공문을 읽고 또 읽습니다. 아무리 읽어봐도 해고, 해고라는 말뿐.

"아, 정규직이 될 줄 알았는데, 이게 뭐야! 익산으로 이사 온 지 석 달 만에 이게 뭔 날벼락이야!"

이재석 씨 가슴이 뻥 뚫립니다. 아내와 아들의 얼굴이 해고를 알리는 공문 위로 겹칩니다.

석 달 전이죠. 3월에요, 팀장님이 부르는 거예요. 익산센터에서 일해보지 않겠냐는 거예요. 이제껏 광주에서만 일해왔는데 뜬금없이 익산이라니. 황당했죠. 제 형편이 광주를 떠날 처지가 아니었거든요. 아내랑 맞벌이를 해요. 혼자 벌어서 먹고살기 힘들잖아요. 거기다 제가 비정규직이고. 11개월에 한 번씩 재계약을 해요. 말로야 "여기 아니면 일할 데 없나" 하지만 가정 가진 사람이 직장을 옮기는 게 쉽지 않잖아요. 돈을 많이 벌고 적게 벌고를 떠나서 말입니다. 늘 불안하죠. 그러니 맞벌이를 하는 수밖에 없죠. 아내 수입을 무시할 수 없거든요. 그런데 제가 익산으로 가면 아내랑 떨어져 살든지, 아니면 아내가 직장을 그만둬야 하잖아요. 아내가 익산 가서 쉽게 일자리를 구하기도 힘들고요. 더구나 아들이 막 초등학교에 입학했어요. 바로 며칠 전에 아들이 입학식을 한 거예요. 부담되죠. 학교에 적응하기도 힘든데, 전학을 가서 새 학교, 새 선생, 새 친구들이랑 적응할 생각해봐요. 엄청 스트레스 받지요. 아무리 생각해도 익산으로 옮기기 힘들 것 같다고 말했죠. 그랬더니 팀장님이 걱정하지 말래요. 7월 달이 되면 2년 이상 근무한 비정규직들은 정규직이나 무기계약직으로 전환될 건데 뭐가 걱정이냐며. 공공 부문 비정규직 종합 대책이 정부 시책이고, 본사에서도 이 지침에 따라 계약직을 무기계약직으로 전환하겠다고 수차례 밝혔는데, 이번 기회에 익산센터로 가서 자리 잡으래요. 그래서 결심했죠.

이재석 씨는 광주 집을 팔고 익산으로 이사를 합니다. 아내도 직장을 그만둡니다. 비정규직 신세를 벗어나면 안정된 생활을 할 수 있지 않겠느냐고 아내를 설득한 겁니다. 7월에 시행될 정부 시책을 믿고 말입니다. 이제 막 선생님하고 정을 붙이려는 아이도 익산으로 전학을 옵니다.

익산으로 전출을 가면서 회사와 3개월 단기계약을 합니다. 무기계약 전환을 앞둔 6월 말까지만 계약 기간을 설정한 것입니다. 회사는 11개월씩 하던 기존 계약 대신 7월에 시행될 무기계약직 전환에 맞춰 계약직 사원들과 2개월에서 6개월 사이로 단기계약을 맺은 겁니다. 이재석 씨만이 아니라 2년 이상 일한 계약직원들 대부분이 고용이 보장될 7월만을 기다립니다.

6월 3일 회사 전산망에 올라온 '계약인력 운용'이란 공문 제목을 보고 당연히 무기계약직으로 변경한다는 지침이라고 이재석 씨는 생각했고 믿었습니다. 그런데 해고라니!

갑자기 하늘이 시커멓게 바뀝니다. 눈앞에 아무것도 보이지 않습니다. 아내는 직장을 그만두고, 집까지 익산으로 이사를 했는데, 이제 어디로 가란 말인가요. 어떻게 먹고살란 말인가요. 그것도 다른 일자리를 알아볼 여유도 주지 않고 나가라니. 기가 막힙니다.

그날 밤 퇴근을 한 이재석 씨는 차마 아내에게 이달 말로 계약해지되어 실업자가 된다는 말을 할 수 없습니다.

"여보, 직장에 다니지 않고 살림만 하는 것도 이제 몸에 익네."

아내가 저녁상을 차리며 말합니다.

초등학생 아들과 다섯 살 난 딸아이도 쪼르르 식탁으로 달려와 숟가락을 듭니다.

"아빠, 화났어?"

말없이 밥만 먹는 아빠에게 딸이 묻습니다.

딸의 목소리에 이재석 씨는 주루룩 눈물을 흘리고 맙니다. 이재석 씨는 딸에게 아무 말도 할 수 없는 부끄러운 아빠가 됩니다. 일회용품 비정규직 아빠.

7월이면 비정규직법이 시행된 지 1년이 됩니다. 이랜드 뉴코아 노동자들이 비정규직법에 의해 쫓겨난 지도 1년이 되고요. 비정규직 노동자를 거리로 내모는 '비정규직법'이 확대 시행되는 7월을 앞두고 지난해보다 더 많은 비정규직 노동자가 거리로 내몰리고 있습니다.

이재석 씨는 숱한 비정규직 노동자 중 한 명에 불과할 뿐입니다. 이재석 씨의 눈물은 비정규직 노동자가 일하는 사업장 곳곳에서 장맛비처럼 쏟아집니다. 설마 했던 '비정규직 보호법'이 역시 '비정규직 눈물법'이 됩니다.

진정 비정규직을 보호하려고 법을 만들었다면 공공기관에서 앞장

서 모범을 보여야 합니다. 그런데 경제 대통령이 들어서고 100일이 지나자 모범은커녕 공공기관이 앞장서 법을 악용합니다.

새 정부가 들어서고 공공 부문 개혁, 공공 부문 통폐합을 운운하잖아요. 이 칼날이 정말 보호되어야 할 비정규직을 해고하는 형태로 진행되고 있어요. 구조조정이 필요한 곳에서 개혁이 일어나지 않고 가장 약하고 보호받아야 할 비정규직을 희생양으로 내세운다니 말도 되지 않아요. 그것도 공공 부문에서 앞장서서 법을 악용하니 치가 떨립니다. 위에서 공공 부문 개혁해라, 뭐 실용 내세우며 대통령이 앞장서서 난리를 치니까 괜한 비정규직만 당하는 겁니다. 그렇다고 저희 업무 없어지는 것도 아닌데 말이에요.

한국주택금융공사에서 채권추심 일을 하는 계약직 직원은 50명입니다. 이 가운데 6월 말로 쫓겨나는 사람은 16명. 이번에 해고되지 않은 사람도 계약 만료일이 되면 자동 계약해지가 되어 올 11월에는 전원이 거리로 쫓겨납니다.

채권추심 업무가 사라지는 것이 아닙니다. 계약직원이 사라지는 것도 아닙니다. 무기계약직 전환 대상이 쫓겨나는 대신에 6개월 이내의 단기계약직 사원으로 새로 충원하겠다는 것입니다.

이명박 정부가 공공 부문 개혁을 떠들자 한국주택금융공사는 무기계약직이나 정규직 전환을 앞둔 비정규직을 내몰고 있습니다. 그 자리에 단기계약직을 신규 채용하여 이명박 정부의 정책에 호응하는 것처럼 생색만 내겠다는 거지요.

한국주택금융공사 비정규직 노동자는 누구도 계약해지라는 개별

통보를 받은 적이 없습니다. 6월 3일 전산망에 달랑 올라온 공문 두 쪽이 전부입니다. 거기에는 대상자 이름도 없습니다. 기준도 없습니다. 무조건 다 나가라는 말밖에는. 손전화의 문자에서 전산망의 공문까지 노동자의 목줄을 끊는 방법도 갈수록 기계화됩니다.

왜 제가 나가야 하는지 몰라요. 탄원서도 써봤어요. 회사는 듣는 시늉도 안 해요. 그냥 묵묵부답이에요. 전산망으로 달랑 공문 두 장 받은 게 전부예요. 문자로 해고 메시지를 받았다고 하데요. 우리 말고 다른 회사. 그 사람들은 자신이 해고라는 걸 알잖아요. 우리는 내가 해고라는 통보도 없는 거죠. 누구누구 계약해지다, 이름이라도 알려줘야지. 일일이 통보를 하지 않는다 하더라도. 어떤 해명도 없어요. 정말 회사가 어려워 니네들 해고할 수밖에 없다, 변명이라도 한마디 해줬으면 좋겠어요. 뭐 이런 경우가 있어요. 이 가슴이 터져 진짜 뻥 뚫렸어요.

6월 25일 한국주택금융공사 채권추심 일을 하는 비정규직 노동자가 서울 본사 앞에 모입니다. 그들은 빨간 바탕에 하얀 구멍이 그려진 몸자보를 두릅니다. 뻥 뚫린 비정규직 노동자의 가슴을 보여줍니다. 이재석 씨의 가슴을 들여다보면 정말로 뻥 뚫려 있습니다.

내일부터 회사 나오지 말래요

해고도 상식적으로 한다면 이해하겠습니다. 어찌 몰상식하게 인터넷에 공문 한 장 달랑 던져두고 해고를 한단 말입니까? 다시 법을 들춰봅니다. 너무도 분해서 말입니다.

법에는 해고예고제도가 있습니다. 해고 사유와 상관없이 해고 예정일로부터 30일 전에 미리 알려주어야 합니다. 예고를 하지 않는 경우 30일분 이상의 통상 임금을 지급해야 합니다. 해고예고기간 중에 직장을 알아보기 위해 결근한 경우에도 임금은 받아야 맞습니다. 해고예고 기간이란 직장을 구할 시간과 여유를 준다는 말이니까요.

사용자가 노동자를 해고하려면 서면으로 통지해야 합니다. 이러지 않을 경우 해고 효력이 없습니다. 해고예고를 하고 해고를 했다고 모두 정당한 해고는 아닙니다. 해고 사유가 부당하거나 절차가 올바르지 않을 경우 복직할 수 있습니다. 부당 해고를 당했다면 3개월 이내에 노동위원회에 구제 신청을 할 수 있습니다.

부끄럽습니다. 공공기관이라는 곳이 법 상식조차 없다니.

경남제약, 이수정 유현주 홍정순

상큼 발랄하게 튄 레모나

봄인가 싶었는데 찬바람이 매섭습니다. 충남 아산시 신창면. 전쟁 중도 아닌데, 군사작전지역도 아닌데, 분단선도 아닌데, 군사용 철조망이 정문과 담장에 나선을 그리며 칭칭 둘러쳐 있습니다. 이곳은 아산의 향토기업이자 자랑으로 알려진 경남제약입니다.

1957년에 만들어진 경남제약은 노란 봉지에 담긴 비타민C '레모나'를 만드는 곳입니다. 지역에 사는 사람이라면 누구나 경남제약에 다니고 싶어하고, 경남제약에서 일한다고 하면 누구나 부러운 눈으로 바라봅니다.

서른여덟의 이수정 씨. 고향 공주에서 고등학교를 마친 이수정 씨는 취업을 준비하던 차에 경남제약에서 사람을 모집한다는 공고를 봅니다. 경남제약이니 고민이 필요 없습니다. 다른 회사에 눈길을 돌릴 필요도 없습니다. 당장 이력서를 들고 경남제약을 찾아갔고, 며칠 뒤 출근하라는 연락을 받습니다. 그때가 1991년입니다.

열일곱 해가 흐릅니다. 이수정 씨는 경남제약에서 반려자를 만나 결혼하고, 경남제약을 다니며 세 아이의 엄마가 됩니다. 경남제약에는 이수정 씨의 삶이 고스란히 쓰여 있습니다. 하지만 이수정 씨의 출근길은 철조망에 가로막힙니다. 분명 자신이 있어야 할 곳인데, 자신의 스무 살이 고스란히 새겨져 있고 자신의 마흔도 이곳에 기록해야 되는데, 철조망에 가로막혀 멈춰 있습니다.

여섯 살 아들 성빈이에 이어 어여쁜 딸 예현이를 갓 낳은 홍정순 씨. 출산휴가를 마치고 돌아온 일터에는 하얀 작업복이 아닌 가시철조망이 무시무시한 얼굴로 기다리고 있습니다. 하얀 작업복은 다시 입어보지 못하고, '흩어지면 죽는다'라고 적힌 칙칙한 남색 조끼를 입습니다. 작업장에 서는 대신 뜨거운 아스팔트에서 팔뚝질을 합니다. 갓난아이의 해맑은 웃음을 느끼지도 못한 채, 철조망에 가로막힌 공장 앞에서 분노의 눈물만 흘립니다.

검정색 옷 입은 사람만 만나도 가슴이 막 뛰고 숨이 콱 막혀 미칠 것 같아요. -유현주 씨

유현주 씨는 공황장애에 시달리고 있습니다. 이제는 사람이 모여 있는 것만 봐도 온몸이 굳어집니다. 일상생활도 힘이 들 정도입니다. 유현주 씨는 일터를 가로막은 군사용 철조망보다 사람이 더 무섭습니다. 아직 결혼도 하지 않은 스물여덟의 유현주 씨에게 무슨 일이 벌어졌을까요?

아침에 눈을 뜨는 것마저 두렵다는 경남제약 노동자들. 그들의 이

야기는 2003년으로 거슬러 올라갑니다. 경남제약은 금융 위기로 어려웠던 IMF 시절에도 불황을 느끼지 못할 정도로 성장을 거듭합니다. 그런데 경남제약의 창업자인 양준호 회장이 뇌에 이상이 생겨 의식을 차리지 못하자 문제가 생깁니다. 집안의 재산분쟁에 휩싸인 것입니다. 결국 2003년 9월에 기업을 녹십자에 매각합니다.

녹십자가 경남제약을 인수했어요. 인수는 했는데 기술 개발이나 시설 투자에는 관심이 없어요. 녹십자가 경남제약 사들인 인수 대금도 어디서 나온 줄 아세요? 경남제약을 담보로 대출받아 지급했어요. 자기 돈 한 푼 들이지 않고 사들였잖아요. 인수한 뒤에 400억 원이 넘는 이익금을 챙겼어요. 투자나 기술 개발도 없이 거저 돈만 챙긴 거죠. 녹십자가 인수할 때 5년 이내에는 재매각을 하지 않는다고 약속했어요. 그 약속을 지난해 7월에 어긴 거예요. 인수한 지 4년도 채 되지 않아서. 느닷없이 HS바이오팜이라는 듣도 보도 못한 회사에 경남제약을 다시 팔아넘겼어요. 녹십자는 우리나라 5대 제약회사로 손꼽혀요. 이런 회사가 경영을 통해 이익을 얻을 생각은 안 하고, 경남제약 자산을 날름날름 빼가는 식으로 이익만을 챙기고 발을 뺀 거예요. 정당하게 기술 개발해서 제품을 만들어 이익을 남길 생각을 해야 하는데, 있는 기술과 자산에서 돈 빼먹을 거 다 빼먹은 다음 다른 데 팔아 마지막 껍질까지 벗겨 먹으면 되겠어요? 이건 기업을 하는 게 아니라 사냥을 하는 거예요. 기업 사냥. 결국 애꿎은 노동자들만 기업 사냥꾼들한테 두 번 팔리는 신세가 된 거예요. ―이수정 씨

2007년 7월 9일 HS바이오팜이 경남제약을 인수합니다. 녹십자에

매각됐을 때는 노동조합이 특별교섭을 요구해 경남제약 시절의 고용과 노동조합, 단체협약을 인정받았습니다. HS바이오팜에게도 특별교섭을 제안합니다. 노사는 매주 화요일과 목요일에 두 차례씩 열세 번 교섭을 진행합니다. 회사가 교섭에 성실히 참여한 덕에 노사 간의 입장 차이도 많이 사라집니다.

2007년 9월 21일은 14차 교섭을 하기로 약속한 날입니다. 그리고 민족의 큰 명절인 한가위를 며칠 앞둔 날이기도 합니다. 교섭에 참석하는 사람이나 공장에서 일하는 사람이나 한가위 전에 회사와 교섭이 원활하게 타결되기를 바라고 있었습니다.

매각 이후 조합 간부들은 투기 자본의 기업 인수합병에 가슴을 졸여야 하는 일터가 아닌 '안정된 일터'를 만들려고 날마다 밤샘농성을 했어요. 그날도 14차 교섭 준비를 하며 여섯 명의 조합 간부들이 노조 사무실에서 밤샘을 하고 있었지요. ─이수정 씨

새벽 5시 40분께. 아직 동이 트기도 전인 이른 새벽입니다. 조합 사무실이 있는 3층 복도가 갑자기 요란합니다. 무슨 일인가 싶어 놀라서 밖으로 나가니 자물쇠를 채워둔 3층 현관문이 박살이 나며 검은 옷을 입은 낯선 사내들이 우르르 달려듭니다. 밤샘을 하고 있던 조합 간부들은 놀라서 사무실 문을 안에서 걸어 잠갔습니다. 밖으로 나오지도 못하고 오들오들 떨며 공포에 젖습니다. 그사이 회사는 조합원이 사용하는 휴게실과 옥상으로 가는 통로를 용접기 불꽃으로 꽁꽁 봉쇄합니다.

출근 시간인 오전 9시. 조합원들의 손전화기에는 자신의 눈을 의심

하게 하는 문자가 옵니다.

"직장 폐쇄"

정문과 담장에는 철조망이 쳐졌습니다. '일을 하고 싶다'는 67명의 목구멍을 가로막고 쳐졌습니다. 그 앞에는 검은 옷의 용역 경비들이 어깨를 자랑하고 있습니다. 조합원 67명 모두가 여성입니다. 이들은 눈앞에 있는 철조망을 걷어낼 힘이 없습니다. 검은 옷의 건장한 용역 경비를 당해낼 재간도 없습니다. 경남제약 여성노동자들의 삶에 검은 장막이 쳐졌습니다.

파업을 한 것도 아니잖아요. 교섭 중이었어요. 서로의 신뢰를 바탕으로 마찰 없이 열세 차례나 교섭을 진행했어요. 13차 교섭을 한 지 이틀이 지난, 그것도 14차 교섭을 하기로 약속을 한 날이에요. 사전에 한마디 말도 없이, 그것도 문자 메시지로. 추석 연휴를 눈앞에 두고 직장폐쇄라니…… 말도 안 되잖아요. 지금까지 쇼를 한 거잖아요. 앞에서는 교섭을 하고 뒤에서는 명절 연휴를 앞두고 노조를 없애려는 목적으로 음모를 꾸민 거잖아요.

결국 거리로 쫓겨나 명절을 맞았어요. 추석 연휴가 끝나자 공장 앞에 천막을 쳤어요. 도시락을 싸들고 공장 앞 천막에 와서 '일을 하고 싶다'고 외쳤어요. 말도 마셔요. 그때마다 당해야 했던 폭력 생각만 해도 끔찍해요. 우리가 천막에 있으면 병을 깨서 유리 조각을 던져요. 태어나 들어보지도 못했던 욕설에다가 성희롱도 서슴지 않아요.

-홍정순 씨

직장폐쇄를 해도 조합원이 노동조합 사무실에 들어갈 권리가 있습

니다. 이를 가로막는 것은 명백한 불법입니다. 충남 지역의 노동자들은 회사가 불법적으로 조합 사무실 출입을 막는 것에 항의하며 사무실 되찾기 투쟁을 벌입니다. 사무실을 뺏고 뺏기는 과정에서 용역 경비와 노동자들 간에 충돌이 생깁니다.

경찰은 이 충돌을 이유로 금속노조 충남지부 임원 전부를 비롯해서 8명에게 체포영장을 발부합니다. 2008년 2월 13일에는 자진 출두를 하겠다고 경찰에 통보한 박혜영 경남제약 지회장과 정원영 금속노조 충남지부장을 비롯한 임원 3명을 구속한 데 이어 14일에는 자진 출두한 금속노조 임원 2명마저 추가로 구속합니다. 충돌에는 상대가 있는 법인데, 용역 경비 및 이들을 고용한 회사 임원들은 체포하지 않습니다. 회사의 불법에 대해서는 무관심했던 경찰이 노동자에게는 발 빠르게 대응합니다.

직장폐쇄를 한 회사는 대화로 사태의 실마리를 풀려는 노력은커녕 2007년 12월에는 조합원 5명을 해고하고, 6명에게는 정직이라는 징계를 내립니다. 거리로 내몰린 조합원들은 이미 조건 없이 일을 하겠다는 '개별적 근로 의사'를 한 사람씩 적어 회사에 보냈습니다. 하지만 회사는 꿈쩍하지 않고 있습니다.

HS바이오팜이 인수한 뒤 조합에서 무리한 요구를 하지는 않았느냐며 이수정 조합원에게 조심스럽게 물었습니다. 어이가 없다는 듯이 웃습니다.

무리한 요구요? 저희가 두 번씩이나 매각이 되면서 심한 고용불안을 겪었잖아요. HS바이오팜은 이익금만 챙기고 도망가는 기업 사냥하지 말라, 50년 향토 기업으로 제약업계에서 자리 잡은 경남제약을

10년 간은 매각하지 말아달라는 약속을 요구했을 뿐이에요. 이게 무리예요? 여기 대부분 10년 넘게 경남제약에서 일을 했고, 정년퇴직을 앞둔 분도 있어요. 지금껏 경남제약을 다니는 것을 자랑으로 여기며 열심히 일한 우리들이 일터를 안정되게 해달라고 하는 게, 거리로 쫓겨나야 할 만큼 무리한 요구인가요? 용역 경비의 폭력에 시달릴 일이냔 말이에요. —이수정 씨

이수정 씨의 눈자위가 붉어집니다. 자꾸 고개를 돌려 벽을 바라봅니다. 목울대를 넘어 쏟아져 나오려는 말을 다시 가슴 밑으로 억누르고 있습니다. 질문을 할 수 없었습니다. 석유난로의 불꽃만이 침묵의 공간을 달구고 있습니다. 한참 만에 말을 잇습니다.

만 몇천 원하는 어린이집의 우윳값을 내지 못해 농성 천막에 아이들을 데리고 온 조합원이 있어요. 결혼을 했고, 아이들이 있어요. 생계를 책임지는 조합원들도 있어요. 남자들처럼 공사판에 나가 일하기도 쉽지 않잖아요. 돈이 없으니 아이를 맡기고 일하러 다니기도 어렵고요. 자연히 농성장에 아이를 데리고 와요. 어떤 엄마가 자식들에게 이런 모습을……, 이런 모습을 보여주고 싶겠어요. 맡길 곳이 없어 어쩔 수 없이 아이의 손을 잡고 철조망이 쳐진 공장에 왔어요. 액션영화의 폭력배처럼 우람한 경비들이 비웃고 있는 공장에 말이에요. 폭력과 욕설이 나도는 곳에 자식을 데리고……. 조합 사무실에 아이를 데려오는 것은 불법이라며 협박해요. 자식 앞에서 불법을 저지르는 엄마가 되는 거예요. —이수정 씨

이수정 조합원을 아프게 하는 것은 한둘이 아닙니다. 여성 조합원이기에 겪어야 하는 숨겨진 아픔이 너무도 많습니다. 몇몇 조합원들은 일터를 되찾는 일도 가족의 눈치를 봐야 합니다. 용역 경비의 폭력이야 악으로 버티지만, 남편이나 시댁에서 들어야 하는 소리는 악으로도 버티기도 힘듭니다. 여성의 몫처럼 고스란히 안아야 하는 육아 문제는 그 이상의 고통으로 가슴을 누릅니다.

경남제약을 찾은 날은 온양온천역에서 경남제약 노동자의 업무 복귀를 바라는 문학의 밤 행사가 있는 2008년 2월 29일이었습니다. 직장폐쇄 162일째 되는 날이지요. 무척이나 매서운 바람이 역 광장을 덮칩니다. 장갑과 모자, 목도리를 끼고 감고 뒤집어썼지만 칼바람이 살갗을 차갑게 벱니다. 우수가 지나고 경칩이 다가오는데, 내일이 3월인데, 봄은 멀기만 합니다.

공장에 들어갈 수가 없어요

경남제약 노동자 이야기를 쓰고 나서 얼마 지나지 않아 이들은 다시 공장으로 돌아갔습니다. 그 소식을 듣고 너무 기뻤습니다. 하지만 기쁨의 순간, 의문이 들었습니다. 경남제약 노동자들이 공장으로 돌아간 것은 너무도 당연한 일인데, 왜 기쁘지?

직장폐쇄는 노동자의 파업처럼 사용자의 쟁의 행위입니다. 노동자가 일을 멈추듯 사용자가 공장을 폐쇄하는 하는 일입니다. 법 조항을 들춰봤습니다.

사용자의 직장폐쇄는 사용자가 현저하게 불리한 압력을 받았을 때만 가능합니다. 직장폐쇄는 노동자의 쟁의 행위가 시작된 이후에만 할 수 있습니다. 직장폐쇄를 해도 노조 사무실, 기숙사와 같은 복지시설에 노동자 출입을 막을 수는 없습니다. 사용자가 현저하게 불리한 압력을 받아 회사를 보호하기 위해 수동적이고 방어적인 수단으로 부득이하게 시행한 직장폐쇄가 아니라면 회사는 직장폐쇄 기간 동안의 임금을 지급하라는 대법원 판결도 있습니다.

HS바이오팜의 직장폐쇄는 정당했을까요?

자티전자, 김윤자 이상헌

사라진 공장

새벽 5시 40분에 전화를 받았어요. 남편이 전기기사인데 새벽같이 출근을 해요. 막 밥을 차리고 있는데 전화가 온 거예요. 당신 알아서 출근해라, 하고 저는 부랴부랴 회사로 달려갔어요. 짐이 다 회사 밖으로 나와 있는 거예요. 8층에 있던 짐인 거예요. 제가 7년 동안 일했던 건데, 한눈에 알 수 있죠. 너무 어이가 없어서……. –김윤자 씨

김윤자 씨는 서울 관악구 봉천동에 있는 주식회사 자티전자에 다니고 있습니다. 지하철 2호선 낙성대역에서 내려 3번 출구로 나오면 10층짜리 현대식 건물이 있습니다. 이곳이 자티전자 사옥입니다. 김윤자 씨가 햇수로 8년째 다닌 일터입니다. 그런데 하룻밤 사이에 감쪽같이 일터가 사라집니다. 너무도 황당해 할 말을 잃었다는 김윤자 씨. 내가 당한 일이 아니었으면 믿지도 않았을 거라며 헛웃음을 터뜨

립니다. 이제 하룻밤 사이의 이야기를 들어봅니다.

2009년 2월 24일입니다. 김윤자 씨는 여느 날과 마찬가지로 저녁 6시에 작업이 끝나자 동료들과 내일 만나자는 인사를 나누고 집으로 돌아옵니다. 저녁을 먹고 연속극을 보다 잠자리에 듭니다.

다음 날 새벽 5시. 김윤자 씨는 평소와 다름없이 깹니다. 새벽같이 출근하는 남편의 아침 밥상을 차리느라 정신이 없습니다. 김이 모락모락 나는 밥과 구수한 냄새가 나는 된장국을 밥상에 올리는 순간, 전화기가 요란하게 울립니다.

"이리 이른 시간에 바쁜데 누가 전화야!"

낯익은 직장 동료의 이름이 찍혀 있습니다. "새벽부터 웬 전화지" 투덜거리며 전화를 받자, 수화기 너머에서 당장 숨이 넘어갈 듯한 목소리가 흘러나옵니다.

믿기지 않습니다. 수화기 너머에서 들려온 이야기가 마치 꿈결처럼 여겨집니다. '아, 오늘이 만우절인가. 이런 황당한 일이 어딨단 말인가. 회사가 새벽에 이사를 가다니. 직원도 모르게 야반도주를 하다니.' 온몸에 힘이 쭉 빠집니다. 그 자리에 주저앉습니다.

"여보, 무슨 일이야?" 남편이 놀라서 묻습니다.

"아, 아니. 나 지금 회사에 가봐야겠어요. 당신 알아서 밥 먹고 출근해요."

김윤자 씨는 회사로 달려갑니다. 가는 내내, 이건 꿈이야, 농담일 거야, 홀로 되뇌며 달려갑니다.

회사 앞에 도착한 김윤자 씨는 꿈이 아니라 현실이라는 걸 그제야 깨닫습니다. 자신의 작업장에 있어야 할 물건들이 모두 건물 밖으로 나와 있습니다. 8년 동안 지겹도록 보았던 작업대와 기계입니다. "내 손목을 시리게 했고, 내 고막을 아프게 했지만 밥줄"인 김윤자 씨의 분신과 같은 '또 다른 나의 일부'가 길거리에 줄줄이 널려 있습니다.

멀쩡한 일터가 하룻밤 사이에 어디로 갔을까요? 사장님은 죽어라 일한 직원들에게 한마디 말도 없이 짐만 챙겨 어디로 달아난단 말인가요. 김윤자 씨는 목이 터져라 소리칩니다.

"이런 날벼락이 어딨어!"

1984년에 만들어진 자티전자는 핸즈프리, 내비게이션을 만드는 전자회사입니다. 조그마한 영세업체로 출발했던 자티전자는 발전에 발전을 거듭하여 2001년에는 코스닥에 상장을 합니다. 2002년에는 낙성대역 앞에 10층짜리 '자티전자 벤처 빌딩'이라 불리는 현대식 사옥을 지어 입주합니다.

저는 2001년 1월 22일 날 입사를 했는데, 그전에는 (자티전자가) 안테나도 생산하고 대리점도 하고 그랬다고 해요. 제가 입사했을 때는 핸즈프리를 개발해 내수도 올렸지만 수출을 해서 (회사가) 많이 컸죠. 돈을 벌어들이면서 코스닥에 상장도 하고 사옥도 짓고 했어요. 사업 영역도 확장했어요. 핸즈프리뿐만 아니라 LCD를 개발한다든가 지금 하고 있는 내비게이션을 개발한다든가 하며 투자를 하기 시작한 거죠.

제가 들어왔을 때만 해도 서울대 입구 사거리에 있는 여관촌 뒤에 조그마한 건물에 세 들어 공장을 운영했어요. 되게 비좁게 생활했어요. 거기서 돈을 엄청나게 많이 벌어서 낙성대로 이전을 한 거예요. 정말 열악한 공장에서 일하다 번듯한 현대식 건물로 이사를 하니까, 당시에 직원들, 뿌듯했죠. 자랑스럽고요. 자티전자 가족들은 10년 전임대 건물에서 현재의 사옥으로 발전할 때까지 누구나 할 것 없이 정말 열심히 일했어요. 갑자기 벌어지는 야근과 특근에도 회사 발전을 위해서라는 사명감으로 군소리 않고 나와서 묵묵히 일만 했어요. 정말 자랑스러운 직장이라 생각하며 궂은일 마다 않고 일했지요.

−이상헌 씨

이상헌 씨는 자티전자에서 8년째 일하고 있습니다. 기술 개발 업무를 맡고 있으며 직책은 과장입니다.

요즘 경기가 어렵다고 합니다. 자티전자는 2006년께부터 어려움을 겪습니다. 의욕적으로 기술 개발에 투자를 했지만 수익을 내지 못합니다. 직원들도 회사의 어려움에 고통을 분담합니다. 지난 몇 년간 월급 한 푼 오르지 않았지만 회사가 먼저 살아야 한다는 믿음으로 묵묵히 일만 했지요.

저희가 3년 연속 적자가 났어요. 회사가 어렵다는 거 저희도 잘 알고 있어요. 이렇게 회사가 어려워진 이유 가운데 하나가 사장님의 독단입니다. 자그마한 회사일 때는 사장님이 이끌어가는 대로 다 끌고 갔어요. 그래서 이만큼 성장했고요. 사장님의 공로 인정합니다.

신규 사업에 투자해서 몸집을 키운 상태잖아요. 임원진들도 많이 생겼고요. 규모에 맞게 임원진들과 대화도 하면서 회사가 나아갈 바를 함께 연구하며 운영해야지요. 이게 아니에요. 아직도 사장님이 생각하는 어떤 길이 보였다 하면 무조건 밀어붙여요. 그거에 반대하는 사람은 무조건 잘라버려. 예전 작은 공장 운영하듯이 한 거지요. 혼자 생각에 이건 매출이 일어날 거다 하고 생각이 콕 꽂히잖아요. 자재를 질러요. 몇십 억이 됐든, 몇백 억이 됐든. 사장님 생각대로 매출이 안 오르면 이게 악성 재고가 되어버리는 거예요. –이상헌 씨

사장님의 독선적인 경영이 오늘의 어려움을 불러들인 것이라고 이상헌 씨는 주장합니다. 각 분야의 전문가가 회사에 있지만 사장님은 직원들을 믿지 못하는지 자신이 "직접 관할하지 않는 부분이 없다"고 합니다.

요즘은 제품이 디자인 위주거든요. 디자인팀에서 올리면 사장님이 일일이 고친다고 잡고 있으니 개발 일정이 딜레이되고 결국 시장에서 한 발 늦는 악순환이 계속됐죠. 그게 결국은 적자로 가게 만들었죠. 그런 상황입니다. 그런데 사장님은 오로지 사람만 자르려고 하죠.

–이상헌 씨

2009년 1월입니다. 대표이사는 한마디 상의나 법적 절차 없이 38명의 직원에게 해고 통보를 했습니다. 어려움을 함께 이겨나가려고 묵묵히 일하던 직원들에게 청천벽력과 같은 일이 벌어진 거죠.

이건 아니다, 아무리 회사가 힘들다고 하지만 이렇게 직원들을 거리로 내모는 것은 잘못이다, 직원을 사람이 아닌 물건 취급을 하는 거 아닌가. 해고 통보를 받은 이들이 회사의 상식에 맞지 않는, 도저히 수긍할 수 없는 강제 인원 정리에 맞섭니다.

대표이사는 법적 하자가 있는 해고였음을 뒤늦게 깨닫고 해고 방침을 철회합니다. 그렇다고 직원들과 함께 공생의 방법을 찾은 건 아닙니다. 회사는 희망퇴직자를 모집하고, 한편에서는 회사 이전 계획을

ⓒ금속노조 자티전자분회

세웁니다. 지방으로 공장을 옮기면 직원들이 쫓아오지 않겠지, 하는 얄팍한 계산을 한 거죠.

자티전자 노동자들은 회사의 어려움을 함께 극복하려고 지혜를 모읍니다. 직원들이 순환 휴직을 하겠다고 제안합니다. 회사가 인건비를 줄이려고 세웠던 인력구조 조정안만큼 직원들이 공동으로 희생을 하겠다고 한 거죠.

2월 12일 오후 3시에 열린 노사교섭에서 '인천남동공단 이전 계획을 철회하고, 생산라인을 지하 2층으로 옮기며, 부분 휴업을 통한 수익구조 개선을 한다'는 합의를 합니다.

그런데 이게 무슨 일입니까? 2월 24일 회사는 입장을 손바닥 뒤집듯 바꿉니다. 지금껏 합의했던 내용을 무시합니다. 이제껏 논의하고 합의했던 것을 휴지통에 구겨 넣습니다. "언제 이전을 하겠다는 날짜도 적히지 않은 유인물"을 저녁 7시가 넘은 시간에 직원들에게 뿌립니다. 이미 김윤자 씨를 비롯한 생산직 직원들은 퇴근을 한 뒤입니다. 유인물이 돌고 여섯 시간이 흐른 새벽 1시, 수십 대의 차량과 사람을 동원하여 공장 이전을 강행합니다.

(야반도주 하던 날 새벽) 사장님이 차를 타고 도망가는 거예요. 지난 4년 동안 월급 10원짜리 한 푼 오르지 않았어도(생산직 여성노동자는 4년간 임금이 동결되었다) 아무 소리 없이 일했는데 사장님이 이럴 수가 있느냐? 어저께까지 노사 협의를 해놓고, 우리 다 집에 간 다음에 유인물 한 번 날리고, 이 새벽에 이렇게 이사 가는 게 말이 되느냐? 막 따졌지. 아주머니들이 앞뒤에서 차바퀴를 막았어요. 그래 차에 깔리자, 깔아뭉개라. 우리가 너무 절박해서⋯⋯. 내 이왕에 죽는

거 에쿠스에 한 번 치어서 죽고 싶다, 그랬어요.

사장님 말은 낮에 이사를 하면 길 막힐까봐 그랬대요. 평소에 자기가 조금이라도 남을 배려하는 사람이라면 우리가 그 말을 믿을지 몰라. 어림 반 푼어치도 없는 소리를 하니 우리가 아무리 청맹과니라고 해도 그걸 믿겠냐고요. 자기가 누구 배려하는 사람 아니라는 걸 뻔히 아는데. 아니 길 막힐까봐 직원들 몰래 도망가는 게 어디 말이나 되냐고요. 그런 배려 직원들한테 해봤냐고요?

막말로 추석이나 설 명절 때 하다못해 사탕 한 봉지를 줬으면 말을 안 해요. 회사 창립일, 노동절, 그 흔한 손수건 한 장 줬으면 말을 하지 않아요. 그렇게 인색하고 야박하게 (직원들한테) 했으면서 인제 와서 지 손해 본다고 다 나가라고, 몰래 도둑 이사를 간다니, 말도 안 되는 소리지. –김윤자 씨

김윤자 씨는 자신이 자티전자에서 겪었던 일을 꼼꼼하게 기억하고 있습니다. 자신의 몸 구석구석에 배인 고통의 기억들을 쏟아냅니다.

진짜 여기 (손목에) 파스 안 붙인 사람 한 명도 없어요. (낙성대 근처) 정형외과 가면, "거기 뭐하는 회사냐?" 물어요. 하도 우리 직원들이 많이 가니까요. 우리 아줌마들 전용 병원이라고 그랬어요. 왜냐면 계속 손목을 쓰니까 테니스 엘보 증후군도 있고 손목 근육이 튀어나오는 경우도 있어요. 조금만 돈을 써서 작업대를 개선하면 이런 일 없는데, 돈 아까워서 안 만들어주는 거예요.

(작업장에) 냄새가 하도 독해서 300원짜리 마스크를 하나 사달라고 했는데, 안 사줘요. (총무과에) "왜 안 사주냐?" 따지니까, 사장님이

ⓒ금속노조 자티전자분회

돈 드는 일은 하지 못하게 한대요, 현장에 코팅 액이 있어요. 냄새가 지독해요. 그게 유해 물질이기 때문에 제가 먼저 다니는 회사에서는 되게 중하게 취급을 했어요. 사람 코에 흡입이 안 되게 유리관으로 딱 만들어줬어요. 손만 집어넣어서 일을 하고, 굴뚝처럼 해갖고 유리관으로 냄새를 뽑아내게. 여기선 그걸 사람이 직접 쳐다보고 손으로 그리게 했어요. 그것 때문에 제 고막이 다쳤어요. 병원 가는 것도 사유서 써야 했고, 병원비도 다 제 돈으로 냈어요. -김윤자 씨

자티전자 노동자들의 이야기는 끝이 없습니다. 너무 많아 이곳에 다 받아 적기도 힘듭니다. 다 적었다가는 기업인에 대한 불신이 너무 깊어져 열심히 일하는 사람들이 '노동을 거부' 하는 일이 벌어질까 두려울 정도입니다. 자티전자가 직원들에게 월급을 제대로 주었는지, 산업안전보건법을 준수했는지 따지려고 이 글을 쓰는 것은 아닙니다. 그저 '사람' 에 대해서 말하고 싶습니다. 높은 윤리 규범이나 도덕성을 요구하는 거 말고요. 그냥 누구나 평범하게 생각해서 자티전자 대표이사가 한 행위가 사람이 할 '짓' 인지 묻고 싶을 뿐입니다.

20년이 넘는 노동자들의 고된 노동과 희생으로 회사는 성장을 했고 기업주는 막대한 부를 거머쥘 수 있었습니다. 회사가 3년 남짓 어려움에 봉착했다고, 직원들 몰래 멀리 공장을 옮기는 게 사람이 할 수 있는 일인지, 한번 짚어보고 싶을 뿐입니다.

경제를 살리기 위해 기업주들에게 숱한 특혜를 주려고 난리인 한국 사회에서, 경제 살리기가 누구를 위한 잔치인지 고민하고 싶습니다. 기업이 어려울 땐 정부가 혜택을 줍니다. 반면에 기업이 잘 나갈 때는 기업주의 호주머니로 이익이 홀랑 들어가는 처사가 맞는 것인지를 한

번 되짚어봐야 합니다. '고통 분담'이 혹 노동자에게 '고통 전담'을 강요하는 것은 아닌지를.

자티전자의 주식은 대표이사의 손에 있습니다. 자티전자 노동자들의 피땀으로 쌓아 올린 낙성대 사옥은 아직도 건재합니다. 주식과 건물은 간직하더라도 직원은 헌신짝처럼 버리겠다는 무시무시한 횡포 앞에, 더는 노동이 신성하다고 말할 용기가 없습니다.

나 오늘 잘렸어요

부당하게 회사에서 쫓겨나고도 자신의 능력 부족 때문이라고 자학하는 게 대한민국의 많은 노동자이 가진 의식입니다. 누구나 학교를 졸업하고 나면 노동자가 되는데, 학교에서는 노동자가 되었을 때 당연히 알아야 할 지식을 가르쳐주지 않습니다. 심지어 노동의 종류에 따라 무능한 사람, 능력 있는 사람으로 구분하여 가르치기도 합니다. 학교에서 근로기준법을 조금이라도 가르쳐주었다면 해고를 당했을 때 자신의 무능이라고 자책하지는 않을 겁니다.

근로자에 대해 정당한 이유 없이 해고, 정직, 전직, 감봉, 그 밖의 징벌을 하지 못하도록 근로기준법은 정하고 있습니다. 정당한 이유가 없다면 해고는 당연히 무효지요. 해고의 정당한 이유나 징계 사유를 사용자가 입증해야 합니다. 당신이 일을 하다 다쳤거나 질병으로 요양 중이라면 쉬는 기간과 쉬고 나서 30일간은 어떤 이유로도 해고할 수 없습니다. 여성이 출산 전후로 쉴 때와 그 뒤 30일간에도 해고할 수 없습니다.

해고, 절대 부끄러워할 필요 없습니다. 당당하게 문제에 대해 말하면 됩니다.

명지대학교, 행정조교 서수경 김유경

2년짜리 비정규직 목숨

다 죽이고 싶어요. 저 멍하니 돌아다니는 학생들도, 비실비실 웃고 지나다니는 정직원들도 다 밉고……. (침묵, 눈물을 글썽인다) 제가 화가 많이 났나 봐요. 요즘 들어 왜 이런 생각이 들고, 말이 막 나오는지 모르겠어요. 솔직하게 말하면, 제 마음이 이래요. 일본에서 '묻지 마 살인'을 하잖아요. 그런 일이 왜 일어났는지를 심정적으로 이해를 하겠어요. 정말로 화가 나요. (울먹인다) 누구한테 풀겠어요? 저 총장 멱살을 잡고 따져야지 해결되려나. 까짓것 안 되면……. 정말 끔찍한 상상이 내 머리를 떠나지 않아요. 요즘 제가 좀 과격해졌어요. 그런데 농성 80일인데, 제가 이 학교 출신이고……, 월 100만 원 주고서 부려 처먹고서는 조용히 그 돈 받고 다니겠다는 사람들을 쫓아내는 게 어디 말이 돼요? -서수경 씨

울분을 가누지 못하는 노동자를 만났습니다. 세상에 태어나 욕 한 번 해본 적 없을 것 같은 선한 얼굴의 명지대학교 행정조교 서수경 씨의 입에서 섬뜩한 단어들이 쏟아져 나옵니다. 잠시 평정심을 찾는가 싶으면 어느새 목소리가 높아집니다. 가슴 가득 한이 맺혀 있습니다.

비정규직이다, 그런 생각하지도 않았지. 행정조교가 비정규직인지 몰랐다니까요. 직원들하고 똑같이 사학연금 들어주고 그랬어요. 저희가 교수여서 사학연금 들어줬겠어요? 직원하고 똑같으니까 사학연금 들어준 거잖아요. 계속 자기가 일하던 데에서 자동으로 재계약을 했기 때문에 비정규직이라는 생각, 진짜 안 했어요. ─서수경 씨

자신이 비정규직이라고 여겨본 적도, 고용의 위험을 느껴본 적도 없이 10년 넘게 명지대학교에서 일한 사람들. 물론 자신이 노동자인지도 모르고 일한 사람들. 우리 곁에서 숱하게 만났던 이웃의 모습입니다. 당신이 다니는 학교 선배일 수도, 아침마다 화장을 하고 출근하는 언니일 수도, 엄마일 수도 있는 그런 사람들.

올해 마흔한 살, 명지대학교 90학번, 졸업을 하던 그해 1995년부터 14년간 행정조교로 일한 김유경 씨. 그의 첫마디도 "내가 비정규직이라는 생각은 단 한순간도 해본 적이 없다"입니다.

작년 8월에 행정조교 마흔 명이 쫓겨났어요. 올 2월에는 95명을 나가라고 하고요. 처음에는 그냥 "나가야 되나 보다" 생각했어요. 생각을 했는데……, 내가 나가야 하는 이유가 비정규직법 때문이라는 걸 알게 되었죠. ─김유경 씨

2007년 7월 31일입니다. 하루 일과를 마치고 밝은 마음으로 퇴근 준비를 하던 명지대학교 행정조교 40명의 얼굴은 갑자기 사색이 됩니다. "기간 만료를 통보하오니 업무에 참고하시기 바랍니다"라는 공문이 이메일로 들어옵니다. 공문 마지막에는 "마흔 명의 이름이 짜르르 적혀" 있습니다. 이름이 적힌 40명도, 이름이 적히지 않고 살아남은 100여 명의 행정조교도 어처구니가 없기는 마찬가지입니다.

행정조교 대부분은 명지대학교를 졸업한 사람들입니다. 이들이 하는 일은 학생들의 성적 입력, 입시, 졸업, 학생 상담, 입학 문의, 시험 감독……, 학교 행정 전반에 걸쳐 있습니다. 당연히 교직원이 해야 할 업무들이지요. 이들은 교직원 대신 '행정조교'라는 이름으로 근무합니다. 14년을 근무한 행정조교의 급여가 교직원의 초임에도 미치지 못합니다. 이들이 행정조교가 된 까닭은 오로지 교직원보다 비용이 적게 들기 때문입니다.

처음에는 부서장님께서 나를 앉혀놓고 되게 좋은 말씀을 했어요. 학교가 이러저러하고 어렵고 하니까 나가줘야 된다. 같은 사무실에서 근무했던 저희 처장님한테 (해고라는) 말씀을 들었는데, 인간적으로 말씀을 하시니까 단순하게, 수긍을 했었죠. 처음엔. -김유경 씨

십수 년을 묵묵히 자신의 모교에서 일한 행정조교들은 비정규직을 2년 이상 고용할 경우 정규직으로 채용해야 한다는, 비정규직을 보호한다는 바로 그 법 때문에 쫓겨납니다. 학교는 2년이 넘은 행정조교를 내쫓고 그 자리를 1년짜리 계약직 직원으로 채웁니다. 새로 뽑는 계약직도 대부분이 명지대학교 졸업생입니다.

제가 대학에 입학해서 지금껏 스무 해를 명지대학교에서 있었어요. 이십대, 삼십대를 고스란히 명지대에서 보냈고, 사십대를 맞이했어요. 제가 평생 사랑하며 내 이름 앞에 달고 살아야 하는 명지대학교가 이런 공간이라고 생각해본 적이 없었어요. -김유경 씨

행정조교들은 학교 평가와 같은 학내의 중요한 업무가 있을 때는 토요일, 일요일을 반납했습니다. 무보수의 잔업도 마다하지 않고 자신의 모교를 위해 일했습니다. 처음에 나가라고 할 때는 "학교 재정이 어려워서 내보내나 보다"라고 여겼던 순박한 사람들입니다. 하지만 쫓겨나는 이유가 비정규직법 때문이라는 사실을 알고부터는 배신감을 느낍니다. 이제껏 내가 졸업한 학교라는 자부심에 저임금에도 불만 없이 일해왔는데 학교는 우리를 비용 절감의 수단으로 취급하는구나! 그 절망감이 너무 깊어 행정조교들은 싸움을 선택합니다.

학교 측에서 계속 그랬어요. 법적인 판결을 진행하고 있으니 조용히 있으라고. 지난 4월 22일에 복직 판결을 받았어요. 그런데 '부당해고다, 복직시켜라!' 법적인 판결이 났음에도 불구하고 학교 측에서는 아직 일언반구도 없어요. -김유경 씨

명지대학교의 대학 이념이 무엇인지 아십니까? '기독교 정신에 입각한 사랑 진리 봉사'입니다. '다른 사람을 내 몸같이 사랑하라'는 그리스도의 말씀을 따른다고 대학 홈페이지에 친절하게 설명까지 달아 올려놓았습니다.

제가 행정조교 하기 전에, 대학 졸업하고 곧바로 명지대학교에 촉탁으로 다녔어요. 촉탁으로 4년 반 다니다가 임신했다고 잘렸는데, 그게 스스로 그만둔 게 아니에요. 계약기간이 6개월 남았는데 학교에서 나가달라고 하니까, 그땐 너무 순진했으니까, '어 이거 어떡하지? 잘리면 고용보험 못 받나?' 이런 생각하다가, "너 조용히 나가면 고용보험 받을 수 있게 계약기간 된 걸로 해줄게" 이래서 "네 고맙습니다" 학교에다 고맙습니다, 인사하고 나갔잖아요. 그때 촉탁으로 일할 때, 사령장에 보면 학교 마크 밑에 '다른 사람을 내 몸같이 사랑하라'는 문장이 있어요. 그 성경 구절을 사령장에 써서 주는 그런 기독교학교가, 요따구에요! 100만 원 주고서 14년 부려 처먹다가 이렇게 길거리로 내모는 게 내 이웃을 사랑하는 사람들이 할 짓이에요! -서수경 씨

명지대학교 유병진 총장을 인터뷰한 기사가 있습니다. 기자는 '직원들이 일일이 말하지 않아도 알아서 챙겨주는 모습 때문에 내부에서는 어머니 같은 총장으로 불리기도 한다'고 유 총장을 칭찬합니다. 유병진 총장은 '지방의 많은 대학들이 인위적인 취업률을 높이기 위한 여러 가지 방법을 쓰고 있습니다만 정작 중요한 것은 학생이 원하는 직장을 얻을 수 있도록 지원하는 것'이라는 말도 남깁니다.

무엇보다도 대학이라는 공간에서, 자기 학교 출신을 비정규직이라는 이름으로, 아무 이유 없이 해고를 한다는 자체가 지금도 이해를 할수가 없어요. 학교 측에서 빨리 회개를 해서 제가 다시 제자리로 돌아간다고 해도……. (울분이 차오르는지 목울대가 심하게 흔들리며 말을 잇지 못한다)

전에 몰랐던 비정규직의 문제가 학교에 많이 산재해 있어요. 이런 것들이 해결되기는커녕 점점 학교가 공부하는 곳이 아니라 이윤을 추구하는 곳으로 바뀌는 것 같아서 안타깝고 뭔가 잘못된 방향으로 가고 있는 게 아닌가, 라는 생각이 많이 들어요. -김유경 씨

명지대학교 자연캠퍼스의 연간 평균 등록금이 1000만 원에 육박합니다. 전국 대학 가운데 네 번째로 많습니다. 그런데 무엇이 어려워 한 달에 고작 100만 원 남짓 받는 행정조교들을 거리로 내몰았을까요? 명지대보다 등록금을 덜 받는 한양대학교에서는 행정조교들을 '무기계약직'으로 고용을 보장하는데 말입니다.

진리를 추구하는 곳이 대학입니다. 행정조교를 해고하는 것은 부당하니 복직시키라는 지방노동위원회의 판결도 있었습니다. 이제 조속히 행정조교를 제자리에서 일할 수 있도록, 아니 그들이 했던 업무에 맞게 비정규직이 아닌 정식 교직원으로 근무할 수 있게 하는 일만이 남았습니다.

"나 이 학교 나가면 그만이야!" 이렇게 생각할 수도 있어요. 근데 동문 입장에서, 후배들 데려다 싼 값에 1년씩 부려 처먹다가 버리겠다고 하는데 그냥 있을 수 없어요. 우리 내쫓은 자리에 행정 보조로 1년짜리 계약해서 채워넣는데, 그게 제 후배들이에요. 나 하나 억울해서 이러는 거 아니에요. 후배들은 아직 못 느끼겠지만 본인이 졸업하고 나서 죽을 때까지, 그 사람 무덤에 묻힐 때까지 그 사람 명지대 나온 거예요. 명지대 출신이고 동문이라는 딱지를 버릴 수 없단 말이에요. 그 꼬리표가, 그 끈이 얼마나 사회 생활할 때 중요한 것인지를

지금은 못 느끼겠지만 말이에요. 명지대학교 나온 것에 대해서 자랑스럽게 말할 수 있어야 하잖아요. 쭉 팔려 하지 말아야 하잖아요. 내 이름과 함께할 학교잖아요. 내 후배들이 있는 학교이기에 싸우는 거예요. -서수경 씨

지금 대학 교재를 들고 명지대학교 교정에서 커피를 마시는 네 명의 학생이 있습니다. 그 네 명의 학생이 졸업을 하는 순간, (명지대 공식 취업률에 따르면) 두 명은 직장을 갖지 못합니다. 직장을 가진 두 명 가운데 한 명은 비정규직으로 고용불안에 떨어야 하고요. 만약 그 네 명이 여학생이라면 더 비참한 통계가 나오겠지요. 물론 명지대학교만의 문제는 아닙니다.

자랑스러워야 할 명지대학교 교수, 교직원, 학생 여러분! 지금 뜨거운 시멘트 바닥에 있는 행정조교는 당신의 얼굴입니다. 아니, 이 글을 읽는 모든 이의 오늘이자 내일의 얼굴일지도 모릅니다.

정규직과 차별받아 마땅한가요?

명지대학교 행정조교를 해고한 것은 부당하다고 중앙노동위원회의 판결이 있었습니다. 하지만 명지대학교 총장은 아직도 이들이 학교로 돌아가는 것을 막고 있습니다.

법을 살펴볼까요? 비정규직은 파트타이머, 계약직, 일용직, 임시직, 파견근로직 형태로 고용된 노동자입니다. "기간제 및 단시간 근로자 보호 등에 관한 법률" 제8조에는 '차별적 처우의 금지 조항'이 있습니다. "①사용자는 기간제근로자임을 이유로 당해 사업 또는 사업장에서 동종 또는 유사한 업무에 종사하는 기간의 정함이 없는 근로계약을 체결한 근로자에 비하여 차별적 처우를 하여서는 아니 된다. ②사용자는 단시간근로자임을 이유로 당해 사업 또는 사업장의 동종 또는 유사한 업무에 종사하는 통상근로자에 비하여 차별적 처우를 하여서는 아니 된다."

비정규직이라는 이유로 임금을 비롯한 처우를 차별해서는 안 됩니다. 차별을 받을 경우 노동위원회에 구제 신청을 할 수 있고, 사용자는 처벌을 받습니다.

그런데 왜 눈물 흘리며 반성해야 할 명지대학교 총장은 웃고, 행정조교들은 눈물을 흘려야 한단 말인가요?

강남성모병원, 간호보조사 이미경 홍석

골병드는 병원

지금 저기 새로 건물을 짓고 있잖아요. 저 높고 큰 건물을 짓고 있는데 저희가 일할 곳은 없어요. 육칠십 평 하는 초호화판 특실이 잔뜩 생긴다고 해요. 대기업 CEO들이 병실에서 회의도 할 수 있게. 그런데 저 새 병원에 저희는 들어가지 못하고 쫓겨나는 거예요. —이미경 씨

추석을 앞둔 2008년 9월 10일 강남고속버스터미널 너머에 있는 강남성모병원에 갔습니다. 터미널과 병원을 잇는 육교에 올라서자 웅장한 글씨가 눈에 들어옵니다.

"2009년 5월, 생명을 존중하는 첨단 병원이 개원합니다."

2000억 원을 들여 짓는다는 가톨릭대학교 서울성모병원. 오늘 병원을 찾아가는 이유는 아파서입니다. 손목이 부러지거나 화상을 입어서 아픈 것이 아닙니다. 오장육부가 뒤집어져서 찾아가는 길입니다.

내 병은 MRI나 내시경을 통해서는 진단되지 않습니다. 약물이나 수술로 치료될 병도 아닙니다. 그런데 왜 병원을 찾아가는 걸까요?

강남성모병원에서 간호사와 호흡을 맞춰 간호보조 업무를 하는 사람들이 있습니다. 이들은 파견업체를 통해서 고용되었습니다. 2년 계약으로 취업을 했고, 계약 기간이 지나면 '비정규직 보호법(이 책에 나오는 '비정규직법' 또는 '비정규직 보호법'은 2006년 11월 30일 국회에서 통과된 '기간제 및 단시간근로자 보호 등에 관한 법률', '파견근로자 보호 등에 관한 법률' 등 비정규직 노동자와 관련된 법을 통틀어 말합니다)'에 따라 당연히(?) 나가야 합니다. 2006년 10월 1일에 파견업체에 고용되어 2년을 강남성모병원에서 일했으니 2008년 9월 30일에는 계약대로 집에 가서 푹 쉬면 그만이지요.

저희들은 병원에서 간호보조 업무를 하는 노동자들입니다. 침대 시트 갈기, 처치 물품과 기구 소독 및 정리, 약 타오기, 검사물 이송, 중증환자 체위 변경, 검사실로 환자 이송 등 환자분들에게 꼭 필요한 일을 담당하고 있습니다. 하지만 병원은 인건비를 아끼기 위해 2006년 이 부서 노동자 전원을 파견업체에 넘겼습니다. 이 업무에 대한 책임을 병원에서 안 지려는 것입니다.

현재 간호보조 업무 노동자 200여 명 중 비정규직 파견사원이 65명이나 됩니다. 환자와 직접 대면하는 간호보조 업무를 고용이 불안한 파견직으로 사용하면 의료 서비스의 질은 낮아지고 환자의 생명과 바로 연결될 수 있습니다. 그래서 다른 병원에서는 대부분 병원이 직접고용하고 있는데 강남성모병원만 유독 파견직을 쓰고 있습니다! -강남성모병원 비정규직 호소문에서

홍석. 그는 서른일곱입니다. 가톨릭 집안에서 자란 홍석 씨는 5년 전 자신이 다니던 성당을 통해 강남성모병원에 취직했습니다. 홍석 씨는 강남성모병원과 근로계약을 맺었지요. 가톨릭에서 운영하는 병원에서 환자들에게 봉사도 하고 사랑을 나눈다는 마음으로 고된 일도 흥겹게 했습니다.

취직을 한 지 어느덧 3년이 지났습니다. 2006년 9월 28일, 낡아서 잘 굴러가지도 않는 침대를 힘겹게 엘리베이터에 밀어 넣으며 환자를 검사실로 옮기는 중이었습니다. 이때 호출기가 울립니다.

갑자기 파견업체로 가라는 거예요. 더는 병원에서 직접고용을 할 수 없다는 거예요. 딱 3일 남겨두고 파견업체로 가든지 아니면 출근을 하지 말든지 선택을 하라는 거예요. 정말 얼떨결에 파견업체로 간 거예요. 3일 만에 결정을 해야 하니 우왕좌왕했죠. 파견직 안 하려면 나가라니, 별 수 없잖아요. 파견업체로 가지 않으면 당장 길거리에 나앉을 판인데, 그것도 사흘 남겨놓고 통보를 하는데 어쩌겠어요. -홍석 씨

홍석 씨의 고용주는 강남성모병원장에서 파견업체 대표로 바뀝니다. 자신의 의지와는 전혀 상관없이요. 3년 동안 아무 일 없이 잘 다니던 일터에서 쫓겨나 2년짜리 파견업체 직원이 됩니다. 날벼락을 맞은 셈입니다.

파견업체로 간 홍석 씨의 업무는 예전과 다를 바 없었습니다. 다만 더 비참한 조건에서 동일한 업무를 하게 되었을 뿐입니다. 시장에서 파는 채소와 다를 바 없습니다. 1000원에 팔리다가 해질녘에는 500원에 막판 떨이 신세가 되는, 그냥 이 손에서 저 손으로 팔려나가면

그만인 존재로 전락합니다.

올해 서른둘 이미경 씨도 마찬가지입니다. 다니던 회사가 다른 곳으로 이전을 하자 이미경 씨는 새 직장을 찾아 나섭니다. 마침 강남성모병원에서 사람을 뽑습니다. 3교대로 일을 한다지만 하루 여덟 시간 근무니 해볼 만합니다. 물론 이미경 씨도 입사할 때 강남성모병원과 근로계약서를 씁니다.

이리 큰 병원이면 안정되게 일하겠네, 이리 생각하고 취직했죠. 막상 일을 시작하니 장난이 아니에요. 말이 여덟 시간 근무지, 잠시 숨돌릴 겨를도 없어요. 꼬박 여덟 시간을 근무하는 거예요. 종일 잔걸음으로 뛰어다녀요. 밥 먹을 시간도 없어요. 겨우 시간이 나서 식당을 가잖아요. 어찌 아는지 호출기가 울려요. 식판에 밥 펐던 거 고대로 잔반통에 비우고 뛰어가야 해요. 먹고 가라고요? 그게 안 돼요. 병원이잖아요. 환자와 관련되잖아요. 먹으려 해도 호출기가 울리면 입맛이 싹 사라져요.

퇴근 시간이요? 정시에 끝난 적, 별로 없어요. 수당도 없는 잔업을 해요. 환자를 수술실에 옮기고 있는데 퇴근 시간 됐다고 갈 수 있나요? 그리 못해요. 교대 근무자가 오더라도 제가 담당한 환자 일은 끝내고 퇴근해야죠. 제가 하는 일이 아무리 보조 업무라 하지만 생명이 달린 일이고, …… 아픈 사람이잖아요. 집에 들어오면? 어……, 그냥 쓰러져 자요. 아무 생각 없어요. 손가락 하나 꿈쩍하고 싶지 않아요.

−이미경 씨

이미경 씨도 2006년에 홍석 씨처럼 하루아침에 파견업체 직원이 됩니다. 큰 병원에서 일하니 안정되게 일할 수 있으리라는 희망도 깡그리 사라졌지요. 사라진 것은 직접고용만이 아닙니다.

직접고용에서 간접고용으로 지들 멋대로 바꾸면서 "월급 올려줄 테니 가라" 했어요. 그 당시 오른 월급이 130만 원 정도. 그런데 그 뒤에 입사한 사람은 100만 원 정도예요. 예전보다 낮아진 거죠. 세금 제하면 100만 원도 안 되는 거죠.

정규직하고 차이 많죠. 상여금도 정규직은 1100프로죠. 저희는 600프로였다가 400프로로 줄었어요. 그걸 매달 나눠서 줘요. 기본급 총액을 올려주면서 상여금을 낮춘 거예요. 건강검진도 정규직은 강남 성모병원에서 받는데 저희들은 다른 병원에 가서 받아요. 웃기죠? 이 병원에서 일하는데 딴 병원 가서 건강검진 받고. 곳곳에서 파견직이라고 차별받아요.

일은 함께해요. 보조 업무 하는 사람 가운데 정규직도 있고 직접고용된 비정규직도 있고, 저희처럼 간접고용된 사람도 있고 그래요. 서로 섞여서 팀을 이뤄 병동에서 일해요. 저는 아홉 명이 함께 일하는데, 직접고용된 사람이 한 명, 정규직이 네 명, 간접고용이 네 명, 이렇게 일해요. 업무 지시는 고용이 어떻든 수간호사 한 사람한테 받아요. 어떤 부서는 간접고용되었다고 팀 내에서 험한 일만 맡기는 곳도 있어요. 같은 일을 하면서 차별을 받는 거죠. _이미경 씨

홍석 씨는 자신이 정규직이 되어야 마땅하다고 힘주어 말합니다. 2002년에 입사하여 한 직장에서 6년 동안 같은 일을 했는데, 왜 비정규직으로 있어야 하고 이제는 잘려야 하는지 이해할 수 없답니다. 자

신은 6년 동안 강남성모병원 직원이라 생각하며 일했고, 업무 지시도 파견업체 직원이 아닌 강남성모병원에서 받았다고 주장합니다.

> 우리는 이렇게 쫓겨날 수 없습니다. 짧게는 2년, 길게는 5년간 환자분들을 돌보며 살았던 정든 병원을 내 발로 걸어서 나갈 수는 없습니다. 우리의 일자리가 사라지는 것도 아닙니다. 우리가 쫓겨난 자리에는 또다시 '2년짜리 파리 목숨'인 파견직들이 들어옵니다. -앞 호소문에서

2006년에 얼떨결에 파견업체 직원이 된 홍석 씨를 비롯한 사람들이 강남고속버스터미널 인근의 한 호프집에 모입니다. "찍소리도 못하고 파견업체에 팔려간 거잖아. 배추시래기처럼 버려진 거잖아!" 울기도 하고 분노도 토해내던 이들은 다짐을 합니다. "다음에는 이렇게 당하지 말자!"

> 비정규직들끼리 술 먹는 모임 만들었어요. 한 달에 한 번 둘째 금요일 날 모였어요. 영화도 보고 볼링 치러도 가고 체육대회도 하고. 벌써 2년 지났어요. 그러면서 마음을 모은 거죠. 이번에는 예전처럼 쫓겨나지 않을 거예요. -홍석 씨

파견업체에서 일하는 박정화 씨는 눈물이 앞섭니다. 박정화 씨의 소원은 아주 작습니다. "일하게 해달라는 거예요. 계속 일하게만 해주면 누구보다 열심히 일할 수 있어요." 박정화 씨는 자신을 버린 강남성모병원이 괘씸하고 밉다며 울먹입니다.

파견업체 측은 일자리를 알선해준다고 합니다. 그러나 알선한다는 자리들 모두 몇 개월짜리, 길어야 2년짜리 파견직입니다. 그나마도 누가 그만둬야만 들어갈 수 있는 일자리들입니다. 2년마다 짤리면서 돌고 도는 인생, 이제 여기서 끝장내고 싶습니다! 우리가 철새입니까? 뜬구름입니까? 떠돌이 인생입니까? 왜 눈치 보며 낯선 병원들, 언제 짤릴지 모르는 일자리들을 돌고 돌아야 합니까!

-앞 호소문에서

2008년 9월. 2년 계약 기간 만료가 눈앞으로 다가옵니다. 2006년처럼 순순히 당하지 않겠다고 단단히 마음을 먹습니다. 파견업체로 가란다고 가고, 그만두란다고 그만두는 일은 되풀이하지 않겠다고 주먹을 불끈 쥡니다.

여기서 묻고 싶습니다. 홍석 씨와 이미경 씨에게, 강남성모병원 간호보조 업무 파견노동자들에게 너희가 2년 계약하고 들어왔으면서 이제 와서 못 나가겠다고 하는 게 맞느냐며 손가락질할 사람 있습니까? 이들이 파견업체에 고용된 직원입니까, 아니면 강남성모병원에 고용된 사람입니까? 이들이 파견업체에서 일했습니까, 강남성모병원에서 일했습니까? 이들이 찍소리 하지 않고 나가는 게 당연하다고 생각합니까?

하나님 가라사대 하늘을 만들고 땅을 만들고 나무를 만들고 꽃을 만들었듯이, 강남성모병원 가라사대 간호보조 업무가 정규직이 되라 하고 비정규직이 되라 하고 파견직이 되라 하면, 그 '가라사대'에 따라 고용의 형태가 바뀌는 것이 가톨릭의 정신입니까? 새 병원에는 70평짜리 초호화 병실을 만든다고 하는데, 가톨릭에서는 돈 있는 사람만 받아들이고, 돈 없는 이들은 2년마다 잘려나가도 묵묵히 감수해야하나요? 간호보조 업무를 하는 이들이 강남성모병원 간호부 소속 직원으로 되어 있던데, 간호부의 부장님 과장님들이 수녀님이시던데, 수녀님! 당신 부서의 직원들이 시장통에 버려진 우거지 취급을 받고 있는데 침묵하시는 것이 신앙에 따른 행동인가요?

강남성모병원에서 간호보조 업무를 하던 파견노동자들을 만나고 돌아오는 길, 한참을 성모상 앞에서 기도도 하고 한탄도 하고 호소도 했습니다. 그리고 추석이 지났습니다. 강남성모병원에 비정규직 노동자들이 농성 천막을 쳤다는 소식이 들렸습니다. 천막이 세워지자 강남성모병원은 용역업체 직원들을 동원해 천막을 철거했습니다. 천막을 철거하는 과정에서 비정규직 여성노동자가 폭행을 당했다는 소식이 들렸습니다. 이런 일이 세 번인가 되풀이되었습니다.

9월 30일은 홍석 씨와 이미경 씨가 마지막으로 근무하는 날입니다. 다시 강남성모병원을 찾았습니다. 스무 날 전 인터뷰 내내 웃음을 잃지 않았던 이미경 씨의 눈이 탱탱 부어 있습니다. 웃을 때마다 콧잔등에 주름을 가득 지으며 까르르 자지러지던 이미경 씨는 오간 데 없습니다. 분홍 근무복 위에는 가을 하늘 빛깔을 가득 담은 조끼를 입었습니다. 칙칙한 청색도 뜨겁게 달궈진 붉은색도 아닌 가을 하늘빛 조끼라 마음이 조금 놓입니다. 설마 저 푸른 가을 하늘이 이들의 소박한 소망을 저버리지는 않겠지요.

언제부터 연좌농성을 시작했냐고 묻자 손사래를 칩니다.

"연좌농성 아니에요. 아침부터 병원 돌며 저희의 억울한 사정을 알리고, 로비에서 환자들과 보호자들에게 왜 저희가 이러는지 호소를 하는데 무릎이 팍 꺾여 이 자리에 주저앉은 거예요. 그동안 당한 설움

이 복받쳐 올라 주저앉아 있는 거예요."

설움에 복받쳐 주저앉은 이들에게 인사팀 직원들이 다가와 병원 밖으로 나가라며 협박합니다. 서초경찰서 정보과 형사도 연행을 하겠다고 으막을 지릅니다. 일어설 힘조차 없는 노동자들은 연행을 하든 말든 그 자리에 주저앉아 있을 수밖에 없답니다.

투석을 받기 때문에 주기적으로 병원을 온다는, 자신도 IMF 때 정리해고를 당했다는 아저씨 한 분은 꼭 강남성모병원에서 계속 일을 하라며 이미경 씨의 손에 요구르트를 쥐여줍니다. 휠체어에 링거를 달고 온 한 환자 분은 바나나우유와 빵을 담은 하얀 비닐봉지 두 개를 건네고 사라집니다. 박정화 씨는 갑자기 굵은 눈물을 흘립니다. 무슨 일인가 싶어 달려갔더니 자그마한 쪽지 하나를 보여줍니다. 방금 전 우유와 빵을 건넨 환자가 봉지 안에 담아둔 쪽지입니다.

"힘내세요. 좋은 결과 있기를 기도하며 응원합니다.^^"

환자들은 압니다. 이들이 병원에서 얼마나 소중한 사람인지를. 아픈 자신들에게 간호보조 비정규직 노동자들이 보여준 헌신과 애정을 환자들은 알고 있습니다. 함께 일한 간호사들도 알고, 병원 청소를 하는 용역 아줌마들도 알고, 주차 관리를 하는 용역 아저씨들도 압니다. 파견 간호보조 업무를 하는 이들이 강남성모병원 직원임을, 반드시 함께 일을 해야 하는 사람임을, 정말 환자들의 생명 존중만큼 노동자의 생명도 존중받아야 함을 세상은 알고 있습니다.

아파서만 우는 게 아니고, 아파서만 병원을 찾는 것은 아닙니다. 약물로도 수술로도 치료될 수 없는 병이 2008년 광우병, 멜라민과 함께 온 사회를 엄습하고 있습니다. 비정규직을 당연시하는 사회가 몰려옵니다.

파견 노동자라고 이제 나가라네요

강남성모병원 비정규직 노동자들은 2009년 5월 1일 일터로 돌아갔습니다. 사업주는 해고자 복직의 조건으로 "조합원 대표는 투쟁의 책임을 지고 1개월 사회봉사, 2개월 자숙 기간을 거쳐 3개월 후인 8월 1일 복직한다"는 문구를 합의서에 넣었습니다. 하지만 가슴이 아팠습니다. 자신의 정당한 권리를 찾는 일이 왜, 자숙을 할 일인지 이해가 되지 않았습니다.

'파견근로자 보호 등에 관한 법률(파견법)'에 따르면 파견 대상 업무를 "직접 생산공정 업무를 제외하고 전문지식, 기술, 경험 또는 업무의 성질 등을 고려해 적합하다고 판단되는 업무로서 대통령령이 정하는 업무"로 제한하고 있습니다. 사업주가 2년을 넘겨 계속 파견 노동자를 사용하는 경우는 법에 따라 직접고용(제6조 2항)해야 합니다. 또한 파견 노동자라는 이유로 "동종 또는 유사한 업무를 수행하는 근로자에 비하여 파견근로자에게 차별적 처우를(제21조)" 해서는 안 되고, "노동조합의 활동 등을 이유로"(제22조) 파견 노동자의 계약을 해지하지 못하도록 규정하고 있습니다.

레이크사이드CC, 경기보조원 장보금

나이스 샷에 감춰진 비명

인터뷰를 마치고 돌아오는 길, 손전화로 문자가 왔습니다.

"외진 곳까지 와주셔서 고맙습니다.^^ 레이크사이드 장보금"

정말 외진 곳입니다. 외딴 마을 시골길이 끊기는 곳이 골프장 정문입니다. 뒤로는 150만 평 산을 깎아 만든 골프장이 있을 뿐입니다. 길옆으로 도랑이 흐르고, 10여 가구 남짓한 시골 마을이 있습니다. 나무가 우거진 골프장과 대조적으로, 정문 앞 천막 앞에는 해를 가릴나무 한 그루 없이 황량합니다.

외지다 보니 외로워 보입니다. 덩그러니 세워진 천막도, 길옆에 걸린 구호도 외롭습니다. 아스팔트 위에 천막을 치고, 그늘 한 점 없는도로 위에 펼침막을 든 레이크사이드CC 노동자가 보입니다. 고급 승용차가 줄을 지어 골프장으로 들어가지만 이들에게는 눈길 한 번 주지 않습니다.

레이크사이드CC 노동자에게 이곳은 삶터입니다. 빼앗길 수 없는 일터. 이곳 천막을 지키고 있는 이들에게 레이크사이드CC는 대부분 자신들의 첫 직장입니다. 10년 넘게 이곳에서 일해온 사람도 있고, 스물의 청춘을 보내고 있는 사람도 있습니다.

문자 메시지를 보낸 장보금 씨는 227일째 파업을 이끌고 있는 레이크사이드CC노동조합 위원장 직무대행을 맡고 있습니다. 장보금 씨는 자그마한 몸짓만큼이나 목소리도 가냘픕니다. 그의 눈은 선하다 못해 쨍하니 맑습니다.

카메라를 챙기며 차에서 내리자, 선전전을 하던 장보금 씨가 반갑게 달려옵니다. 외진 곳의 외로운 파업만큼이나 가슴 깊숙이 자리 잡은 이야기를 한없이 쏟아냅니다.

너무나 안타까워요. 우리는 뭐 크게 개선해달라고 하는 것 없거든요. 이쪽저쪽 눈치 보지 않고 편안히 일하는 직장을 갖고 싶었어요. 고용안정이 우리의 요구예요. 집안 싸움 때문에 고용이 불안했거든요. 경영권을 둘러싸고 형제간에 서로 용역 경호원을 200명씩 동원해 싸운 거예요. 그러니까 형 아우 해서 큰 덩치들이 400명이잖아요. 이들이 골프장에서 판을 쳤어요. 용역들이 사장실은 물론 경리, 총무, 전산실 사무실 앞에 진을 치고 있다가 서로 치고받고 야단이 아니었어요. 직원들 편 가르기를 했어요. 이쪽 편에 서지 않으면 절반은 물갈이를 하겠다, 뭐 이런 말을 서슴지 않고 했죠. 줄을 잘 서야지 너네가 편하지, 잘못하면 패가망신한다며 협박을 해요. 우리에게는 가정의 생계가 달린 일터잖아요. 형제간의 경영권 다툼에 희생물이 된 거죠. 그 와중에 전산실에서 근무하는 김도영 씨가 지금 사장의 명령을 어기고, 예전 사장의 편에 섰다는 이유로 해고를 당했어요.

고용 위기를 느낀 직원들은 노동조합을 만들고 회사에 교섭을 요구합니다. 경영진은 이런저런 구실로 교섭을 지연시킵니다. 회사 안에 조합 사무실마저 만들지 못하게 합니다. 노동조합은 2006년 10월 16일 파업을 선택합니다. 안정된 일터에서 일하기 위해서. 그러자 회사는 11월에 직장폐쇄로 맞섭니다.

파업에 들어가니까 조합원 열한 명을 해고했어요. 감봉 같은 징계는 셀 수 없어요. 영업을 방해했다며 손해배상 청구도 했어요. 말도 말아요. 손해배상 청구한 돈이 305억 원이에요. 조합원들에게 무슨 말을 하는지 알아요? 부모한테도 손해배상을 청구하겠대요.

직장폐쇄 된 레이크사이드CC는 아시아 최대의 골프장이라는 명성만큼이나 쉴 새 없이 고급 승용차들이 오가고 있습니다. 폐쇄된 것이 골프장이 아닌 노동자의 생계처럼 보입니다.

직장폐쇄 중에 불법 대체인력을 고용해서 골프장을 운영하는 걸 조합에서 발견했죠. 이건 불법이다, 항의하려고 사무실로 갔어요. 그니까 용역 깡패들 삼사십 명이 몰려와요. 다짜고짜 발로 차고, 어깨를 짓누르고, 넘어뜨리고…… 한 조합원은 엄지손가락이 부러져 전치 6주의 진단을 받았고, 여성 조합원 여러 명이 구급차에 실려 병원에 갔어요. 회사가 고용한 용역 깡패들이 폭력을 썼는데, 고소 고발은 조합원이 당해요. 어처구니없게 우리가 대체인력을 감금했다고 고소

를 했어요. 항의하러 간 우리는 대체인력을 만나지도 않았는데.

회사의 폭력은 더욱 살벌해집니다. 하루는 조합원이 농성 천막 안에 있는데 복면을 쓴 용역들이 쳐들어와 천막을 부수며 난장판을 만든 뒤 사라집니다. 2005년 12월 22일에 있었던 일은 몇 달이 지났건만 지금도 장보금 씨의 꿈에 나타난다고 합니다.

1층 로비에서 평화롭게 집회를 하고 있었어요. 갑자기 2층에서 소화기를 뿜어대는 거예요. 소화 분말에 앞도 보이지 않는데, 소화기 통을 1층에서 집회하고 있는 조합원에게 던지는 거예요. 의자 같은 사무집기, 접시, 유리 할 것 없이 2층에서 마구 집어던졌어요. 새벽엔 소방 호스를 끌어다가 잠자는 조합원에게 물대포를 쏘기도 하고, 잠자지 못하게 사이렌을 틀기도 하고. 도저히 상상할 수 없는 일을 겪은 거죠. 정말 살인적인 폭력이었어요. 그런데도 어이없게 조합원이 사무집기를 부수고, 망가뜨리고, 난장판을 만들어서 영업을 하지 못했다고 손해배상 청구를 한 거예요. 그날 눈이 무척 많이 왔거든요. 눈 때문에 골프장을 휴장했던 날이거든요. 근데 조합원 때문에 휴장한 것처럼 뒤집어 씌워 손해배상 청구했어요.

용역들이 주로 여성 조합원만 때려요. 치사하게. 지나가면서도 손등으로 얼굴을 툭 때리고. 말로 하자면 끝이 없어요. 머리채를 잡아당기기도 하고, 아무 이유도 없이 팔꿈치로 옆구리를 때리기도 하고, '아구창을 다 날리기 전에 입조심해', 정말 들어본 적도 없는 끔찍한 말도 하고. 아침에 나설 때면 솔직히 겁이 덜컥 나요. 오늘 가서 또 깡패들과 부딪혀야 하나. 시간이 지나 몸에 배일 만도 한데 아직도 올

때마다 두려워요. 어찌 보면 두려움이 지금까지 오게 한 것인지도 모르겠어요. 사람으로는 도저히 할 수 없는 짐승 같은 행동 때문에.

2006년 5월에는 노조위원장이 폭력 혐의로 구속이 됩니다. 사건은 이렇습니다. 골프장 밖에서 방송차를 틀고 선전전을 하고 있는데 관리자 한 사람이 다가와 방송 장비의 전선을 자르려고 합니다. 조합원이 전선을 자르지 못하게 말리자 관리자가 어디론가 전화를 합니다. 곧바로 골프장에서 사람들이 달려 나오고 서로 간에 몸싸움이 일어납니다.

몸싸움이 일어나자 경찰들이 달려와 조합원 열한 명을 연행해 갔어요. 그러더니 또 여섯 명을 추가로 연행했어요. 심지어 다른 곳에 가느라 그날 현장에 있지도 않았던 조합원도 연행을 했어요. 위원장, 쟁의부장, 법규부장에게 영장이 발부됐는데 영장실질심사에서 위원장만 구속되었어요. 정문 앞에 고성능 CCTV 카메라가 설치되어 있어요. 스물네 시간 기록돼요. 몸싸움 과정도 고스란히 기록되었겠죠. 회사에서 경찰에 제출한 CCTV 자료는 회사에 유리한 부분만을 편집한 거예요. 몸싸움을 유발하고, 조합원을 폭행한 부분은 삭제하고, 회사에 유리한 부분만을 경찰에 제출했지요. 경찰은 앞뒤 정황은 빼고 그 자료로 위원장을 구속했고요.

장보금 씨는 위원장이 구속이 되자 조합원들이 위축되어 앞으로 싸움이 힘들 거라고 생각했습니다. 그런데 이게 무슨 일입니까? 조합원들이 스스로 뭉치기 시작합니다. 조합 간부가 지시를 하지 않아도 자신의 일들을 알아서 찾아 합니다. 구치소로 위원장 면회를 가서는 "잘할 테니 걱정 마라"고 큰소리도 칩니다. 장보금 씨는 이때 조합원들이 너무 고맙고 자랑스러웠다고 합니다.

요즘 조합원들은 서로의 얼굴을 보면서 힘을 얻습니다. 서로 웃으며 남을 먼저 챙겨줍니다. 골프장 일은 근무시간이 서로 달라 얼굴을 마주치지 못하는 사람도 있습니다. 워낙 바쁘게 고객을 상대하느라 직원들끼리 이야기를 나눌 시간도 없습니다. 소통할 시간이 없다 보니 동료애를 느낄 여유도 갖지 못합니다. 때론 오해도 생깁니다.

함께 있을 때 웃고 있다가, 집에서 전화가 오면 멀리 가서 전화를 받아요. 전화로 다투는 소리가 들려요. 그러다가 전화를 끊고, 동료 곁으로 돌아오면 신기하게도 아무런 내색도 하지 않고 다시 웃는 거 있죠. 악이 오르며, 조금만 더 하자, 조금만 더 하자 하며 왔어요. 집에서 미친년 소리 들어가며. 하지만 내 옆에 동료이자 동지가 있다는 생각에 버틸 수 있었어요. 힘이 들 때 서로가 서로의 얼굴을 보며 힘이 된 것 같아요. 동지애가 없었으면 오늘까지 올 수 없었을 거예요.

128명의 조합원 가운데 지금 남아 있는 사람은 40여 명. 생계 때문에 함께하지 못하는 조합원이 있습니다. 장보금 씨는 이들을 얼마든지 이해한다고 합니다. 현장에 복귀한 사람도 있습니다. 이들도 이해할 수 있답니다.

하지만 용서할 수 없는 사람도 있어요. 구사대가 되어 심지어 우리에게 폭력을 쓴 사람들. 물론 알아요. 그 비인간적인 행동을 누가 시킨 것인지는. 하지만 용서할 수는 없을 것 같아요. 조합에 305억 원을 청구했잖아요. 하지만 제가 평생 가져가야 할 불신, 배신, 인간성의 밑바닥을 보고 겪었어요. 이에 대한 심리적인 치유는 어떻게 하죠? 무엇으로 보상받죠? 3005억 원을 받아도 치유될 수 없을 거예요.

　인적도 없는 곳에 세운 천막. 그곳에서 돌아가며 밤을 샙니다. 언제 들이닥칠지 모를 용역들의 폭력에 떨면서 밤을 지새울 천막. 그 천막이 고맙다고 장보금 씨는 말합니다.
　천막 안 전기밥솥에서 김이 모락모락 납니다. 법규부장이 어머니한테서 얻어온 부추김치와 파김치가 익어 제맛이 납니다. 김치 덕분에 오늘은 호화로운 밥상이랍니다. 모두들 밥 한 공기를 후딱 비웁니다.

　라면은 이제 신물이 나요. 반찬 없어도 라면 대신 밥만 먹을 수 있으면 좋겠어요.

　아직 해는 머리 꼭대기에 있습니다. 외딴 곳이라 더욱 외로워 보이는 싸움. 227일째. 오늘은 2006년 5월 30일입니다. 아직 밤은 쌀쌀합니다.
　판교IC를 빠져나와 무조건 앞으로 가다 보면 더 이상 앞으로 갈 곳이 없는 능골삼거리가 나옵니다. 삼거리에서 오른쪽 길로 가면 골프장 안내 표지판을 만날 수 있습니다. 좁은 길로 2km. 길이 끝나는 곳. 경기도 용인시 처인구 모현면 능원리에 레이크사이드CC가 있습니다.
　그곳에 가면 외딴 곳에서 사랑의 모닥불을 지피는 아름다운 노동자들이 뛰어나와 반겨줄 것입니다.

골프장 캐디도 노동자인가요?

장보금 씨는 다시 일터에 복귀했습니다. 함께 두들겨 맞았던 동료들과 함께. 이겼다는 장보금 씨의 전화가 너무 반가웠는데 그 기쁨이 오래가지 않았습니다.

노동조합을 인정받고 일터에 복귀했는데, 그 뒤 노동조합에 남은 사람은 구속되었다가 석방된 노조위원장 한 사람뿐이라는 소식이 들렸습니다. 그 말을 듣고 장보금 씨에게 전화를 하려다 그만두었습니다. 아픈 사람은 내가 아니라 장보금 씨일 거라는 생각이 들어서입니다.

골프장 사업주들은 경기보조원이 자영업자라며 노동조합을 인정하지 않고 단체협상이나 단체행동도 인정하지 않았습니다. 수원지법 민사9부는 "경기보조원과 회사가 근로계약을 체결하지 않더라도 종속적인 근로를 제공하고 있고 회사의 지시와 일정한 근무시간, 캐디마스터의 총괄 관리 등에 비춰 업무 내용, 근무시간 및 장소를 정하고 있다"며 회사의 지휘 감독 통제를 받고 있는 점 등을 들어 경기보조원을 노동자로 판단했습니다.

당연하고 지극히 상식적인 판단입니다.

한솔교육, 학습지 교사 오수영 김진찬

선생님은 없다

지하철역에 빨간 구세군 냄비가 보입니다. 2008년 마지막 달입니다. 바람이 매서워 옷깃을 여미게 합니다. 오늘은 학습지 교사의 이야기를 들으러 서울 상암동으로 갑니다. 가는 내내 구몬교육 학습지 교사였던 이정연 씨가 떠오릅니다. 학습지 회원을 늘리라는 회사의 강요에 시달리다 1500만 원의 빚을 남기고 숨진 이정연 씨.

2004년의 일이지요. 이정연 씨는 국어, 영어, 수학 등 7개 과목을 맡아 204개의 수업을 진행하여 한 달에 250만 원을 벌었지요. 이정연 씨가 숨진 뒤 실제 수업을 조사해보니 47개뿐. 134개의 수업은 가짜 회원, 가짜 수업으로 밝혀집니다. 학습지 회사의 무리한 실적 강요에 이정연 씨는 매달 자신의 돈을 200만 원씩 회사에 바칩니다. 처음에는 현금서비스를 매달 100만 원씩 받아가며 실적을 유지합니다. 나중에는 현금서비스조차 여의치 않자 사채를 빌려 썼고 결국 죽음에 이릅니다.

이정연 씨는 왜 빚까지 내가며 가짜 회원을 유지했을까요? 이정연 씨 동료들은 "회원이 줄어들면 면담과 독촉 전화를 통해 선생들을 압박하고, 심지어 인신공격을 하며 모멸감을 주거나 가정사까지 들먹이며 실적을 강요하니 어쩔 수 없는 현실이다"라고 말합니다. 이정연 씨의 죽음은 세상에 커다란 파문을 일으켰지요. 속속들이 학습지 교사의 실상이 밝혀집니다. 회사의 이익을 위해 자신의 돈을 넣으며 일해야 하는 학습지 교사의 참담한 현실이 드러났지요. 빚쟁이가 되고 죽음을 선택하는 비참한 현실. 그리고 4년이 훌쩍 지났습니다. 2008년 학습지 교사들은 어떨까요?

눈웃음을 쉬지 않고 달고 있는 김진찬 씨를 상암동 한솔교육 본사 앞에서 만납니다.

김진찬 씨는 2006년 3월에 한솔교육 경서플라톤 지점에 입사를 합니다. 경서플라톤 지점은 초등학생들에게 독서토론과 논술을 지도하는 수업을 합니다. 일주일에 사흘은 오전 9시 30분까지 출근을 해서 월별 실적이나 평가 브리핑을 갖거나 '전수교육'을 합니다. 전수교육이란 학생들에게 지도할 내용을 교사들끼리 모여 모의수업을 진행하는 것입니다. 점심을 먹으면 자신들이 맡은 지역으로 수업을 나갑니다.

김진찬 씨가 수업을 하는 학생 수는 60명 정도. 보통 오후 1시부터 수업을 진행하는데 저녁 먹을 시간도 없이 집집마다 돌며 수업을 하다 보면 밤 9시를 넘기기가 일쑵니다. 보통 40분씩 수업을 하고 수업 간 이동하는 시간이 20분 남짓 됩니다. 시간이 나면 학부모를 만나거나 전화 통화로 상담을 합니다. 집에 들어오면 밤 10시 30분. 늦은 저

녁을 먹고는 다시 컴퓨터에 앉아 회사 전산 시스템에 접속하여 그날 수업한 내용을 작성하여 보고합니다. 다음 날 수업 준비를 하다가 잠자리에 들면 새벽 1시. 사무실에 출근하는 날은 열두 시간 이상 근무하는 셈입니다. 이래서 버는 돈이 한 달에 150만 원을 오락가락합니다. 물론 200만 원을 버는 동료도 있습니다. 그만큼 수업을 많이 합니다. 이런 동료는 밤 11시까지 수업을 한답니다.

하루 일과를 보면 여느 직장인과 다름이 없습니다. 출근하고, 교육받고, 보고하고. 하지만 김진찬 씨는 노동자가 아닙니다.

지각을 하면 시말서를 써야 하고, 몸이 아파 결근을 하면 병원 진단서를 제출하라고 강요받지만 노동자가 아닙니다. 연월차 휴가도 없고, 국민연금이나 의료보험 혜택을 받지도 못합니다. 물론 수업을 하러 다니다 다치는 일이 생겨도 산재보험 혜택을 받지 못하는 건 당연하고요. 끊임없이 회사로부터 실적을 강요받고, 업무를 보고하고, 지휘 통제를 받으며 일하지만 노동자가 아닙니다. 잔업 수당이나 휴일 수당은 아예 꿈도 꾸지 않습니다. 김진찬 씨가 회사에서 받는 돈은 '월급'이 되지 못하고 수업하는 횟수에 따라 나오는 '수수료' 취급을 받습니다.

학습지 교사로 일하는 사람은 전국에 10만 명이 넘습니다. 이들 대부분이 정규직이 아닙니다. 특히 학습지 시장의 중심을 차지하는 대교, 구몬, 웅진, 재능, 한솔에서 정규직 교사는 찾아보기 힘들다고 합니다. '황금알을 낳는 거위'라 불리며 3조 원이 넘는 학습지 시장의 가장 앞에서 일하는 교사들은 노동자이지만 노동자라 불리지 못합니다.

구몬교육의 이정연 씨를 죽음으로 내몬 학습지 회사의 부당 영업은 이제 사라졌을까요? 재능교육 학습지 교사 오수영 씨에게 물었습니다. 불행히도 오수영 씨는 고개를 젓습니다.

학습지를 하다가 고객이 중단하는 '휴회'나 실적을 위해 만들어진 '가짜 회원'을 교사들이 안고 가는 일이 현장에는 아직도 여전하다고 힘주어 말합니다.

노동조합 조합원이 있는 지역 같은 경우에는 개선이 되었지만, 조합원이 없을 경우에는 휴회나 가짜 회원을 안고 있는 교사들이 아직도 많아요. 수수료는 올랐냐고요? (웃음) 몇 년 전이나 지금이나 똑같아요. 지금도 평균 수입은 한 달에 150만 원 남짓이죠. 물가 뛰는 것에 비하면 갈수록 형편없이 낮아지고 있어요. 학습지 교사들이 오래 하지 않고 이직을 하는 이유가 뭔지 아세요? 일은 고되지, 수입은 적지……. 정말 버티기 힘들어요. −오수영 씨

"주5일 근무, 재택근무, 출퇴근 자유, 고소득 보장" 한 학습지의 교사 모집 광고 내용입니다. 하지만 거짓에 불과합니다. 학습지 교사 1년을 하고 나서 '골병, 빚, 스트레스'가 남지 않으면 다행으로 여겨야 합니다.

2008년 7월부터 학습지 교사들에게도 산재보험이 실시되었죠. ……실시야 됐죠. 그런데 임의 탈퇴가 가능해요. 비용도 회사와 교사가 반반씩 부담을 해야 하고요. 상해보험에 가입하는 게 더 낫다, 산재보험을 하면 교사들도 비용을 부담하니 수입이 줄지 않느냐, 그러며 자진 탈퇴를 강요해요. 어떤 지역은 아예 강제로 일괄적으로 탈퇴를 시키고요. 지금 가입한 사람이 10퍼센트나 될까 모르겠어요. 사탕

발림하는 정책을 내밀 게 아니라 명백하게 노동자인데 학습지 교사를 노동자로 인정하지 않는 구조부터 바꿔야죠. 노동자로 인정받지 못하는 이상 학습지 교사의 권리는 찾을 수 없어요. -오수영 씨

학습지 교사들은 방문 수업을 하다 보니 얼음판에 미끄러지거나 계단을 오르내리다가 다치는 일이 많습니다. 말을 많이 하니 성대결절이 생기기도 합니다. 차량으로 이동하다가 교통사고를 당하는 경우도 있습니다. 물론 수업 시간에 쫓겨 제시간에 식사를 하지 못하니 위장병은 수업 교재처럼 몸에 달고 삽니다.

학습지 교사가 노동자인가 아닌가는 오랫동안 법적 다툼이 되고 있어요. 학습지 회사가 어떻게 하는 줄 아십니까? 사무실에 날마다 출근하니까 학습지 교사는 노동자라고 주장을 하잖아요. 그러면 회사는 출근을 강제했던 내규나 지침을 싹 없애버린 뒤 노동자가 아니라고 해요. 문서화된 내규나 지침이 없어도 교사들은 사무실로 출근을 해야만 하고요. 이번엔 회사가 주는 판촉물을 받아서 일을 하니 학습지 교사가 노동자다, 주장하니까 회사가 어떻게 하는 줄 아세요? 교사들에게 판촉물을 나눠주면서 단돈 100원씩이라도 받아요. 파는 시늉만 하는 거죠. 교사들이 직접 100원 주고 사는 걸 봐라, 노동자가 아니지. 뭐이런 식으로 법의 테두리만 벗어나려고 눈 가리고 아웅 하고 있어요. -김진찬 씨

2007년 1월, 회사에서 주최하는 간담회가 있었습니다. 김진찬 씨는 이 자리에서 회사가 지급하기로 약속한 수수료보다 교사가 실제

받는 수수료 액수가 적다고 문제 제기를 합니다. 당초 회사는 교재비가 포함된 회비를 기준으로 교사들에게 수수료를 지급하겠다고 약속했으나 실제로는 교재비를 제외한 금액을 기준으로 수수료를 지급하였기에 이를 지적한 것입니다. 동료 교사들이 김진찬 씨의 문제 제기에 공감합니다. 학습지 교사들이 이 문제로 분위기가 술렁술렁하자 회사는 난처한 입장에 빠집니다. 이때 마침 김진찬 씨가 전국학습지산업노동조합 대의원에 출마했다는 사실이 회사에 알려집니다. 엿새 뒤 김진찬 씨는 계약해지 통보를 받습니다.

김진찬 씨는 자신이 해고된 이유는 "부당한 수수료 지급 문제를 제기하여 다른 동료로부터 뜨거운 호응을 받은 것과 노동조합 활동을 한다"는 것 말고는 없다고 합니다. 보통 학습지 교사가 재계약이 되지 않는 경우는 한 달에 세 번 이상 고객 불만이 제기되거나 다섯 번 이상 수업을 빼먹을 때, 또는 부정 업무를 했을 때입니다. 김진찬 씨는 전혀 계약해지를 당할 이유가 없다고 주장합니다. 회사는 김진찬 씨가 동료들보다 실적이 얼마나 저조한지, 자신 때문에 고객에게 어떤 내용의 불만 사항이 몇 번이나 접수되었는지 명확하게 밝히지 않는다고 합니다.

김진찬 씨는 계약해지를 당한 날부터 복직 싸움을 시작합니다. 봄 여름 가을 겨울 지나고 다시 봄이 된 2008년 4월에 회사와 '특별한' 합의서를 작성합니다. 해고당한 지 406일 만입니다. 합의서에는 '6개월간 별도의 업무를 부여하여 자질을 확인한 뒤 재계약을 체결한다'고 적혀 있습니다. '자질 확인(?)'을 받기 위해 한솔교육의 자회사인 에듀베이스에서 김진찬 씨는 6개월 동안 근무를 합니다. 그리고 약속한 6개월이 지납니다.

회사가 요구한 대로 에듀베이스에서 6개월 동안 열심히 일했죠. 6개월 뒤에 당연히 학습지 교사로 복직할 줄 알았어요. 그런데 그 말이 새빨간 거짓말이었어요. 그냥 자회사에서 일하라는 거였어요. 이건 아니잖아요. 제가 6개월 동안 자회사에서 묵묵히 일한 이유는 다시 학습지 교사가 되려는 거였지, 단순히 월급 받는 일자리가 없어서 그런 게 아니잖아요. 이럴 거였으면 미쳤다고 추우나 더우나 복직을 요구하며 400일 넘게 길거리에서 싸웠겠습니까. 또 제가 해고된 진짜 이유는 회사의 부당한 수수료 지급을 제기하고, 노동조합 대의원에 출마했기 때문 아닙니까. 저를 자회사로 보내는 것은 노동조합을 하지 못하게 만들려는 거지요. 노조 탄압이 분명한데 저 혼자 살길 찾아간다면 비겁한 일이죠. 제가 온갖 경제적 고통과 수모를 당하면서 지금껏 싸워온 것도 학습지 교사로서 인간답게 살기 위한 겁니다. 저 혼자만이 아니라 노동자로 인정받지 못한 수많은 학습지 교사의 인간다운 삶을 위해 싸우는 겁니다. 절대 물러서지 않을 겁니다. 다시 한솔교육 학습지 교사가 될 겁니다. -김진찬 씨

김진찬 씨는 다시 거리에서 원직 복직을 요구하고 있습니다. 406일간 겪었던 고통의 순간이 떠올라 너무나도 두렵고 무섭습니다. 하지만 두 눈을 질끈 감습니다. 이제 36개월 된 아들 채운이를 생각하면 가슴이 찢어지게 아픕니다. 하지만 김진찬 씨는 당분간 아무 생각도 하지 않기로 결심합니다. 학습지 교사로 당당하게 다시 서는 게 아들에게 부끄럽지 않은 아빠가 되는 길이라고 생각했기 때문입니다.

김진찬 씨의 부인은 재능교육의 오수영 씨입니다. 조합의 사무국장을 하는 오수영 씨는 회사가 단체협약을 일방 파기하고 조합을 인정

하지 않아 지금은 상근비가 나오지 않습니다. 오수영, 김진찬 부부는 둘 다 노동조합 활동을 했다는 이유로 탄압을 받고 있습니다.

이 부부가 올겨울 춥게 지내야 할 방이 떠오릅니다. 초롱초롱한 채운이의 눈망울도 그려집니다. 하지만 이들 가족이 세상에 피워낼 아름다운 실천을 생각하니 가슴이 훈훈해집니다.

인터뷰를 마치고 돌아오는 길, 구세군의 종소리가 예사롭지 않게 들립니다. 오수영, 김진찬 부부는 학습지 교사의 밝은 내일을 위해 희망의 종을 울리고 있습니다.

나보고 사장이라네요

김진찬 씨는 복직투쟁을 접었습니다. 복직투쟁을 멈춘 김진찬 씨에게 함께 싸웠던 동료들은 손가락질을 하기도 합니다. 끝까지 싸웠으면 했는데, 그렇다고 저까지 손가락질을 할 수는 없습니다. 김진찬 씨가 겪었던 고통을 제 핏줄 속으로 느낄 수는 없을 테니까. 근데 학습지 교사가 개인 사업자 맞나요? 특수고용직 노동자가 아닐까요?

고용 관계가 위장되었거나 모호하여, 임금을 받으며 노동을 하면서도 개인 사업자처럼 보이는 노동자들을 특수고용직이라고 하잖아요? 대법원은 근로계약서를 작성하지 않고 도급 계약의 형식으로 일하더라도 사용 종속 관계로 특정한 노무 제공을 한다면 근로기준법상 근로자에 해당한다는 판례가 있습니다. 사업주와 계약이 고용 계약이든 도급 계약이든 그 형식에 관계없이 노동자가 사업 또는 사업장에 임금을 목적으로 노동을 했다면 노동자로 보호받을 수 있습니다.

현실에서는 이게 지켜지지 않아 안타깝습니다.

노동자에게는
법이 상실된 지 오래지요

유명자 재능교육 지부장
이상헌 자티전자분회 교육선전부장
고희철 동우화인켐분회 사무장
서수경 명지대비정규직 지회장

ⓒ최규화

한가위를 눈앞에 둔 2009년 9월 30일 오후, 노동자들이 모였습니다. 비정규직, 특수고용직, 정규직, 하청 노동자. 처지는 달라도 모두 다 노동조합을 한다는 이유로 탄압을 받는 사람들. 법의 보호를 받지 못하는 사람들. 국책연구소인 한국노동교육원의 원장이라는 분은 헌법에서 노동3권을 빼야 한다고 말합니다. 이날 모인 사람들은 모두 대꾸할 필요가 없다는 듯 콧방귀를 뀌었습니다. 노동자들에게 법의 보호가 존재한 적이나 있었냐고 묻습니다. 누구에게나 고르게 비추는 한가위 보름달을 보며 고통 받는 노동자들은 무슨 생각을 할까요? 대한민국의 법, 누구에게나 평등하지는 않아도 누군가에게 고통을 주어서는 안 될 텐데.

오도엽 | 늘 제가 찾아다녔는데, 오늘은 바쁘신 여러분들을 찾아오게 해서 죄송합니다. 내일모레가 민족 최대의 명절 한가위입니다. 현장의 명절맞이 풍경을 듣고 싶습니다.

유명자 | 명절맞이요? 웬 명절? 저희 재능교육 학습지 교사들은 오늘로 농성투쟁 650일이에요. 아무리 길게 농성해도 명절 두 번 이상은 지나지 않을 거라고 생각했는데, 명절이 (손가락을 꼽으며) 하나 둘 셋 넷 다섯, 벌써 다섯 번째네요. 명절이라 해도 한 번도 농성장을 떠나본 적이 없어요. 솔직히 말해서 요번에는 농성장 사흘만 문 닫자 했는데……. (한숨을 쉰다)

오도엽 | 명절맞이라고 한 말 취소하겠습니다.

유명자 | 괜찮아요. 저희도 명절맞이는 명절맞이죠. 남들과 달라서 그렇지. 가장 힘든 게 뭐냐면, 명절날 아침에 농성장을 누가 지킬 건가, 이게 문제지요. 다섯 번씩이나 농성장에서 명절을 맞이하니 지부장으로서 간부들한테나 조합원들한테도 미안하고. 사실 명절날만큼은 저도 하루나 이틀은 쉬고 싶어요. 요번에도 투쟁을 끝내지 못하고 명절을 또 맞이하는구나, 집에서 맘 편히 하루도 못 지내겠구나, 조합원들을 또 이렇게 만들었구나, 이런 생각이 든다는 거. 그냥 한숨만 나오죠 뭐.

이상헌 | 자티전자는 노동조합 시작한 지 얼마 안 됐으니까 (투쟁하며) 처음 명절을 맞는 거죠. 최대의 명절 한가위니까 즐거워야 되는 날인데, 전혀 즐겁지가 않죠. 몇 달 동안 투쟁해서 저희가 얻어낸 결과가 해고를 철회하는 대신 장기 휴업이에요. 휴업이 끝난 뒤에 밝은 미래가 보인다고 하면 명절을 나름대로 즐겁게 지낼 수 있을 것 같은데, 대표이사가 뭐, 사업장을 폐쇄를 한다는 둥, 그런 이야기가 나오

기 때문에 전체 조합원들이 미래에 대한 희망을 갖지 못하고 불안한 상태라 마음이 착잡합니다.

고희철 | 지난 설날 때는 저랑 분회장은 조합 활동으로 구속되어 감옥에서 설을 보냈죠. 밖에 있는 조합원들은 노숙하며 보냈고요. 이번에는 다 집에 내려가요. 저희 사업장이 있는 평택에 쌍용자동차가 있기 때문에 지난 8월까지는 쌍용차 투쟁하느라 정신이 없었어요. 쌍용차 농성이 끝났으니 우리 사업장 투쟁을 다시 힘 있게 하자 했는데, 농성을 하더라도 추석을 지내고 하자, 그래서 요번 명절은 집에서 보낼 수 있는 거죠. 다행이죠. (웃음)

유명자 | 다행이네요. 집에서 명절을 보내시니. 부러워요. (웃음)

고희철 | 그런데 명절 맞는 게 착잡하네요. 저희 동우화인켐이 삼성에 LCD 화면 안에 있는 필름을 납품하잖아요. 삼성 LCD가 사상 최호황이다, 이래가지고 직원들이 상반기 특별 성과급을 한 3000억 원 정도를 받았다고 뉴스에 나오더라고요. 동우화인켐도 상반기 결산하면서 정규직 직원들에게 평소에 주는 것보다 일이백만 원을 더 준 거같아요. 하청업체로도 얼마씩이 내려왔나 봐요. 동우화인켐 안에 하청업체가 세 군데 있어요. 세 업체가 같은 라인에 섞여서 같은 일을 하는데 어디는 20만 원, 어디는 10만 원 이렇게 차이가 나요. 청정 어머니들이라고 방진복 입고 클린룸 안 청소하시는 분들, 연세가 육십 넘은 분들이 있는데 이분들은 한 푼도 못 받았어요. 그래서 현장에서 (상여금) 받은 분들은 받은 분들 대로 속상하고, 받지 못한 분들은 말할 것 없이 속상하고 이래요.

서수경 | 저희는 중앙노동위원회에서 부당해고 및 부당노동행위 구

제신청에서 승소해서 추석 전에 합의를 하고 명절을 쇠러 갈 뻔 했는데……. 그런데 학교 측에서 합의안이라고 내 놓은 게 너무 조합원들의 분노를 일으키게 해가지고 지금 다들 열 받은 김에 끝까지 가자, 이러고 있거든요.

유명자 | 합의안이 어떻게 나왔어요?

서수경 | 복직시킨다. 다만 학교에 복직하는 즉시 사직서를 쓰고, 퇴직위로금 받고 집에 돌아가 2년 놀다가 학교에 돌아오라.

이상현 | 아니 그게 뭔 말이에요? 놀리는 것도 아니고.

서수경 | 그러니 사람들이 다 기겁을 하는 거지. 누가 2년 뒤에? 지금껏 7개월 넘게 시멘트 바닥에 누워 지내도 요 모양 이 꼴인데, 우리가 뭘 믿고 합의서에 도장 찍고 2년 동안 노조 활동이고 뭐고 다 접고 어디 처박혀 있다가 2년 뒤에 학교 들어간다는 게 이게 말이나 되냐고요!

고희철 | 나도 열 받네. (모두 웃음)

서수경 | 그러니 다들 분노를 표출하는 거죠. 부당 해고는 부당 해고인데, 니네 학교에 들어오면 바로 자르겠다는 거죠. 한가위 앞두고는 저보다는 저희 조합원들 때문에 마음 아파요. 저는 사실은 애도 있고 결혼도 했고 시댁 어른들도 (제가 하는 일을) 다 아세요. 제 주위 분들은 일단 다 이해를 하고 계시기 때문에 문제가 없어요. 저희 조합원들이 다 삼십대 초반, 한참 연애하고 결혼하고 인생의 전환기를 맞아야 할 시긴데, 지금 여기(농성)에 매달려 있는 거죠. 생계도 7개월 내내 자급자족, 자기가 알아서 생계를 해결하며 살아온 터라 다들 여유가 없는 데다가 추석에 집에 가면 결혼이니 취직이니 이런 거로 분

명히 말 나올 테고……, 추석날 스트레스 엄청나게 받겠지.

이상헌 | 저 같은 경우에는 약간 패닉 상태에 있다고 할까, 뭔 일이라도 해야 하는데 불구하고 일을 못하는 상황이잖아요. 휴업이라는 게 뭐냐면 정상적으로 다른 데 아르바이트도 할 수가 없는 처지예요. 장기 휴업에 들어가니까 저처럼 조합원들도 패닉 상태에 빠져 있어요. 장기 휴업을 버텨낼 수 있을지도 약간 의문이고, 대표이사가 휴업기간에 기존 사업을 다 접어버리겠다는 소리도 들려오고, 모든 게 불투명하니……. 앞으로는 신규 사업을 해야 된다, 이러며 조합원들한테 희망이 없다, 아니 희망을 없게 만들어서 휴업 기간에 스스로 알아서 퇴사를 해라, 뭐 이런 거 같아요.

오도엽 | 직원들 몰래 회사를 옮기지 않나, 자티전자 사장님 머리는 도저히 감을 잡을 수 없네요.

이상헌 | 야반도주할 때부터 황당하잖아요. 낙성대에 있던 회사를 직원들도 모르게 하룻밤 사이에 인천남동공단으로 옮겼잖아요. 낙성대 사옥에 출근했는데 집기들이 사라져버려 거기서 사흘 동안 농성을 하다 남동공단으로 출근했잖아요. 출근을 하니까 회사의 측근들이죠, 측근들이면서 대부분 사장과 인척 관계에 있는 사람들이 회사 정문 앞에서부터 뭐, "이 새끼들 왜 왔냐?", "니들 왜 왔냐?" 이런 식으로 10년 가까이 일한 회사에 들어가는 걸 막았어요. 그 사람들하고 실랑이를 하지 않고 일단은 피해서 회사로 들어갔죠. 곳곳에서 웅성웅성해요. 시끄러우면 무슨 일인가 하고 가보죠. 조합원들도 가보고 비조합원들도 막 쫓아가보고. 이게 근무지 이탈이 되어 교섭이나 법적인 문제가 있을 때 증거자료로 제출되었어요. 물론 비조합원들은 자리

이탈을 해도 문제를 안 삼았죠. 회사에서는 미리 각본을 짜놓은 거 같아요. 사진 찍고 캠코더로 찍고. 조합원들 자리를 다 중앙에 배치하고 사방으로 임원들이 둘러앉아서 감시하게끔 하고. 대기발령을 내서 정상적인 자리가 아니고 출입문 앞에 협탁 하나 갖다 놓고, 의자 하나 갖다 놓고 거기서 보내라, 이런 식으로 압박을 하고. 조합원한테 일을 주지 않고 하루 종일 멀뚱멀뚱 앉아 있게 한 뒤, 밖에다가는 회사에서는 일이 없는데 어쩔 수 없이 내보내지도 못하고 빈둥빈둥거리는 직원들한테 월급 주고 있다고 알리고, 안에서는 우리들한테 식충이다, 이런 말까지 해가면서.

서수경 | 식충이라고? 아니 그 소릴 듣고 가만히 있었어요? 나 같으면 그냥, 콱.

이상현 | 굉장히 모멸감을 줘요. 이게 다 대표이사 입에서 나온 이야기니까. 거기다 비조합원들을 통해 노노 갈등을 일으켰어요. 10년 동안 같이 일했던 직원들이 하루아침에 막 눈에 불 켜고 노동자끼리 다투게 만들어요. 약간 맹목적으로 회사에서 시키는 대로 일만 하는 사람이 있는데, 여성 조합원한테 가서 입에 담긴 뭐하지만 굉장히 쌍욕을 해가면서, 엑스엑스야, 니들 때문에 내가 이런 상황에 처해 있다, 니들 때문에 내가 죽고 있다, 이런 식으로.

오도엽 | 재능교육도 만만치 않죠?

유명자 | 학습지 교사는 흔히 말하는 사업자라 불리는데, 노동자로 인정받지 못해요. 수수료 개정투쟁으로 농성을 시작하니까 회사에선 이 기회에 노동조합을 없애겠다며 싸움을 확대시켜 단체협약 파기 통보를 한 거죠.

고희철 | 단체협약 이게 무용지물이 되었어요. 현장마다 노조 없애는 수단으로 단체협약 해지하고, 노조 사무실 폐쇄하고 그러잖아요. 이게 노동조합 무시하고 가겠다는 막가파지 어디 기업을 경영하는 사람이라고 할 수 있나요.

유명자 | 회사는 지금껏 노동조합을 인정했던 게 좀 억울하다는 거죠. 자본주가 생각할 때는. 사실 단체협약은 파기되기 전부터 누더기가 되어 있는 상태였어요. 사장은 '잃어버린 10년을 찾겠다'고 공언을 하며 노동조합 탄압을 하기 위해서 단체협약 파기하고 노동조합 자체 활동을 하지 못하게 하는 거예요. 투쟁만 했다 하면 손해배상 가압류 벌금 고소 고발이 남발이에요. 650일 하는 동안 별달리 한 것도 없이 세 명이 구속되었고, 투쟁 기간 반 정도에 나온 벌금이 5000만 원이 넘어요. 현재까지 나머지 반 기간 동안 벌금이 얼마나 더해질는지 모르죠. 재능교육은 학습지 교사들이 최초로 만들었던 노조고, 특수고용 지부로서는 최초로 받았던 단체협약인데, 지금은 선생들 관련된 복지제도나 이런 거 다 파기가 됐어요. 회사는 이제까지 10년 동안 니네(학습지 교사)한테 특혜와 수혜를 줬다고 생각하는 거예요. 10년 동안 노동조합을 인정해줘서 너희가 이렇게 왔는데 인제 더 이상 회장이 너무 억울하고 원통해서 그걸 못하겠다고 이야기를 하고 있고요. 지금 활동하고 있는 현장 간부들이 특수고용 노동자라서, 사실 꼬투리만 잡히면 해고가 되요. 어디에다 하소연 할 때가 없어요. 우리는 부당해고라고 주장하지만 지노위 중노위 가지도 못하고 각하돼요. 니네(특수고용 노동자)는 우리(지방노동위원회나 중앙노동위원회)한테 들고 올 사안이 아니라는 거죠.

오도엽 | 재능교육은 회사의 탄압도 탄압이지만 공권력에 의한 탄

압도 만만치 않죠?

유명자 | 노동자는 대한민국 국민도 아니에요. 적이 늘어가지고 구청하고 혜화경찰서하고도 싸워야 해요. 혜화경찰서는 (회사의) 사설경비대처럼 되어 있어요. 저희가 농성 천막을 열다섯 번 철거당했는데, 금년 5월 달에 철거당한 뒤론 천막을 치지를 못해요. 그 자리에 혜화서 순찰차가 스물네 시간, 일분일초도 그 자리를 안 비워주고 있어요. 천막 없이 노상 피켓시위를 해도 도로교통법 위반이니 도로법 위반이니, 불법 연행 체포된 게 벌써 세 번이에요. 어떻게 보면 힘들게 자학 수준으로 농성 투쟁을 하고 있는 거죠. 저희하고 회사하고 똑같은 사안으로 고소 고발을 하면 어쩐 줄 아세요. 저희가 진단서를 내면 '회사의 누가 구체적으로 직접 가격했는지 증거 사진이 없다'고 회사는 무죄예요. 반면에 회사는 어떤 조합원이 때렸는지도 모른 채 진단서 2주짜리만 내도 저희는 무조건 유죄예요. 벌금이 100만 원, 300만 원짜리가 나와요.

오도엽 | 구속되는 것보다 벌금 때문에 노동조합 못하겠다는 말이 실감이 납니다. 동우화인켐도 할 말이 많으실 텐데.

고희철 | 동우화인켐은 생산 물량을 거의 다 삼성에 납품을 해요. 기자회견을 삼성 앞도 아니고 바로 옆에서 한 건데 고소를 했더라고요. 저희는 몰랐는데 삼성 건물 1층이 홍보관인데, 저희가 홍보관을 가로막았대요. 근데 저희가 그때 한 여섯 명인가 있었는데 홍보관이 엄청 크잖아요. 우린 여섯 명이고 용역들이 나와가지고 (홍보관 앞에) 줄 서 있더라고요. 자기네들이 막은 거 같은데 우리한테 고소해요. 저희들 농담 삼아 말해요. (노동자들이 할 수 있는 게) 어디 올라가고 뛰어내리고 굶고 찢고 이런 건데, 법원에서 오라 하고 경찰서에서 오라

니까, '야, 이제 법보다도 돈이 무서워가지고 진짜 이제 못하겠다' 이런 얘기 농담 삼아 해요. 점점 법을 빌미로 벌금으로 탄압하니 비정규직 권리 찾는 게 갈수록 어려워지는 것 같아요.

서수경 | 저희는 별로 탄압 받은 게 없어요. 사실 대학이 다른 데랑 좀 달라요. 저희는 고소 고발 들어간 것도 없고 이래저래 많이 부딪힌 게 없어요. 주로 여자들만 활동하다 보니, 기껏 해봐야 세 번 집회한 거, 조용히 피켓 들고 서 있고 총장 집 앞에 서 있는 거, 부딪히고 큰 소리가 날 만큼 그렇게 없었어요. 기껏 탄압받아 봐야 촛불 문화제 할 때 때리니까 좀 맞고……

유명자 | 그게 탄압이잖아요? (모두 웃음)

서수경 | 요즘 세상에 그 정도야. 처음 농성장 치고 이랬을 때는 맞고 그랬던 거밖에 없어요. 나중에는 그것도 학교에서 포기를 하더라고요. 그냥 학교 직원 분들 세 명씩 조 짜가지고 하루 종일 우리 쫓아다니면서 캠코더 찍고, 소음 측정기로 측정하고 그냥 그 정도예요. 그런데 사실 그래요. 인생 다 뭐 있어요? 살아봐야 100년도 못 사는데 그냥 그렇잖아요. 그 사람들은 얼마나 속이 타겠어. (총장한테) 등 떠밀려 나와서 자기도 정말 비굴하고 돈의 노예가 된 거처럼 어쩔 수 없이 나와서 그러고 있는 그 사람들 심정도 이해가 되죠. 진짜 문제 되는 것은 설립자 아들, 지금 총장님이 문제되는 거지. 돈 받고 어쩔 수 없이 나올 수밖에 없는 그 사람들 문제는 아니잖아요. 그래서 저는 특별히 학교랑 크게 부딪히면서 몸싸움하고 그런 거 거의 없었고요. 탄압이라고 하면 농성장 철거하겠다는 식으로 내용증명 보내는 거. 조합에서 대자보 붙이면 한 시간 안에 뜯는 거. 그러면 우리는 죽어라고 써서 붙이는 거지. (웃음) 청소하시는 분들만 고생하시는 거죠. 청소

하는 분들한테 좀 미안하기도 하고.

이상헌 | 제가 노동조합 시작하기 전까지는 사실 제 자신이 노동자라는 범주에 들어가는지 관심도 없었고 몰랐어요. 노사 관계라든가 이런 거 뉴스에서나 들었지 전혀 나와 다른 사람들만의 일이다, 이렇게만 생각하며 생활했었죠. 이제 우리 회사에 닥친 거죠. 아무런 사전 통보도 없이 해고를 해서 노동조합이 만들어졌죠. 그냥 쫓겨날 수 없어서. 물론 저는 해고 통보를 받지 않았어요. 오랫동안 근무를 같이 해왔던 사람들이, 특별하게 잘못했거나 회사한테 해악을 끼쳤거나 이런 적도 없는데 어느 날 갑자기 회사에서 해고 통보를 해버린다는 거죠. 그런 거 옆에서 지켜봤을 때 마음에 좋을 리는 없었고요. 그분(해고자)들이 어느 날 와가지고 조합을 같이 하자고 제의를 해서 뭐 잠깐 고민을 했지만 흔쾌히 승낙을 했어요. 막상 가입하니까 정말 노동조합 활동이 힘든 길이구나, 라는 걸 하면 할수록 느껴요.

오도엽 | (이상헌 교선부장님은) 회사에서 직책이 과장이셨죠? 처음 만났을 때 생산직이 아니라 조금 당황했던 기억이 나네요. 정말 자신이 노동자인 줄도 모르며 직장 생활을 하다가 생소한 경험을 하고 있는데, 법, 법이 뭐라고 생각하나요?

이상헌 | 법이요? 그전까지만 해도 법은 국민을 지켜주기 위해 만들었겠거니, 별 관심도 없이 그렇게만 알고 있었는데 실지로 우리가 법의 보호를 받기 위해서 사방팔방 돌아다녀도 어느 한 군데도 법의 보호를 받을 수 있는 곳이 없어요. 법은 노동자를 위해서 있는 것이 아니라는 생각이 들어요. 노동3권 보장 이런 거 있지만은 그게 실지로 노동자를 위해서 유용하게 작용하는 적이 거의 없어요. 회사에서 법망을 피해서 하든지 법 테두리 안에서 요리조리 잘 엮어서 하든지, 절

대 노동자들에게 불리하게 상황을 만들지 노동자들에게 좋게 만들어 가는 게 아니라는 생각이 많이 들었어요. 저희는 가능하면 처음부터 법을 지키면서 시작했어요.

유명자 | 저희도 잘 지키고 싶어요. (웃음) 그런데 헌법이고 뭐고 없어요. 그냥 농성장 그 자리에 있는데 도로교통법 위반이에요. (우리 행동은) 노동3권이 보장되어 있다, 집회·결사의 자유나 표현의 자유가 있는 헌법을 무시하는 거냐, 경찰에게 따지면 그건 모르겠다, 대놓고 그래요. 그건 모르겠고 일단 댁들이 인도 통행에 불편을 주었다고 해요. 저희가 농성하는 혜화동 본사 앞이 국가 주요 도로래요. 국가 주요 도로이기 때문에 집회 신고를 받아줄 수 없고, 저희가 혜화동로터리 밑에까지 밖으로 나와서 집회를 하는데, 그것조차도 계속 수정해서 집회 신고를 하라고 해요. 뭐냐면 집회 신고의 내용을 다 경찰이 지시를 하는 거예요. 방송차 빼고, 행진 빼고, 선전전 빼고, 뭐, 피켓도 삼십 개다 그러면 피켓도 열 개 이하로 줄이고, 이렇게 신고 내용까지 통제해요. 집회는 신고제잖아요. 그래서 '그럼 허가제라고 법을 바꿔라', 그렇게 말하면 '아 그건 아니고' 그래요. 집회 신고 내용에 행진이라고 안 쓰면 '행진 없음'이라고 저보고 자필로 쓰라고 하죠. 이게 집회의 자유가 있고 집회가 신고제인 거 맞나요? 우리가 인도에서 피켓 들고 서 있는 것을 처벌하면서 말이에요. 법이라는 게, 이미 노동자에게는 법이 상실된 지 오래지요. 저희가 재판 받으면서 어떤 절망감이 드는 줄 아세요. 이게 정말 시민을 보호할 수 있는 판사들이고 검사들인가, 참 어이없죠.

이상현 | 아니, 저희는 가능하면 법적으로 얽히고설키지 않고 다른 투쟁사업장에 비해 굉장히 온순한 방식의 투쟁 방식을 선택했어요.

유명자 | 저희도 아무것도 한 거 없어요. 온순해요. (모두 웃음)

이상헌 | 온순해도, 손해배상 걸리고 이런 것들 저희도 여태까지 만만치는 않아요. (웃음) 그렇게 합법적으로 한다고 해도 회사에서는 엮으려고 하기 때문에 그게 쉽지 않아요. 우리는 나름대로 합법적으로, 최대한 합법적으로 법 테두리 안에서 우리가 얻어낼 수 있는 것을 얻겠다는 생각으로 접근했지만, 실제 그럴 가능성이 전혀 없어요.

서수경 | 법이요? 어이 장난하시나! 에이, 이기면 뭐해요. 중노위에서 복직 판결 받아도 이행이 되나요. 그리고 판결을 이행하지 않으면 이행강제금을 (학교에서) 물잖아요. 그거는 노동자한테 줘야지. 그걸 왜 받아서 국가가 갖나요. 난 그거 열 받아요. 지네가 한 게 뭔데? 세금으로 월급 받으며 판결을 했으면 이행을 하게 해야 할 거 아니에요. 부당 해고시킨 총장 멱살을 잡아서라도. 그렇게 하지 못하면 벌금을 누가 받아야 돼요. 피해를 입은 노동자가 받아야지. 왜 그걸 지들이 받아. 학교에서 이행강제금 내봤자 나중에 연말정산할 때 세금으로 다시 돌려받는대요. 몇 억 내봐야 도로 다 받는대요. 장난하나! 이 이야기만 하면 속이 다 뒤집어져요. 법이 잘못되었잖아요. 고쳐야 될 거 아니에요. 왜 안 고치는 거야! 이전에 노동운동 하시는 분들 다 어디 가셨어!

오도엽 | 유명자 지부장님은 서른 살에 노동조합을 시작해서 마흔이 넘도록 노동조합과 10년 넘게 살아오셨죠. 여기 모이신 분들 중에서 노동조합에 대해서는 최고참이시고요. 지난 10년을 돌이켜보면 어떤 생각이 드시나요?

유명자 | 노동조합 하는 사람은 향수를 먹고 살면 안 돼요. 그래도 가끔 조합원이 삼사천 명 됐을 때 생각이 나죠.

오도엽 | 학습지 회사 가운데 최초로, 그리고 특수고용 노동자 가운데 최초로 재능교육교사 노조가 만들어졌잖아요. 조합 만들고 1000여 명씩 조합원들이 서울 도심에 모여 행진도 하고 그랬던 시절이 떠오르네요. 지금은 조합원이 얼마나 되죠?

유명자 | (웃음) 말 안 해도 아시잖아요. 사실 대한민국 사회에서 앞으로도 노동조합 유지하는 게 전망이나 비전 있을까, 이럴 정도로 힘들어요. 정규직이고 비정규직이고 가릴 게 없는 것 같아요. 투쟁사업장들 만나는 기회가 있어 가보면 내가 몰랐던 직군들이 너무 많잖아요. 아, 이렇게 여러 가지로 힘들게 하는 사람들이 많구나, 이런 생각들이 많이 들거든요. 힘든 이야기 들으면서 정말 저기도 안 되고 여기도 안 되고 우리도 안 된다, 그런 생각이 안 들었으면 좋겠어요.

서수경 | 그래 뭐 있어요. 그냥 즐겁게 싸워야지.

유명자 | 서수경 지부장님은 항상 즐거운 모습이라 참 보기 좋아요. 이런 말 하면 될지 모르겠는데…… (주저하다가) 말마따나 투쟁 시작하는 처음에는 총연맹(민주노총) 오시고 상급단체(산별 연맹) 오시고 하잖아요. 좀 지나면 사라지죠. 저희는 투쟁사업장에도 양극화 심하다, 이런 말 많이 하거든요. 총연맹이나 상급단체에서도 (투쟁사업장) 봐서 붙을 때 안 붙을 때 정확하게 계산을 해요. 그래서 저희는 600일 넘게 상급단체로부터 지원받은 적이, 지원받은 게 없어요. 아무튼 저는 투쟁하는 노동자들 연대 가서 항상 하는 이야기가 있어요. 지금 봤던 조합원들이 아직도 싸우고 있다는 거 잊지 않았으면 좋겠다, 서로 잊히지 않게 서로가 잊지 않았으면 좋겠다, 말을 하면서 한 번씩 울컥하는데…… 서로가 보지는 못해도 승리보고대회 할 때까지는 분명히 (그 사업장 노동자들이) 싸우고 있겠구나, 하며 서로가 잊지 않았으면

좋겠습니다. 연대를 못 가더라도.

서수경 | (유명자 지부장을 바라보며) 승리보고대회 꼭 하셔야 되요. 승리보고대회를 못하시면 '인생 잘 삽시다' 보고대회. (웃음) 저는요, 명지대 지부장이 이렇게 상태가 안 좋나, 그래 그렇게 생각할 수도 있어요. 근데 나는 좀 그랬으면 좋겠어요. 왜 이렇게 불행하게 보이시냐고, 투쟁 오래하신 분들. 여기 계신 분들은 좀 밝은데, 다들 왜 스스로 고통스러워해야 되죠? 나는 그거 잘못됐다고 생각돼요. 저 새끼들을 고통스럽게 해야 되잖아. 사측의 사장 새끼는 밥 잘 처먹고, 왜 욕을 자꾸 하지. (쑥스러운 듯 고개를 흔들며) 사장은 밥 잘 처먹고 자가용 타고 다니면서 할 것 다하고 다니는데, 왜 노동자들은 스스로 옥쇄파업을 하면서 고통스럽게 싸워야 하는지. 고공농성 들어가서 사람의 목숨이 왔다 갔다 하든지, 자살을 하든지 뭐 그런 식으로 좀 안 그랬으면 좋겠어요. 투쟁이 재밌지는 않아요. 사실 근데 저는 참 재밌게 했거든요. 쟤는 좀 농땡이 친다고 욕들도 많이 하셨겠지만 나는 내가 할 수 있는 만큼만 했어요. 주변 동지들은 좀 짜증을 냈겠지만 할 수 없어요. 내가 할 수 있는 게 그건데. 뭐 내가 죽을 것 같은데도 계속 싸운다는 것은 내 스스로가 투쟁을 계속한다고 해도 전혀 즐겁지도, 얻을 것도 없잖아요. '명지대 투쟁은 즐겁게 하자', 이런 모토로 가고 있고, 그냥 그렇게 할 수밖에 없어요.

이상헌 | 정말 부럽습니다.

서수경 | 왜냐면 투쟁하는 사람들도 투쟁 속에서 즐거워야 되고 느끼는 게 있어야 되니까. 노동자의 권리, 노동자의 뭐 어쩌구 저쩌구를 느끼면서 어, 어, 어, 가열찬 투쟁, 그거 다 좋은데 거기에 함께했던 개인 개인도 다 즐겁고 행복해야 되고 인생이 즐거워야 된다고 생각

하거든요. 인생 몇백 년 살 것도 아닌데, 즐겁게 살아야죠. 민주노총 산하에 산별노조 가입해서 투쟁하며 1년, 2년 아니면 5년 했는데, 나 정말 다시 돌아가도 또 할 수 있고 정말 즐겁다, 이렇게 이야기가 나와야죠. 보통 선배님들 상황은 그거는 아닌 거 같고. (웃음) 저희는 한 번 해볼 만하다, 재밌더라, 대법까지 가서 월급 받고 집에 있는 것도 괜찮더라, 아닌가? (고개 갸웃하며) 하여튼 즐겁게 하자, 이런 거예요.

이상헌 | 사실 노동조합은 경제적으로는 서로가 서로한테 도움을 줄 수 있는 방법은 없잖아요. 물질로는 안 되지만 마음은 모을 수 있잖아요. 다른 사람을 돌아보는 마음가짐들이 있었으면 좋겠어요. 너무 개개인의 이익에만 쫓아가는 그런 경향들이 없잖아 있는데, 제 생각은 그냥 한 사람 한 사람이 조금씩 다른 사람을 이해할 수 있는 약간의 마음만 가지고 있으면 뭐 소규모 사업장이 됐든 큰 규모의 사업장이 됐든 조합원으로서 단결할 수 있는 계기가 될 수 있을 것 같아요. 단결이 진짜 노동조합의 가장 큰 힘이기 때문에 그게 되면 뭐든지 잘될 수 있을 거라 생각합니다.

서수경 | 아, 그런데 속 안 터져요? 나는 이거 몇 개월 하고도 이렇게 터지는데. 예라, 잇. (볼펜을 던지며) 성선설을 믿었거든요. 계속 (투쟁) 하니까 성악설 쪽으로 가게 됐어요. 사측도 그렇지만 노동조합도 왜 이렇게 이기적인 거야. (서수경 씨는 하나님이 있었기에 지금껏 싸워올 수 있었다고 했다)

고희철 | 시간을 보니까 마지막 발언 같은데, 이렇게 하는 거 아닌가요? 이런 자리를 만들어줘서 고맙습니다. (웃음) 금속노조 안에서도 비정규사업장들 투쟁본부가 있어요. 어려운 사업장끼리만 모여 (투쟁하며) 돌아다녀요. 얼마 전에 도루코 비정규직 노동자가 이겼어

요. 회사하고 합의한 내용이 뭐냐면, 법원에서 부당해고 이긴 네 명 복귀시켜준다. 그리고 노동조합 일로 불이익 주지 않는다. 당연한 걸 가지고 2년을 싸워 현장에 돌아가면서 얻은 게 결국 이거예요. 현장 들어가는 데까지가 1라운드다. 2라운드가 또 기다리고 있는 거고요. 그래서 갈 길은 멀기만 하죠. 2년 걸려가지고 노조 활동을 해도 해고 하거나 탄압은 안 하겠다, 요 정도까지 합의 본 건데, 그래도 되게 큰 진전이라고 봐요. (도루코 비정규직 노동자들은) 현장으로 돌아가셨으니까. 아마 저희도 조그맣게 이기고 나면 딴 분들 힘이 나실 거라 생각돼요. 이기고 나서 현장 들어가면 바쁘겠지만 꼭 잊지 말고 승리 보고대회 해가지고 가뜩이나 고생하는 동지들에게 힘도 주고 하죠. 그럴 수 있을 때까지 열심히 좀 해보겠습니다. (박수)

오도엽 | 오랜 시간 고맙습니다. 모이다 보니 모두들 일할 현장을 빼앗기신 분들이네요. 정든 일터로 돌아가는 날이 하루빨리 오리라 믿으며 오늘 이 자리를 마치도록 하겠습니다.

유난히 "이 말은 쓰면 안 돼요"라는 요구가 많은 좌담이었습니다. 하고 싶은 말은 많은데 그 말을 다 표현하며 살 수가 없었습니다. 더욱 안타까운 것은 선별된 목소리조차 들려줄 곳이 없다는 겁니다. 좌담은 끝났지만 밤 깊도록 이야기는 이어졌습니다. 아직은 세상에 털어놓을 수 없는 이야기들이 넘쳐납니다. 이들이 긴 어둠 속으로 사라지자 하늘엔 한가위를 앞둔 달이 둥그렇게 떴습니다. '희망은 있다고도 할 수 있고, 없다고도 할 수 있다'는 글귀가 떠올랐습니다. '길이 있어 길을 가는 게 아니라 걸어가다 보니 길이 생겼다'고 합니다. 어둠 속으로 사라진 이들의 발걸음이 새 길을 낼 거고, 절망 속에서 희망의 한가위 달을 길어 올릴 겁니다.

2부
경계에 선 사람들

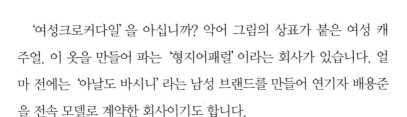

형지어패럴, 해고 노동자 이재석 차영미 한수자

경영하려면,
쇼를 하라 쇼!

'여성크로커다일'을 아십니까? 악어 그림의 상표가 붙은 여성 캐주얼. 이 옷을 만들어 파는 '형지어패럴'이라는 회사가 있습니다. 얼마 전에는 '아날도 바시니'라는 남성 브랜드를 만들어 연기자 배용준을 전속 모델로 계약한 회사이기도 합니다.

이 회사의 최병오 회장은 패션 업계의 신화로 불립니다. 나이 서른에 동대문에서 허름한 옷 가게를 열어 사업을 시작하고, 25년 만에 여성 캐주얼 시장의 선두에 섭니다. 샤트렌, 올리비아 하슬러, 라젤로……. 시장에 새로 선보인 브랜드마다 소비자의 호응이 좋습니다. 2007년도 우리나라 매출 순위 821위, 순이익은 481위를 차지한 알짜 기업입니다. 전해 대비 매출 성장률이 30%가 넘더군요. 2008년에는 5000억 원이 넘는 매출을 올립니다. 2011년에는 매출 1조 원 규모의 종합 패션전문 기업이 되겠다며 야심찬 발걸음을 내딛고 있습니다.

2008년 10월에 최병오 회장이 한 모임에서 강연을 합니다. 강연을 들은 한 참석자는 '이론으로만 떠드는 강사와 달리 인간에 대한 기본적인 존중과 배려 그리고 나눔 경영의 철학을 지닌 분'으로 '존경스럽다'고 합니다. 아, 그렇습니다. '인간 존중, 나눔 경영' 얼마나 우리 사회가 바라는 경영자의 모습인가요.

지난 12월 9일, 존경해야 할 최병오 회장이 운영하는 회사에 대한 기사가 났습니다. 사업 수익의 일부를 교육 환경이 열악한 아프리카 어린이들을 위한 후원금으로 쓰겠다며 국제구호단체 유니세프와 나눔 파트너십을 체결했다는 내용입니다.

같은 날, 이 아름다운 행사장 바깥 풍경을 다룬 기사도 있네요. 앗, 그런데 이게 무슨 일입니까? 형지어패럴 직원이 피켓을 들고, '5년 동안 야근하고 일요일 특근한 대가가 해고라니……'하며 울부짖고 있지 않습니까.

이처럼 존경스러운 경영자가 있는 회사에서 직원에게 이렇게 하지는 않았겠지, 무언가 사연이 있겠지. 설마 하는 마음으로 형지어패럴을 찾아갑니다.

형지어패럴 샘플실 문을 두드립니다. 올해 쉰셋인 이재석 씨가 반갑게 맞으며 의자를 권합니다. 얼굴이 붉게 상기되어 있습니다. 자리에 앉자마자 이재석 씨는 쉼 없이 말을 쏟아냅니다.

제가 이 분야에서 30년 넘게 일했습니다. 본래 형지어패럴에는 샘플실이 없었어요. 전에 다니던 회사에서 알았던 분이 이곳에서 개발실 부서장으로 있었어요. 샘플실을 만드는데 저보고 와서 일을 해달라는 거예요. 5년 전 일이죠. 샘플실은 매장에 내놓을 상품을 미리 만

드는 일을 해요. 여기서 만든 샘플 옷을 가지고 품평회를 거쳐 제품을 선정하죠. 옷 패턴이 결정되면 재단도 하고 미싱도 하고, 다 해요. 이 작업을 혼자 하기는 힘들거든요. 보통 둘이 짝이 되어 일을 하는데, 저는 아내와 함께 일했어요. 한 사람 월급만 받으면서 둘이 일을 시작한 거죠. 하루 평균 열두 시간씩 일했어요. 명절 휴무 전에는 대체근무를 하고, 공휴일에는 특근도 했어요. 이제껏 근로자의 날에 쉬어본 적이 없어요. ─이재석 씨

샘플실 일이 없는 일요일에는 대리점을 방문해 실태 조사를 합니다. 자가용이 없는 이재석 씨는 버스나 전철 같은 대중교통을 이용합니다. 약도 한 장에 의지해 전국 구석구석에 있는 대리점을 찾아다니는 일은 보통 어려운 일이 아닙니다. 대리점에 전화를 걸어서 장소를 물으면 되는데 회사는 대리점에 연락을 하지 못하게 합니다. 사전에 실태 조사 정보가 새면 안 되기 때문입니다.

봉제 일을 하는 사람들이 대부분 많이 배우지 못해 학벌이 낮아요. 경력은 수십 년 되지만 직책은 항상 사원이죠. 대리점을 찾아가 명함을 내밀면 (사원이라고) 점주들이 깔봅니다. 찾아가면 무척 싫어해요. 본사에서 조사를 나오니 좋아할 리가 없죠. 옷 팔기 바쁜데 왜 찾아오냐, 내가 회장하고 친군데 니가 뭐냐, 뭐 이런 모욕도 받아요. 샘플실 업무도 아닌데, 쉬는 날 나가서 욕만 얻어먹는 셈이죠. 내 나이가 오십인데……. (눈시울이 붉어진다) 이런 수모를 당하면서도 소처럼 일만 했어요. 좋은 게 좋다고, 그냥 참고 일만 했어요. ─이재석 씨

최병오 회장은 샘플실에 들어와서 열심히 일하고 있는 이재석 씨 부부를 볼 때마다 위로를 합니다. 두 사람이 일하는데 두 사람 몫의 임금을 제대로 챙겨주지 못한 걸 안타까워하며. 회장은 이재석 씨 부부가 열심히 일하는 모습이 좋았던지, 앞으로 샘플실은 부부 사원으로 채용하라고 지시합니다. 그 뒤로 회사가 새 브랜드를 출시하며 샘플실 직원을 늘려갈 때 실제로 부부 사원을 채용합니다.

지난해에 이재석 씨 부부는 모범 사원으로 뽑혀 사이판으로 해외 연수를 가기로 되어 있었습니다. 출국에 필요한 서류도 다 준비했지요. 그런데 이게 웬일입니까. 11월 12일, 점심을 먹고 작업실에 들어오니 12월 12일자 해고 통지서가 놓여 있는 것 아닙니까.

합당한 이유가 있으면 해고를 받아들이죠. 해마다 새로운 브랜드를 출시하고, 거액을 쏟아부어 우리나라 최고 연기자를 전속 모델로 쓰면서, 5년 동안 야근, 특근해가며 죽도록 일한 저희들을 해고하는 게 이해가 안 돼요. 우수 사원으로 선정해서 외국 보내준다더니 갑자기 해고가 뭡니까? 문제는 이래요. 지난해 가을에 주거래 은행이 바뀌면서 새로 선정된 은행이 무료로 형지어패럴에 대한 경영 컨설팅인가 뭔가를 했어요. 그 사람들이 회사에 불필요한 인력이 많다고, 107명인가를 줄여야 한다고 했다나. 그때부터 해고 통지가 날아오기 시작했어요. 500명이던 직원이 지금은 400명 정도예요. 내가 불필요한 존재였다면 야근에 특근은 왜 시킵니까? -이재석 씨

해고 통보를 받은 샘플실 직원 6명만이 회사에 맞서 싸우고 있습니다. 모두 부부 사원입니다. 여성들은 십대부터 이 계통에서 일한 사람

이 많습니다. 수십 년 동안 쌓은 경력이, 배운 사람들의 세 치 혀에 '불필요'한 사람이 됩니다.

회사에선 그래요. 어디 (복직소송) 해봐라, 5년 걸릴 텐데. 법적으로 가봐라, 버틸 수 있는지. 계란으로 바위치기라는 걸 알고 있어요. 큰 회사에 맞서는 게 어렵다는 거 알아요. 우리가 버티니 회사가 이제는 슬그머니 돈 좀 줄 테니 나가서 아웃소싱 받아 일하래요. 저희는 다른 거 필요 없다. 첫째도 둘째도 복직이다. 정말 회사가 어렵고 합당한 이유가 있다면 미련 없이 나갈 수 있지만 지금 이거는 아니다, 이랬어요. 제 말이 틀렸나요? 이해가 됩니까? -이재석 씨

이재석 씨의 말, 틀린 게 하나도 없습니다. 취재를 마치고 돌아와서 생각해도 이해가 되지 않습니다. 수십 명의 기자를 호텔로 불러 아프리카 아이들에게 사업 수익의 일부를 기부하면서 자신의 회사 직원을 해고하는 최병오 회장을 도저히 이해할 수가 없습니다. 강연장에서 '인간 존중과 배려'를 강조하시던 최병오 회장은 어디로 가셨단 말입니까. '나눔 경영'이라는 기업 이미지만 좋게 하여 더 많은 이익을 얻으려는 '쇼'를 하신 건가요? 최병오 회장님, 혹 실수였다면 하루빨리 해고자를 복직시켜주십시오.

해고 통보를 받자 아무 생각도 나지 않았어요. 눈물만 펑펑 흘렸어요. 멍하니, 정말 멍하니. 아들이 하나 있어요. 저희 부부가 해고되니까, 아들이 입 하나라도 덜어야 하지 않겠냐고, 어차피 갈 군대라고, 자원입대 신청을 했어요. 같은 날 동시에 일자리를 잃었으니, 아들이

군에 가겠다는데 할 말이 없었어요. 당장 다른 생계 방법이 없어요. 둘이 죽어라 벌었지만 모아둔 게 없어요. -차영미 씨

차영미 씨는 이재석 씨의 부인이자 동료입니다. 차영미 씨의 손바닥에는 수십 년 미싱밥의 흔적이 굳은살이 되어 까칠하게 기록되어 있습니다.

함께 일하는 한수자 씨도 남편과 함께 이곳 샘플실에서 일합니다. 한수자 씨의 몸에도 차영미 씨가 가진 미싱밥이 새겨져 있습니다. 지문이 사라진 한수자 씨의 손에도 해고 통지서가 놓여 있습니다.

저도 남편과 함께 샘플실에서 일했어요. 해고 통지서가 점심 먹고 작업실에 들어왔더니 놓여 있더라구요. 처음엔 뭔 말인지 몰랐죠. 몇 번이고 읽어봤어요. 무슨 뜻인지를 이해한 순간, 손이 덜덜덜 떨려요. 일을 하려고 작업대에 섰는데도 계속 떨려요. 하루 종일. 얼마나 떨리던지 일을 할 수가 없었어요. 해고당한 지 한 달이 다 되어가요. 하지만 내가 해고가 되었다는 사실을 아직도 실감하지 못해요. 바보가 된 거 같아요. 그날 이후로 머리가 텅 비어 아무 생각도 나지 않다가 가끔 현실로 돌아오면 미쳐버릴 것 같아요. 이러다 정신병자가 되겠구나, 이런 생각이 들어요. - 한수자 씨

샘플실에서 일한다고 하면 이 분야에서 최고의 기술을 자부할 뿐만 아니라 주변에서도 최고의 기술자라고 인정합니다. 이곳에서 일하는 사람들은 대부분 30년 이상을 옷 만드는 일에 전념한 사람들입니다. 정말 쌀이 없어 먹고살기 힘든 시절, 시골에서 어린 나이에 상경하여

먼지 구덩이 제품 공장에 들어와 철야를 밥 먹듯이 하며 기술을 배운 사람들입니다. 한때 한국 경제를 살린 주역들입니다.

동대문의 밤은 화려합니다. 대형 의류 쇼핑몰이 밤을 밝히며 움직입니다. 숱한 옷들이 쏟아져 나오는 곳입니다. 이 옷들은 험한 작업장에서 일하는 재단사, 재봉사들의 손을 거칩니다. 이재석 씨의 땀방울도 이곳 어딘가에 스며들어 있을 겁니다.

새 옷을 만들 때마다 어떻게 하면 입는 사람이 더욱 편하고 예쁠까만을 생각하며 장인 정신으로 일했던 형지어패럴 샘플실 세 쌍의 부부. 평생 옷 만드는 일을 천업으로 여기며 살아온 이들은 나이 50이 넘어 처음으로 해고를 당합니다. '여성크로커다일'이라는 유명 브랜드에서 일한다는 자부심과 형지어패럴이라는 큰 회사에 있으면 수입은 적더라도 좀 더 안정적이지 않을까 했던 기대가 한순간에 무참히 무너졌습니다.

이들의 절망은 단순히 일자리를 잃은 것에만 있지 않습니다. 비록 배운 것 가진 것 없어 익힌 기술이었지만, 이 기술은 이들의 생계 수단을 넘어 자존심입니다. 이 기술이 컨설팅 회사의 몇 마디에 가차 없이 짓밟힌 순간, 이들은 일자리 이상의 것을 잃은 겁니다. 아니 삶의 전부일 수도 있습니다.

한마디 더 하겠습니다. 배용준을 전속 모델로 계약했다는 사실을 앞다퉈 다루던 언론들, 유니세프에 기부하는 사랑의 손길을 대대적으로 떠벌리던 기자님들, 여기 한겨울 거리로 쫓겨난 노동자들의 목소리에는 눈길 한 번 주지 않을 겁니까?

그래서 이 글을 쓰는 순간, 너무 춥습니다. 더 큰 추위가 노동자를 덮칠까 무척 두려운 한 해의 초입입니다.

? ■ 구조조정을 당했어요

형지어패럴 노동자들은 결국 도급을 받아 일하는 처지가 되었습니다. 이들이 싸울 수 있도록 힘이 되어줄 친구가 없었던 건 아닐까, 이런 생각을 해봤습니다. 저를 반성하면서요. 정리해고가 무얼까? 정리해고가 당연시된 사회에서 다시 정리해고를 생각합니다. 정리해고를 하려면 요건을 갖춰야 합니다. 노동자를 해고하지 않으면 기업이 망할 정도의 긴박한 어려움이 있어야 합니다. 정리해고에 앞서 해고를 막으려는 노력이 먼저 이루어져야 합니다. 경영진의 교체 및 경영 방침 개선, 배치전환, 신규채용 중지, 근로시간 단축, 임원 수당 삭감, 순환휴직과 같은 해고를 막기 위한 사용자의 노력이 있어야 하고요. 정리해고자 선정도 합리적이고 공정한 기준을 갖춰야지요. 사용자의 이해관계보다는 노동자의 처지가 먼저 고려되어야 하고요. 특히 남녀의 성을 이유로 차별하여 대상자를 선정해서는 안 되지요. 물론 해고 예정일 50일 전에 알려야 하고, 노동조합이나 노동자를 대표할 수 있는 조직과 성실하게 대화를 하고요.

이 같은 요건이 채워지지 않은 정리해고는 부당합니다. 그 부당함이 정당화되니 가슴이 아프네요.

어린이집, 보육교사 이상미

엄마는 근무 중

하얀 카디건 밖으로 파란 바탕의 블라우스 깃을 꺼내 입은 그를 세종문화회관 뒤편 공원에서 만났습니다. 분홍 방울이 달린 줄로 생머리를 묶고 나온 그를 보고 오늘 만나기로 한 노동자가 보육교사라는 것을 깨닫습니다. 분홍 방울에 갔던 눈이 그의 손에 머뭅니다. 그리고 헤어지는 순간까지 그 손에서 눈길을 뗄 수가 없습니다.

이상미. 그는 보육교사이자 돌봄노동자입니다. 보육교사의 어깨에 고스란히 짊어진 짐. 헌신, 희생, 봉사의 굴레에 정당한 노동자의 권리는 사라집니다. 저임금 장시간 노동으로 이름 지어진 보육교사의 열악한 현실만 남습니다.

어린이집에서는 모든 것이 당연히 아이들 중심이죠. 지금껏 내가 일하는 일터에 교사들이 쓸 화장실이 없다는 걸 느끼지 못하고 살았으니까요. 아이들의 변기에 일을 보면서 한 번도 이상하게 느낀 적이 없거든요. 허리병이 없는 보육교사 찾아보기 힘들 걸요. 시설의 모든 것이 아이들의 키 높이에 맞춰져 있어요. 그러니 하루 내내 늘 허리를 굽히며 살아요. 아이들 기저귀를 갈아주고 하다 보면 자연히 허리에 무리가 가고 병이 생겨요. 무릎 관절과 허리병을 훈장처럼 달고 살아요. 제대로 앉아 밥을 한 공기 다 비워본 적이 없어요. 밥을 다 챙겨주고 나서 내 밥그릇에 밥을 퍼서 한 숟갈 떠요. 채 밥알이 목에 넘어가기도 전에 아이들이 달려들어요. 국 주세요, 하면 얼른 퍼 주고 나서 또 한 숟갈 뜨면 다른 아이가 선생님, 하고 부르죠. 정말 입으로 먹는지 코로 먹는지 몰라요.

여성가족부 조사에 따르면 보육교사가 점심을 먹는 시간은 11.1분입니다. 일주일에 44시간 일하는 보육노동자는 10%에 불과하고, 60시간 이상 근무하는 비율은 66%에 이릅니다. 하루 평균 10.5시간 일하는데, 집에 가서 해야 하는 다음 날 학습 준비나 서류 업무와 같은 잔무 처리는 통계에 잡히지 않는다고 보육교사들은 말합니다. 보육노동자에게는 식사시간이나 휴게시간이 따로 주어지지 않습니다. 쉬지 않고 10시간 이상을 아이에게 집중해야 합니다. 초인적인 힘을 요구합니다. 보육노동자가 1년 이내에 이직을 하려는 이유는 '수입이 적어서'이고, 다음으로 '장시간 근무'입니다.

오후가 되면 아이들에 대한 집중력도 떨어져요. 아이들이 뭘 해달라고 하면 오전에는 "아, 그래. 내가 해줄게" 해요. 오후가 되면 "니가 해보렴" 하다가 조금 더 지나면 목소리도 약간 딱딱해지며 "스스로 할 수 있잖아" 그러죠. (웃음) 어제 오후에도 네 살 먹은 아이가 앞치마를 가지고 와서 "이것 좀 묶어주세요" 하는 거예요. "니가 해봐" 했죠. 그랬더니 옆에서 듣고 있던 한 아이가 "못하면 그만두고, 못하면 어쩔 수 없잖아" 하는 거예요.

'저 아이의 말이 내가 쓰던 말이구나!' 이상미 씨는 부끄러워 얼굴이 붉어집니다. 지치지 않고 하루 종일 애들과 뛰어놀아야 하는데, 아무리 다짐을 해도 몸은 피로에 지배당합니다.

아이들이 즐겁고 행복하게 시설에서 보내려면, 이곳에서 일하는 보육교사가 먼저 행복해야 해요. 교사가 피곤해지면 자연히 아이들한테 그 영향이 미치죠. 사명감이 없어서 그런 것도, 아이들이 싫어서 그런 것도 아니죠. 저도 끊임없이 반성을 하지만 교사도 사람이라 한계를 느끼거든요. 돈만 벌려고 보육교사가 된 사람은 없을 거예요. 마음으로 아이들을 사랑하지 않고서는 보육교사를 할 수가 없어요. 하지만 아이들을 사랑하는 마음으로 온갖 정성을 바치기에는 현실이 너무 열악해요.

10년 전으로 거슬러 올라갑니다. 이상미 씨는 스무 살을 공장에 묻었습니다. 그 시절 힘든 날도 희망찬 날도 있었습니다. 어느 날 공장 문이 닫힙니다. 이상미 씨는 하루아침에 거리로 쫓겨납니다. 앞으로 어떻게 살아야 하나, 막막하던 때에 이상미 씨에게 길을 보여준 아이들이 있습니다.

그때 지역 단체에서 운영하는 탁아소가 있었어요. 그곳에서 봉사활동 좀 하라는 제안을 받았어요. 그렇게 탁아소에서 아이들과 보내며 새로운 매력에 폭 빠졌어요. 아이들과 있으면 힘들었던 과거도 지워지고, 고민이나 갈등도 사라졌어요. 정말 아이들의 거짓 없는 모습에 폭 빠졌어요. 순수함이 너무나 좋았어요. 보육교사 교육을 받았지요. 그래서 제 평생 직업인 보육교사가 된 거죠. 지금도 힘들 때면 그 시절 아이들의 눈망울을 떠올려요.

이상미 씨는 전국보육노동조합(2007년 전국공공사회서비스노동조합으로 통합됨) 조합원입니다. 돌봄노동자의 처우 개선을 외칩니다. 돈 많이 벌고 좀 편안하게 일해보려고 조합에 가입한 것이 아닙니다. 아이들에게 좀 더 많은 정성과 사랑을 나누는 일이 무얼까 고민한 끝에 결정한 겁니다. 부모와 떨어져 어린이집에 있는 동안, 아이들에게 부모님이 주지 못한 사랑을 나누고 싶은 이상미 씨의 꿈을 이루려는 몸짓입니다.

어린이집에 있는 시간이 부모와 있는 시간보다 많을 거예요. 내가 초능력자가 아니니 아이들에게만 집중할 수가 없어요. 열두 시간씩 힘껏 사랑을 줄 수 없어 여덟 시간 노동을 이야기하는 거예요. 아이들에게 가장 많은 사랑을 주려고요. 이게 바로 우리 아이들에게 더 많은 행복을 줄 수 있는 길이기 때문이죠.

이상미 씨의 바짝 마른 몸매처럼 그에게 욕심이라고는 어느 한 곳에도 없습니다. 더 많은 사랑을 아이들과 나누고 싶어하는 이상미

씨. 보육교사의 처우가 곧 우리 아이의 행복과 비례한다는 말에 공감합니다.

이상미 씨에게는 아홉 살과 다섯 살 난 두 아이가 있습니다. 하루 종일 아이들과 생활을 하지만 정작 자신의 아이들과 놀 시간은 턱없이 부족합니다.

큰애가 그래요, 나도 김이 모락모락 나는 따뜻한 밥과 맛있는 반찬을 엄마가 해줬으면 좋겠어. 출근하기 전에 아이를 어린이집에 맡기고, 퇴근하면서 자신의 아이를 찾아가잖아요. 보육교사는 보통 사람들이 출근하기 전에 어린이집에 출근해야 하고, 다른 분들이 퇴근을 해서 아이들을 찾아가야 퇴근을 하잖아요. 우리 막내도 어린이집에 다녀요. 그런데 제가 데리러 가지 못해요. 막내는 어린이집이 끝나면 또 다른 사람에게 맡기죠. 엄마는 근무 중이잖아요. 집에 함께 있을 때도 막상 제 아이들은 세세한 것까지 받아주지 못해요. 집에 오면 내 몸이 파김치가 되니 애들 투정을 받아주기는커녕 짜증이 앞서요. 제 자식에게는 미안하고 가슴이 아파요.

깡마른 이상미 씨가 참 강하게 느껴졌는데, 순간 내 판단을 흐리게 합니다. 보육교사가 직업인데, 자기 자식에게는 사랑을 나눠줄 기력조차 빼앗기는 현실이, 듣는 내 마음을 아프게 합니다. 보육교사가 짊어진 희생, 봉사, 헌신을 보육교사의 자녀들도 고스란히 안고 살아가야 하다니. 보육교사의 권리를 찾는 것은 아이들에게 행복을 찾아주는 일이고, 또한 보육교사의 자식들에게도 부모를 찾아주는 일은 아닐까요.

아파도 쉬지 못하고, 병원 갈 짬도, 은행에 갈 시간도 없는 게 보육노동자예요. 현실에 불만을 가지는 것은 아니에요. 보육교사도 좀 더 노동자답게 사람답게 부모답게 살고 싶은 것이고, 아이들의 행복을 키워주기 위해 교사가 행복을 깨닫고 싶은 거죠. 행복을 느끼는 사람이 행복을 전할 수 있는 거잖아요.

돌봄노동자의 현실을 알고 싶어 만났는데, 이상미 씨는 말을 너무 아낍니다. 어려운 현실을 구구절절이 이야기하는 게 유쾌하지 않은 것 같습니다. 결국 오늘 인터뷰는 실패했습니다. 돌봄노동자의 현실을 구석구석 들춰내지 못했으니. 서둘러 인터뷰를 끝냅니다. 하지만 후회하지 않습니다. 곱고 아름다운 돌봄노동자의 마음을 이상미 씨에게 훔쳤기 때문입니다.

인터뷰 내내 내 눈길을 잡았던 보육교사의 손을 보여 달라고 조릅니다. 이상미 씨는 손을 감춥니다. 오른 손바닥으로 왼 손등을 덮다가 왼 손바닥으로 오른 손등을 감춥니다. 하지만 그의 손 가득한 습진은 가려지지 않습니다. 실례인 줄 알면서 습진 가득한 이상미 씨의 손을 덥석 잡습니다. 까칠한 손을 만지는 순간 보육교사의 감춰진 노동을 봅니다.

저만 그런 게 아니에요. 어린이집에서 일하는 보육노동자라면 손에 물이 마를 날이 없으니까요.

이상미 씨의 손에는 아이들의 행복을 위해 바친 사랑이 담겨 있습니다. 이 까칠한 손을 이제 나라가 나서 꼭 쥐어줘야 할 때입니다. 보

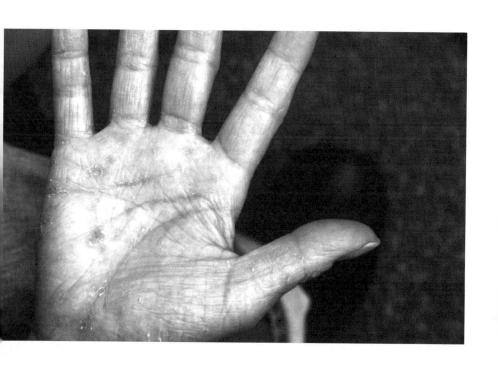

육은 국가의 몫이고, 아이들의 행복은 겨레의 미래를 좌우하는 일이니까요. 너무 흉해 가슴 시리게 아픈 보육노동자 이상미 씨의 손이 못난 내 가슴을 까칠하게 깨웁니다.

이상미 씨와 헤어진 뒤에도 한참을 인터뷰 장소를 떠나지 못하고 서성입니다. 이상미 씨에게 문자 메시지를 한 통 보냅니다.

"당신의 손에 아이들의 미래가 달려 있습니다."

보육교사는 쉬는 날이 없어요

이상미 씨 이야기가 나온 김에 돌봄노동자는 누구인지, 그들의 처지는 어떤지 잠깐 살펴보는 것은 어떨까요.

돌봄노동자는 사회복지서비스를 하는 노동자를 말합니다. 종합사회복지관, 사회복지 생활시설, 사회복지 전담공무원과 같은 사회복지직과 보육시설이나 자활센터에서 일하는 노동자가 있습니다. 주당 평균 노동시간은 49시간이며 보육교사의 경우는 50시간을 일합니다. 월 평균 임금은 107만 5000원이며, 보육교사의 경우는 88만 8000원입니다. 돌봄노동자 10명 가운데 4명 정도는 대체로 휴가를 사용하지 못하는데, 30%는 업무가 많아서, 22.2%는 다른 사람에게 업무가 전가되기 때문에, 19.4%는 사용할 수 있는 분위기가 아니어서라고 조사되었습니다. 비정규직의 경우 35.7%는 휴가 규정이 없어서 사용하지 못한다고 합니다.

'돌봄'을 하는 노동자들이 정작 자신을 돌보지 못하는 사회에 살고 있어 가슴이 아픕니다. 이들에게 밥이 아닌 장미를 보내고 싶습니다.

건설 현장, 황현수 진춘환

위험! 추락 주의

오늘 아름다운 사람을 만납니다. 정규직 노동자와 비정규직 노동자의 연대도 어려운 시절에 이주노동자와 함께 꽃피운 아름다운 연대를. 여전히 '노동자'로 불리기보다는 '노가다'로 천대받는 건설노동자들이 상처투성이 팔뚝으로 이룬, 국적을 넘은 사랑을. 이들을 만나는 내내 참 따사로운 초여름 햇살이 주위에 가득합니다.

저는 월급을 받으면 '아, 좋다!'라는 생각이 드는 것이 아니라 '이걸 벌려고 죽도록 일했나' 하는 한숨부터 나옵니다. 건설 현장은 한여름에는 땀을 서 말은 흘려야 합니다. 한겨울에 망치질을 하다 영하에 꽁꽁 언 손가락을 치기라도 하면 그 아픔은 말로 표현하지 못할 지경입니다. '이 고통을 겪어야만 하루살이를 하는구나.' 돈을 손에 쥐면 기쁨보다 눈물이 앞섭니다. -황현수 씨

형님들이 그래요. 목수는 못대가리가 안 보일 때까지 망치질한다고. 어둑어둑할 때까지 망치질을 해야 겨우 하루 벌이를 한다는 말이죠. 왠 줄 아세요? 노동자들은 하청의 하청, 그 하청의 하청을 받아 일해요. 단계를 거칠 때마다 뜯길 대로 뜯긴 하도급 단가를 받아 일당을 맞추려면 몸을 혹사해야죠. 남들보다 노동 강도를 높이고, 남들보다 길게 일하는 방법밖에 없어요. —진춘환 씨

건설노동자는 죽음의 문턱에 아슬아슬하게 한 발을 딛고 서서 자신의 삶에 쉴 없이 못질을 하고 있습니다. 삶과 죽음이 그야말로 종이 한 장 차이로 존재하는 곳이 건설 현장입니다. 2008년 한 해 동안 건설 현장에서 재해를 입은 사람은 2만 473명이고 이 가운데 숨진 노동자는 669명입니다. 전체 업종 가운데 건설업이 산업재해 사망률 1위입니다. 2007년 비해 건설 현장 산업재해는 7.5%, 사망자 수는 6.2%나 늘었습니다. 제조업의 산업재해 빈도는 줄어들고 있는데, 건설 현장은 갈수록 늘어만 갑니다. 그야말로 건설 현장은 삶터가 아닌 죽음의 공간이 되고 있습니다.

건설 현장은 매일 위험에 노출되어 일을 하거든요. 현장에 가면 '선 안전 후 시공' 이렇게 되어 있는데, 실제로는 '선 시공 후 안전'이죠. 어느 현장이나 가면 안전 조회장이 있고 거기에 안전 표지판이 세워져 있어요. 표지판에 안전 보호 장구를 착용하지 않은 근로자는 산안법 몇 조 몇 항에 의거 벌금 얼마 때린다고 적혀 있어요. 근데 거기에 보면 '사용자가 노동자한테 안전 장구를 지급하지 않을 때에는 사용자가 처벌받는다' 그런 말은 쏙 빼고 적어두죠. 지들이 해야 할

의무는 아예 빼버리고, 노동자한테만 알아서 하라며 협박하는 꼴이죠. 안전 장구를 지급하지 않는 회사가 거의 태반이에요. 지급 의무가 있는 회사에서는 주지 않고, 현장에서 착용하지 않으면 안 된다고 강요만 하니, 노동자들은 '무조건 해야 되는구나' 생각하고, 어떻게든 옛날에 쓰던 안전모 가지고 나와서 쓰고 자기 돈으로 사서 신던 낡은 안전화 갖고 와서 신고, 뭐 이러는 거죠. 제가 처음 건설 현장 일할 때만 해도 일할 때 쓰는 장갑은 회사에서 줬어요. 지금은 회사에서 안 줘요. 옛날에는 못 주머니랑 작업 도구도 줬어요. 도급이 되면서 '니들 돈 버는데 회사가 왜 사주느냐' 이런 식으로 나와요. 말이 도급이지 하루 일당 벌어 하루 사는 인생인데. ─황현수 씨

국토해양부나 주택공사에서 발주한 공사의 견적 내역에는 안전비용이 반드시 포함되어 있습니다. 발주를 줄 때 기술보다 안전에 더 큰 비중을 두며 점수를 매기는 추세입니다. 공사를 수주한 건설회사는 안전비용을 발주처에서 받아내지만, 목숨 걸고 일하는 당사자에게 이 비용이 돌아가지 않는 겁니다. 건설회사는 다단계 도급 구조를 악용하여 노동자의 인건비뿐만 아니라 생명까지도 착취하는 셈입니다.

'래미안來美安', '휴休', 'e-편한세상'……. 이 아름답고 좋은 말들은 아파트 브랜드입니다.

대기업이 건설하는 아파트 브랜드 이름들 보세요. 좋은 것은 다 가져다 붙였어요. 이곳에 살면 삶이 참 안락하고 행복할 것 같잖아요. 하지만 이 아파트를 짓는 사람들은 늘 공포와 불안 그리고 고통에 시달려요. ─진춘환 씨

건설노동자의 공포와 불안은 공사를 수주한 건설회사와 이를 직접 시공하는 노동자 간에 너무도 많은 계단이 놓여 있기 때문입니다. 아파트 공사를 수주하면 시공사는 전문 건설회사로, 전문 건설회사는 그 밑에 더 작은 규모의 건설사로, 몇 겹의 하청 구조를 만듭니다. 실제 현장에서 아파트를 시공하는 노동자들은 일이십 명 규모로 꾸려진 도급 팀에서 일합니다. 많게는 일곱 단계에서 적게는 다섯 단계를 거쳐야 실제 시공하는 노동자를 만날 수 있습니다. 단계를 거칠 때마다 인건비는 싹둑싹둑 잘려나갑니다.

다단계 하청으로 인건비가 깎일 대로 깎인 도급 팀은 일한 만큼 돈을 버는 게 아니라 주어진 돈에 자신의 몸을 맡긴 채 일합니다. 얼마나 죽도록 노동을 하느냐에 따라 최소한의 일당을 건지느냐 못 건지느냐가 결정되는 거죠. 도급이 되는 순간 노동자가 아니에요. 근로기준법도 안전도 목숨도 모두 사라집니다. ─황현수 씨

아파트는 높은 분양가에 팔려 나갑니다. 그런데 건설노동자들은 하루 열서너 시간씩 일하고도 이번 공사에서 일당도 못 건졌다고 푸념합니다.

더 심각한 문제는 공사 현장의 다단계 하청 구조가 건설노동자의 생명을 위협하는 데 있습니다. 도급으로 일할 땐 일 처리량과 속도에 따라 버는 돈이 결정됩니다. 긴 시간 일에 매여 있던지, 아니면 같은 시간에 남보다 더 많은 일을 해내야 한 푼이라도 더 벌 수 있습니다. 자신의 몸을 갉아먹으며 일하는 게 도급 노동입니다.

산업재해를 줄이려고 산업안전관리공단이나 이런 데서 굉장히 많은 노력들을 해요. 그런데 죽어라 안전을 강조하고 감독해도 숫자가 안 줄어요. 이유는 하나라고 생각해요. 현장에 도급이 살아 있는 한 줄어들지 않는다고. 도급 때문에 노동 강도가 세지고, 장시간 노동을 해야 하는데 어떻게 줄겠어요. 도급이 없어지지 않으면 산재는 절대 안 줄어들거든요. 전문가들도 제 생각과 같아요. 현장에서 만약에 도급을 안 하면 사망 사고 당장 절반으로 줄일 수 있다고 전문가들이 말해요. −진춘환 씨

2009년 6월 첫째 날, 안산역 바로 옆 공영주차장 구석에서 건설노동자를 만납니다. 검붉게 탄 얼굴을 본 순간, 이들의 밥이 되고 삶이 되는 노동의 고단함을 단박에 읽습니다.

건설노동자들은 여름에는 에어컨이 돌아가고, 겨울에는 난방이 되는 일터를 원하는 게 아닙니다. 남들처럼 '빨간 날' 다 쉬면서 월급을 받겠다고 주장하는 것도 아닙니다. 물론 남들보다 많은 임금을 달라고 하는 것도, 상여금을 바라는 것도 아닙니다. 나에게 일을 시키는 회사에서 나를 고용해달라는 겁니다. 건설 현장의 다단계 하도급은 불법이니, 법대로 직접고용을 하라는 겁니다. 법에 보장된 건설노동자의 당연한 소망은 건설 현장에서 여전히 지켜지지 않고 있습니다.

2008년 겨울, 경기도 광명의 아파트 공사 현장에 한 도급 팀이 들어가 일합니다. 하도급 단가에 맞춰 열심히 일을 해도 작업자들은 자신의 일당을 챙겨가기 힘듭니다. 도급 팀은 회사에 직접고용을 요구합니다. 건설사는 이들의 요구에 해고로 답합니다. 노동자들은 한 달 가량 출근투쟁을 한 끝에 2009년 1월 24일에 직접고용이 됩니다.

직접고용된 팀이 신나게 일하고 사람대접 받는 것을 보며 같은 현장에서 일하는 다른 하도급 팀들이 부러워합니다. 도급 팀 가운데 이주노동자들로 구성된 곳이 있습니다. 2009년 4월 7일, '하도급 못하겠다. 일하면 돈을 버는 게 아니라 몸만 망가진다. 직접고용을 해달라!'며 이주노동자 팀도 직접고용을 요구합니다. 장대비가 억수로 쏟아지던 4월 15일 이들은 해고를 당합니다.

이주노동자가 팀으로 조합에 들어와서 투쟁한 건 이게 처음이에요. 며칠 못 버티고 이주노동자들은 갈 줄 알았어요. 한국 사람과 달리 돈만 벌면 떠날 사람이라고 생각했어요. 선입견이 있는 거죠. 실제로 같이 싸움을 해보니까 똑같은 목수고 똑같은 건설노동자였어요. 40일 넘게 투쟁을 하면서 진짜 그 친구들에 대해서 다시 생각하게 되고 그 친구들 스스로도 내가 이렇게 싸울 줄 몰랐다고 이야기를 해요. 어떻든 서로 조합을 믿고 동료를 믿고 싸웠죠. 국적은 달라도 똑같은 노동자라는 믿음이 이길 수 있게 한 거지요. ─진춘환 씨

한 달이 지난 5월 16일, 경기 중서부 지역 건설노동자들이 모여 이주노동자들과 연대해 집회를 엽니다. 그날도 비가 옵니다. 비는 이주노동자나 한국 노동자나 구분하지 않고 옷을 젖게 합니다. 온몸을 비로 적신 건설노동자들은 서로가 가졌던 편견을 버립니다.

건설노동자들의 일자리가 없어진 게 이주노동자 때문이라고 그러는데 사실은 그렇지는 않거든요. 외국인 노동자들이 건설 현장에서 저단가로 일을 한다고 욕하잖아요. 이걸 만든 건 이주노동자들이 아

니라 내국인들이에요. 하도급 팀들끼리 경쟁해 단가를 낮춰 물량을 따는 거죠. 단가가 낮아지니 인건비를 줄이려고 이주노동자를 팀에 끼워넣어 일을 해요. 이주노동자들이 하도급 팀에서 열서너 시간씩 일하며 목수 일을 배운 거죠. 일을 좀 배우다 보니까 이주노동자도 팀 장도 하고 팀을 만들어 일해요. 하도급 구조가 저임금 이주노동자들 을 건설 현장에 불러들인 거지, 이주노동자가 저임금을 받겠다고 건 설 현장에 찾아온 것이 아닙니다. 이주노동자 때문에 단가가 낮아진 게 아니라 경쟁을 부추기는 하도급 구조가 단가를 낮춘 거죠. 결국 노 동자 임금을 낮춰 건설회사만 이윤을 챙기는 거죠. ─진춘환 씨

노동자는 투쟁을 하면서 사랑을 배웁니다. 일을 할 때는 미처 동료 를 돌아볼 겨를이 없습니다. 한날한시 손에서 연장을 놓고 망치질을 멈출 때, 그제야 내 옆에서 망치질을 하던 이가 내 동료임을 깨닫습니 다. 얼굴 생김새는 달라도 나와 같은 노동자임을 확인합니다. 경쟁도 미움도 사라지고 사랑만이 남습니다. 황현수 씨도 이주노동자와 함께 해고를 당하고 나서야 서로가 노동자이자 형제라는 것을 알았습니다.

이번에 함께한 이주노동자 가운데 저보다 나이 어린 친구가 네 명 있거든요. 네 명이서 따로 모여서 술을 한잔 하면서 이야기를 했어요. 이주노동자들이 내국인한테 '형'이라는 소리 잘 안 해요. 돌아서면 욕하고 하는데……, 솔직하게 말하면 서로 욕하는 사이죠. '힘들고 그럴 때 우리가 떨어져나갈 수도 있어요. 내가 지치면 형이 옆에서 잡 아주세요.' 나한테 형이라고 부르는 거예요. 가슴이 찡했어요. '벌어 놓은 거는 없고, 싸우긴 싸워야 되는데……' 한숨을 내쉬며 내게 묻

더라고요. '5월 30일 안에는 끝나겠죠?' '어떻게든 그때 안에는 끝나게 하마.' 내가 말했죠. 그때 가슴이 아팠어요. 5월 25일에 직접고용 합의서를 만들었으니까, 약속을 참 힘들게 지킨 거죠. 사실 마지막에 좀 흔들린 친구도 있었어요. 그래도 자기들 역할 잃지 않고 꾸준히 함께 싸웠어요. 연대해서 싸우다 보니 서로 가슴에 쌓였던 불신이 싹 사라졌어요. 이주노동자들한테 제가 배운 거죠. 노동자는 말이 다르고 피부 색깔이 달라도 하나라는 걸. -황현수 씨

경기도 광명시의 삼환까뮤아파트 건설 현장의 이야기였습니다. 40일 넘게 이주노동자와 아름다운 연대를 한 끝에 이들은 직접고용이 됩니다. 오는 6월 4일은 이주노동자들이 도급 팀이 아닌 직접고용 노동자로 첫 출근을 합니다. 그동안 겪은 눈물겨운 숱한 이야기들은 굳이 옮기지 않습니다. 이들이 앞으로 하루에 서 말씩 흘릴 땀방울이 더욱 아름다운 이야기로 세상에 알려질 테니까요.

황현수 씨는 군대를 다녀와 스물세 살 적부터 택시 기사를 하다가 스물아홉에 건설노동자가 됩니다. 올해 서른아홉의 황현수 씨, 이제 늦깎이 새신랑이 된 지 1년이라고 합니다. 대구에서 나고 자라 일했던 황현수 씨는 일자리를 찾아 안산으로 왔습니다. 이젠 일을 찾아 떠돌지 않고 아내와 함께 정착을 하고 싶답니다.

여기, 소박하지만 너무도 소중한 건설노동자의 소망이 있습니다.

이번에 함께한 이주노동자 가운데 자기 나라로 들어갈 친구들도 있어요. 안타깝죠. 3년 지나면 가야 되잖아요. 그 친구들이 오래오래 조합에 남아서 함께 일하면 좋을 텐데요. 이들이 다른 이주노동자들도

건설 현장에 데려와서 내국인과 이주노동자가 차별 없이 함께 목수 일을 했으면 좋겠어요. 오래도록이요. -진춘환 씨

　돈보다는 생명이잖아요. 만 원 더 벌려고 하다가 생명을 잃는 곳이 건설 현장이에요. 작년에 철근 하시는 노동자가 바닥에 기름칠 된 거를 모르고 작업장을 넘다가 추락했어요. 떨어진 바닥에 철근이 꽂혀 세워져 있었는데 그대로 복부를 관통해서 돌아가셨어요. 철근을 세우면 끝에다 캡을 씌워야 돼요. 캡이 씌워져 있으면 추락해도 최소한 복부를 관통해 죽지는 않았을 거예요. 앰뷸런스가 왔는데 차가 들어갈 공간이 없는 거예요. 타워크레인으로 그분을 올렸어요. 사람이 짐짝이 되어 자재를 올리는 크레인에 대롱대롱 매달려 올라오는데……. (눈시울이 붉어지며 말을 잇지 못합니다) -황현수 씨

　황현수 씨는 건설노동자들이 죽지 않고 일할 날을 꿈꿉니다. 너무도 인간다운 그 소박한 꿈, 건설 현장 철근 더미 옆 진흙탕에 핀 민들레처럼 외롭고 슬픕니다.

출근하다 다치면 산업재해가 아닌가요?

공장이 뭔지 모르고 공장에 취직을 해 노동자가 되었던 내 이야기를 잠깐 해도 괜찮을까요? 하루는 기계가 고장이 났어요. 내가 일하다 고장이 났으니 스스로 고쳐야 한다는 사명감에 수당도 없는 잔업을 하며 기계를 고치려고 발악을 했지요. 그때 왼손 가운데 손가락이 기계에 눌렸지요. 웃긴 건 다친 사실을 알리지 못하고 홀로 공장에 굴러다니던 걸레 쪼가리로 손가락을 감싸고 내 돈 들여 병원을 갔다는 것. 출근하다 교통사고를 당하는 경우도 산업재해에 해당하는데 말입니다. 산업재해가 뭔지 몰랐는데 법전을 뒤지니 나오네요. 여기서 잠깐 소개하지요.

일과 관련해서 일어난 사고 또는 직업병으로 인해 노동자가 부상, 질병, 신체장애 또는 사망을 할 경우 산업재해에 해당합니다. 근무시간이 아니더라도 또는 사업장 밖에서 일어난 사고라 할지라도 업무와 관련되어 있다면 산업재해입니다. 또한 업무상 스트레스로 정신적 장애가 일어난 경우도 산업재해입니다.

누군가 내게 이걸 알려주었다면 지금도 상처로 남은 가운데 손가락을 성형수술을 받아 원래대로 돌려놓았을 텐데요.

극동컨테이너, 화물 노동자 이광원

굴러라, 바퀴야

화물노동자 이광원 씨를 광주광역시 하남산업단지에 있는 체육공원에서 만납니다. 화물연대가 총회에서 만장일치로 화물노동자 총파업을 결정한 2006년 3월 26일입니다. 1200여 대의 화물차와 함께 화물노동자 2500명이 모여 있습니다.

이광원 씨는 이번 화물연대 총파업의 중심에 있습니다. 그가 총파업의 원인이 된 삼성전자 광주공장의 화물 운송을 하는 극동컨테이너 해고자 51명에 끼어 있기 때문입니다. 회사는 지난 3월 7일 새벽 손전화 문자 메시지로 화물노동자들에게 계약해지를 통보합니다.

3월 6일까지 일했지라. 회사하고는 운송료랑 재계약 문제로 6일에 협상도 했고. 근데 3월 7일 아침에 문자 메시지를 보내 계약해지라고, 회사에 출입하지 말라고 항께 무슨 이런 일이 있다요.

말주변도 없고 할 말도 없다던 이광원 씨의 입이 열리자, 말은 꼬리에 꼬리를 물고 이어집니다.

2006년 4월 3일 부산에 집결하여 진행하려고 했던 화물노동자의 파업 일정이 앞당겨져 3월 28일 새벽, 광주에서 급박하게 총파업에 들어갑니다. 새벽 5시께에는 화물노동자 두 명(이 중 한 사람이 박종태 씨입니다. 그는 2009년 대한통운 택배노동자의 고용안정을 요구하며 아카시아 나무에 목을 매어 항거합니다)이 광주에서 고공농성에 들어갑니다. 그날 광주 시내에 있는 조선대에서 이광원 씨를 다시 만납니다.

이광원 씨는 나를 만나자마자 밥 먹었냐고 묻습니다. 먹었다고 한사코 사양해도 내 손을 잡아 끌고 식당으로 갑니다. 이광원 씨의 얼굴은 '투쟁'하는 노동자라기보다는 마음씨 고운 옆집 아저씨에 가깝습니다.

삼성에서 이렇게 나올 줄은 몰랐지라. 부끄러운 이야기지만, 다른 화물에서 파업을 해도 우리는 동참을 안 했어라. 우리나라 대표 기업 삼성전자 물류를 책임진다는 사명감에. 삼성에 쪼매라도 지장을 주지 않으려고 했어라. 부두에 가면 화물노동자끼리 다 만나라. 거의 매일 만나지라. 남들 파업할 때 우리만 일한다고, 계란 맞아가며, 욕먹으며, 배신자 소리 들어가며. 정말 이렇게 살아야 하나 생각이 들어도 삼성전자에 협조하기 위해 일했당께요. 작다면 작지만 7년 동안 삼성을 위해 일했는데……

이야기는 2년 전으로 거슬러 올라갑니다. 극동컨테이너는 삼성전

자 광주공장 화물 운송 업무를 하려고 46억 원을 들여 인수권을 삽니다. 회사는 화물노동자들에게 영업권을 인수하는 데 돈이 많이 들어 상반기에는 운송료 인상을 해줄 수 없고, 하반기에 운송료를 인상해주겠다고 약속합니다.

근디 하반기에도 안 올려주고, 그다음 해에도 고대로야. 1년 6개월이 지나도 우린 한마디 말도 않고, 회사를 위해 죽어라 일만 했지라. 그래서 지난해 12월에 참을 만큼 참았응께, 이젠 쪼까 올려주라. 광양은 20만 원은 받아야 쓰겄고, 부산은 40만 원은 받아야 쓰겄다고. 지금껏 부산까지 36만 원 받고 다녔응께, 쪼까 올려달라 했지라.

공문도 올리고, 협상도 요구했지만 회사는 뾰족한 답을 주지 않습니다. 그러다 2월 중순께 광양은 3000원, 부산은 5000원을 올려주겠다는 답변을 듣습니다. 이광원 씨가 요구한 액수와는 크게 차이가 납니다. 2년 동안 회사가 어렵다고 참아오다 요구한 운송료 인상의 답변을 "애들 과자 값" 주듯이 했다고 이광원 씨는 흥분합니다.

하남산업단지에 있는 금호타이어의 물류를 실어 나르는 화물노동자는 부산까지 가는데 42만 원을 받는다고 합니다. 금호타이어는 적자이고, 반면 삼성전자는 수조 원의 영업 이익을 남기는 기업입니다.

우리가 고속버스 타고 서울 가는데, 중앙고속 탔다고 요금 다르고, 금호고속 탔다고 요금 다릅니까? 근데 똑같은 거리를 금호타이어 물건 나르는 거랑, 삼성전자 물건 나르는 거랑 달라야 합니까. 우리 요구는 옆에 금호타이어 화물과 같은 수준을 요구한 거지라. 아니 고것보다 작지라. 흑자 기업인 삼성전자 일한다고 더 달라고 한 것이 아니지라. 요게 극동보다는 삼성전자가 더 문제지라. 삼성전자가 건설교통부에 신고해서 승인 받은 운송료가 얼만 줄 아요? 62만 7000원. 고걸 삼성이 받아서 극동컨테이너에 42만 원을 주고 나는 극동한테 36만 원 받는당께. 거의 절반이 중간에서 사라져부렀응께, 요게 뭐다요! 정당하게 신고된 금액이 화물노동자에게 제대로 내려오면 아무 문제 없지라. 근디 삼성이 신고를 허위로 했능가, 아니면 중간에서 물류 담당이 챙겨먹었는가, 돈이 사라져버렸당께.

노동부에서 중재를 해서 나온 금액은 광양까지 18만 1000원, 부산은 38만 5000원입니다. 처음 3000원, 5000원 했던 "애들 과자 값"보다는 올랐지만, 이 금액으로는 먹고살기가 어렵다고 합니다. 먹고살려고 산 화물차 한 대 가격이 7000만 원입니다. 달마다 이 화물차를 유지하려고 쓰는 돈도 만만치 않습니다. 운송료에는 화물노동자의 임금만 있는 것이 아닙니다.

기름값에 통행료에 관리비, 보험, 세금, 오일 갈고 타이어 갈면 적자라. 적자. 눈에 안 보이게 들어가는 게 솔찮지라. 차 한 대에 타이어가 열여덟 개요. 한 달에 한 개는 갈아야 한당께. 타이어 한 개 바꾸는데 들어가는 돈이 30만 원이요. 7000만 원짜리 화물차가 2년을 타면 4000만 원으로 팍 깎이니까, 1년에 1500만 원이 사라진당께. 큰 차 모니까 큰돈 버는가 하지만 안 그래라. 실제 우리 손에 떨어지는 것은 백 이삼십만 원이지라. 요즘 마누라 있고, 애 있고 하면 이 돈으로 어찌 산당가. 삼사천만 원 하는 차 팔아 더 싼 중고차로 바꿔서 생활비 쓰고 해라. 나도 츄레라 뒤꽁무니 1000만 원에 팔고 500만 원짜리로 갔었지라. 내 살 깎아먹고 사는 거지. 그래도 먹고살아야 하니까 어쩔 수 없지라. 이제 2000만 원짜리 똥차 하나 남았는데, 고거 퍼지면 밑천도 없는 거지라.

처음 7000만 원 주고 산 이광원 씨의 화물차는 지금 2000만 원입니다. 운송료를 받아 화물차에 들어간 유지비를 빼면 손에 쥐는 돈은 고작 100만 원 남짓. 적금은 꿈도 못 꿉니다. 유류보조금 85만 원이 없었더라면 굶어 죽었을 거라고 합니다. 이광원 씨는 그나마 남은 저 화물차마저 퍼지면, 이젠 알거지라고 한숨을 쉽니다.

한 푼이라도 더 벌라고 부산 갔다 오면 하룬데, 부산 다녀와서 광양에 한 탕 더 갔다 왔어라. 운송료가 적으니 몸을 굴려 먹고살라고 바둥거렸어라. 하루에 열여덟 시간, 스무 시간씩 일했지라. 그런 우리를 개인사업자라고 한당께. 100만 원 버는 사업가, 입에 풀칠하려고 하루 스무 시간 운전대 잡는 사업가, 회사에서 부르면 달려 나가고, 시키면 죽어라 일하는 사업가. 누가 사업가 하고 싶어 합니까. 부려먹기 좋으라고 지들 멋대로 만든 거 아니요.

화물노동자들은 극동컨테이너의 싸움이 지면 전체 화물노동자의 운명도 무너진다는 위기감을 느껴 총파업에 들어간 것입니다.
"삼성 광주공장과 시작된 이번 파업 결의는, 단순히 해고된 극동분회만의 문제가 아니라 전체 화물노동자의 문제이기에 총파업을 결의했습니다. 투쟁도 광주로 한정할 필요가 없어, 각 지역으로 돌아가 조

ⓒ화물연대

직을 확대하고, 물류의 본거지인 부산에 집결하여, 삼성자본과 한판 싸움을 할 것입니다." 화물연대에서 정책부장으로 일하는 장원석 씨의 말입니다.

화물노동자가 뭣 땀시 삼성과 싸운다요, 잉. 우린 극동 소속이든 어디 소속이든 삼성전자 일만 했지라. 회사는 바뀌어도 일은 삼성이요, 그 물건을 움직인 것은 우리 노동자지라. 지금 극동과 합의해봤자 삼성이 함께 약속하지 않으면 말짱 헛거지라. 극동과 삼성이 1년에 한 번씩 재계약하는디, 극동을 해지하면 우리도 낙동강 오리알이어라. 안 그라요, 잉. 긍께 우리는 삼성과 뗄래야 뗄 수 없는 거지라.

29일 새벽, 이광원 씨는 바쁘게 조선대학교를 빠져나갑니다. 화물노동자들이 서울에 집결해 싸우기로 했답니다.

이제 이기는 일만 남았어라. 예전에 다른 노동자가 파업을 하면 몰라라 했지만 이제 안 그랄라요. 지금 생각하니 얼매나 어리석었는지 부끄럽기도 하고요. 서울에서 또 봅시다요. 나는 싸게 서울로 올라가야 항께.

어둠 속으로 사라지는 이광원 씨의 머리에 묶인 붉은 띠가 유난히 도드라집니다. 하루빨리 저 머리띠를 풀고 운전대를 잡았으면 합니다. 덥수룩하게 자란 수염도 말끔히 깎을 그날, 행복을 운전하는 화물노동자 이광원 씨를 만나고 싶습니다.

회사와 계약하고 일하나요?

2009년 박종태 씨가 죽었다는 말을 듣고 한동안 패닉 상태에 빠져 헤어나지 못했습니다. 정말 살아서 싸워야 하는데 말입니다. 내 가슴의 빚으로 영원히 남을 이름 박종태.

화물 노동자 가운데 근로계약을 맺은 사람은 7.9% 정도이고, 85% 이상이 위임 계약이나 도급 계약을 맺고 일을 합니다. 어떻게 계약을 맺고 일하는지 모르는 사람도 11%가 되고요. 계약 형태도 구두계약이나 아무런 계약 절차 없이 일하는 사람도 47.6%에 이른답니다. 보수는 사업주가 일방적으로 결정하는 경우가 76.8%이고, 협의해서 결정되는 경우는 7.9%에 불과하고요. 자신이 소유한 화물차로 일을 하는 경우가 82.4%이며, 화물차 유지에 필요한 비용을 노동자 스스로 부담하는 경우가 96.1%나 된대요. 53.8%의 화물 기사는 한 달 수입이 100만 원에서 200만 원 사이이고, 100만 원이 안 되는 경우도 26.3%에 달한다는 사실에 충격을 받았지요. 10명 가운데 8명은 한 주에 50시간 이상 일하고, 70시간 이상 일하는 경우도 61.3%에 이르는 현실입니다.

이러한 현실에서 우리 사회를 움직이는 물류를 책임지는 이들이 화물 노동자입니다.

엘카 코리아, 판매직원 이미숙

상냥한 구두 발자국

이미숙 씨. 중학교에 다니는 아들을 학교에 보내고 부랴부랴 출근 준비를 합니다. 서울 가락동에서 출발하여 경기도 구리시에 도착하니 오전 9시가 조금 넘습니다. 백화점이 문을 여는 시간은 10시 30분. 하지만 한 시간 전부터 고객을 맞이할 준비를 해야 합니다.

이미숙 씨는 고등학교를 졸업하자마자 화장품 회사에 입사합니다. 이미숙 씨가 하는 일은 백화점에서 화장품을 판매하는 일. 벌써 20년째입니다. 처음 10년 동안 일한 곳은 국산 화장품 회사. 결혼과 출산으로 잠시 일을 쉬고 다시 이미숙 씨가 입사한 회사가 엘카 코리아 입니다.

엘카는 미국계 회사입니다. 62년의 전통을 지닌 명품 화장품 회사. 한국에는 1991년도에 법인이 들어섭니다. 엘카 코리아는 에스터 로더, 바비 브라운, 아베다를 포함해 아홉 개의 유명 브랜드가 있습니다. 2007년 매출액이 3000억 원. 단연 국내 최고의 화장품 회사로 손꼽힙니다. 어느 백화점을 가나 목 좋은 곳에는 엘카 코리아의 브랜드가 자리 잡고 있습니다.

백화점 1층은 수십 가지가 넘는 다양한 브랜드의 화장품 매장이 있습니다. 화려한 백화점, 그 중심에서 고객의 아름다움을 훔치려는 경쟁이 불꽃 튑니다. 그 경쟁 한가운데에서 이미숙 씨는 일합니다.

백화점에서 일하는 매장 판매사원들은 해맑은 웃음을 한시도 잃지 않고 반갑게 고객을 맞이합니다. 이미 바닥이 드러난 영양크림 통을 가지고 와서 교환이나 환불을 해달라고 억지를 써도 인상 한 번 찌푸리지 않고 고객의 말을 끝까지 듣고 상냥하게 설득합니다. 고객이 설령 욕을 해도 마음이 흐트러져서는 안 됩니다. 더욱 고객의 마음 깊숙이 들어가야 합니다. 서비스 노동자의 숙명입니다. 고객이 돌아간 뒤, 화장실로 달려가서 설움 한 됫박 쏟고는 곧바로 잊어야 합니다. 거울 앞에서 눈가에 번진 화장을 고치고 다시 웃으며 매장 앞에 서야 하지요.

더욱 무서운 것은 고객 모니터 제도를 통한 평가입니다. 지금 눈앞에 서 있는 고객이 나를 평가하고 점수를 매기는 모니터라는 생각을 떨칠 수 없습니다. 말이 좋아 모니터 제도지 늘 자신의 얼굴 앞에 CCTV가 놓여 있는 것과 다름없습니다. 고객이 매장에 들어서는 순간, 수능시험장에서 시험지를 앞에 둔 수험생처럼 두려움에 떨어야 합니다. 이 숨 막히는 긴장에서 벗어나는 길은 오직 하나. '나는 서비스 노동자다, 고객은 왕이다'를 수천 번씩 되뇌며 나를 지우는 일. 서비스 노동자의 현실을 숙명으로 받아들이고 친절, 친절을 머릿속에 되뇌며 웃어야 합니다.

서비스 노동자의 고역 가운데 하나는 하루 종일 서서 일해야 한다는 겁니다. 오전이 지나면 다리가 뻣뻣하게 굳어옵니다. 굽이 있는 구두를 신다 보니 종아리가 탱탱 붓습니다. 구두에 갇힌 발가락들은 온종일 숨도 못 쉬고 있으니 고통이 이만저만이 아닙니다.

고객은 끊임없이 몰려옵니다. 화장실에 갈 틈도 없습니다. 얼굴은 웃고 있지만 판매대에 가려진 다리는 쉼 없이 비비 꼬이며 비틀립니다. 생리 현상을 참다 보니 방광염에 걸리기 일쑤고요.

샹들리에 조명 아래에서 곱게 화장을 하고 물건을 파는 것만이 이미숙 씨의 일은 아닙니다. 황금같이 비싼 백화점의 매장 터에 제품들을 모두 진열하고 팔 수 없습니다. 일단 창고에 쌓아두었다가 필요할 때 매장으로 꺼내옵니다. 본사에서 화장품이 들어오면 낑낑대며 제품을 창고에 쌓는 일도 이미숙 씨의 몫입니다. 창고의 통로는 비좁습니다. 그 틈을 비집고 제품을 옮기는 일도 보통이 아닙니다. 하나라도 더 물건을 채우려고 천정까지 닿도록 빼곡하게 물건을 쌓아야 합니다. 화장품이 뭐가 무거워? 물을지 모릅니다. 화장품은 무겁습니다. 소비자야 낱개로 자그마한 것을 사 가지만 그게 박스에 포장되어 올 때는 몇 곱의 무게가 됩니다. 상자 300개 정도를 들어 옮기다 보면 허리가 뻐근합니다. 비좁은 통로에 사다리를 놓고 제품을 쌓고 내리는 일을 하다가 사다리에서 떨어져 다치는 경우도 있습니다. 명품 화장품을 파는 아름다움 뒤에는 이런 고된 '노역'이 어두운 창고 안에 갇혀 있습니다.

몸이 아프거나 일을 하다 다쳐도 맘대로 쉴 수 없습니다. 주5일제라고 하지만 휴일을 제때 찾아 쉴 수도 없습니다. 이미숙 씨의 매장에는 세 사람이 본사에서 배치를 받아 일합니다. 셋이서 돌아가며 휴가를 써야 합니다. 한 사람이 휴가를 낸 날에는 둘이서 일해야 합니다. 돌아가며 밥을 먹어야 하니 점심시간에는 혼자서 손님을 맞이합니다. 혹 팀원 가운데 한 사람이 개인 사정으로 며칠간 연달아 빠지는 날에는 둘이서 쉬는 날 없이 일해야 합니다. 고객들이 밀려드는 날에는 아예 식사 시간도 없습니다. 끼니를 거르고 쉼 없이 말을 하다 보면 허기가 밀려와 식은땀이 줄줄 흐릅니다. 입에서 헛소리가 나올 지경입니다. 고객에게 권하는 화장품이 냉면으로 보이기도 하고 김치찌개가 되기도 합니다.

남들이 쉬고 여행 가고 쇼핑할 때가 백화점 직원들에게 가장 바쁜 날입니다. '빨간 날' 쉬는 것은 아예 잊고 사는 것이 맘 편하지요. 매장에서 일하는 사람들은 이삼십 대 젊은이가 많습니다. 넷 가운데 셋은 결혼을 하지 않은 사람입니다. 데이트를 하려면 남들 쉬는 날에 해야 하는데, 백화점에서 일하는 순간 그런 생각 자체가 환상으로 바뀝니다. 그렇다고 평일은 다를까요? 빨라야 밤 9시 퇴근이니, 그 시간에 데이트를 한다는 것은 언감생심입니다. 아니 일을 마치면 몸이 녹초가 되어 데이트할 생각조차 사라집니다. 젊은 신입사원들은 서비스 노동자의 이 리듬에 쉽게 적응하지 못합니다. 그러니 얼마 견디지 못하고 회사를 그만두는 경우가 많습니다.

엘카 코리아. 입사하고 첫 출근을 하는 날은 자랑스럽게 어깨를 펴고 샹들리에 조명을 받으며 매장에 들어옵니다. 하지만 날이 가고 달이 갈수록 화려함은 사라지고 고된 노동만이 남습니다. 아름다움을 파는 일은 설움을 삼키는 인내라는 걸 알게 됩니다.

화장품 판매 노동자들에게 선망의 눈빛을 받는 엘카 코리아 직원의 평균 근속 연수는 3년에 불과합니다. 최고의 명품 브랜드에서 일한다는 자부심으로 버텨보지만 곧 한계를 맞습니다. 직원들의 처우나 복지는 현실의 높다란 벽에 부딪쳐 쓰러집니다.

이미숙 씨를 만난 날 두 가지 충격을 받았습니다. 에스티 로더가 꽤 유명한 화장품 브랜드라는 사실 하나. 이건 무지의 소치입니다. 두 번째는 저 화려한 매장에서 화사하게 웃으며 일하는 사람들 뒤에 감춰진 노동에 대한 충격입니다. 이건 무관심의 소치입니다.

> 엘카 코리아는 지난해 9월 노조가 만들어졌으나 회사 측이 인정하지 않아 노사협의회조차도 제대로 가동되지 않는 형편이다. 허리 통증으로 3주 휴가를 진단받은 여성노동자에게 '20일 쉬려면 퇴사하라' 며 압박을 하기도 했다.
> – 김종진 한국노동사회연구소 연구위원의 2008년 4월 15일 국가인권위원회 토론회 발표
> 내용에서

이미숙 씨는 구리의 한 백화점 매장의 매니저입니다. 또한 1100명의 엘카코리아노동조합의 위원장이기도 합니다. 2007년 9월 엘카 코리아에 노동조합이 만들어집니다. 화장품 판매 베테랑이자 매장 매니저인 이미숙 씨가 왜 노동조합을 만들고 위원장을 맡았을까요?

뭐 깨끗한 매장에서 일한다고 백화점을 오가는 사람들은 저희를 행복하다고 말할는지 몰라요. 하루 종일 서서 일하는 거, 이게 굉장히 힘든 일이에요. 그리고 매장 인원이 부족해요. 한 사람이 개인 사정상 휴가라도 가면 밥 먹을 시간도 없어요. 초과근무도 만만치 않고요. 한 달 평균 60시간 넘게 초과근무를 해요. 주5일제요? 2004년부터 실시

했죠. 하지만 판매직 사원하고는 상관없어요. 백화점 세일이다 뭐다 해서 5일제는커녕 쉬는 날까지 나와서 일하지요. 매장에 매출 목표치를 주거든요. 백화점마다 저희 브랜드가 서너 개씩은 입점해 있어요. 매장끼리 경쟁을 유발하는 거죠. 매출에 대한 스트레스가 보통이 아니에요.

이미숙 씨의 소원을 듣습니다. "엘카 코리아 직원이라는 자부심을 가지고 직원 모두가 평등하게 일터에서 일했으면 좋겠어요." 조건 없이 차별 없이 신나게 일하는 회사, 관리자의 횡포가 없는 일터, 누구나 평등하게 일하는 직장을 꿈꿉니다.

같은 매장에서 일하지만 직원들끼리 월급이 얼마인지 모른답니다.

누구는 예쁘다고 월급을 많이 올려주고 해요. 근속 연수 이런 거에 따라 호봉이 정해져 있는 것이 아니에요. 관리자의 펜 끝에 월급이 결정돼요. 관리자 눈에 들고 안 들고 하는 잣대에 따라 급여가 차등 지급돼요. 저희가 요구하는 게 뭔지 아세요? 누구나 인정할 수 있는 급여 기준을 만들어 공개하고 그 기준에 맞게 공정하게 급여를 달라는 거예요. 더 웃긴 게 뭔지 아세요? 자신의 월급을 다른 사람에게 알려줄 경우 해고 사유가 돼요. 어이없죠. 급여를 가지고 직원들끼리 경쟁을 시키고, 이걸 통해 직원들을 통제하는 거잖아요.

2007년 9월에 30명의 노동자들이 조합을 만듭니다. 직원들이 전국 매장에 흩어져 있는데, 노조가 만들어졌다는 소문이 나자 순식간에 모입니다. 일주일 만에 모인 조합원만 800명, 지금은 1100명에 이릅니다. 판매직원의 90% 이상이 조합에 가입해 있습니다.

노조를 만들었지만 단체협약이 아직 체결되지 않았어요. 전임자가 없잖아요. 간부들이 연차나 개인 휴가 빼서 조합원 만나러 다니고 있어요. 가는 곳마다 가슴에 맺힌 말이 얼마나 많은지 한없이 쏟아져요. (노조 만든 지) 아홉 달이 지났어요. 열네 번 협상을 요구했는데 번번이 회사가 대회를 거부해 네 번 만났어요, 아홉 달 동안. 회사가 단체협약을 맺기는커녕 성실하게 대화 한 번 하지 않았어요. 노동자가 파업을 선택한 것이 아니라 무책임한 회사가 저희를 파업을 하게 만든 거예요.

노동조합은 2008년 5월 14일 합법적인 파업에 들어갑니다. 파업 첫날 오후, 종로 보신각 앞에는 전국 매장에 몇 명씩 흩어져 일을 하던 조합원이 삼삼오오 손을 잡고 1000명 가까이 모입니다. 이날 이미숙 씨는 조합원들 앞에서 눈물을 흘립니다.

14일 보신각에서 처음 모였어요. 파업을 하겠다고 결의를 했지만 이렇게 많이 모일지는 정말 몰랐어요. 저 스스로 놀라고 감동해서 저도 모르게 눈물이 막 흐르는 거예요. '이럴 때 눈물이 샘솟는다고 하는구나!' 그 느낌 정말 뭐라 말할 수 없어요. 조합을 만들고 위원장이 되었지만 속으로는 기쁨보다는 두려움이 많이 앞섰거든요. 그날 조합원들을 만난 순간 두려움이 싹 사라졌어요.

보신각에 모인 1000명의 조합원들의 눈이 이미숙 씨를 바라봅니다. 이미숙 씨의 눈은 붉게 충혈되어 있습니다. 한걸음 한걸음 단상 위로 올라온 이미숙 씨는 어금니를 힘주어 뭅니다. 야무지게 닫힌 입술은 쉽게 열리지 않습니다. 2000개의 눈동자가 이미숙 씨의 닫힌 입을 숨죽여 바라봅니다. 마이크를 잡은 이미숙 씨, 눈물을 훔치며 또박또박 자신의 결의를 밝힙니다.

"이에는 이, 눈에는 눈이다. 끝까지 가보자!"

좀체 노조를 인정하지 않던 회사도 이날 파업에 참가한 조합원을 보고 뜨끔했나 봅니다. 교섭이 곧바로 시작되었고, 풀리지 않던 협상이 일주일 만에 타결됩니다. 엘카 코리아 노동자의 승리는 화장품 판매 노동자에게 희망의 불길을 피웁니다. 백화점에서 일하는 서비스 노동자에게 꿈을 안겨줍니다.

아직 노동조합 사무실도 없고 전임자도 없습니다. 이미숙 씨는 구리시에 있는 백화점에서 밤늦게까지 일하고 나면 영등포로 갑니다. 이곳에 있는 전국민간서비스산업 노동조합연맹 사무실 귀퉁이에서 노동법을 공부하고 회의도 합니다. 집에 들어가면 새벽 두세 시. 사춘기인 아들은 잠들어 있습니다. 볼에 입을 맞춥니다.

"미안하다. 한창 엄마가 돌봐주고 이야기를 할 때인데 함께해주지 못해서……"

이미숙 씨는 종로 보신각에서 보았던, 한날한시에 일제히 매장을 뒤로 하고 거리로 뛰어나온 1000여 명 조합원의 선하고 맑은 눈길도 잊을 수 없습니다. 그래서 오늘도 바쁩니다.

열두 시간 근무에 주어지는 한 시간의 점심시간. 이 소중한 휴식시간을 고스란히 이미숙 씨로부터 빼앗아 인터뷰를 했습니다. 그 소중한 시간이 훌쩍 지나자 이미숙 씨는 총총 구두 발자국 소리를 남기고 백화점 안 매장 앞으로 달려갑니다. 발자국 소리가 경쾌하고 상냥(?)합니다. 보신각 집회에서 〈불나비〉 노래가 나오자 박자에 맞춰 깡충깡충 뛰며 열광하던 조합원의 발랄함이 어디서 비롯되었는지 비로소 깨닫습니다.

화려한 곳에서 일한다고요?

이미숙 씨를 만나고 나서 화려한 곳에서 일하는 노동자의 현실은 어떨까, 자료를 찾아봤습니다. 자료를 본 순간 충격을 받았습니다. 백화점에서 일하는 판매직 노동자의 평균 연령은 26.9세입니다. 대부분이 한 달 평균 20~24일을 일하며, 25일 근무하는 노동자도 14%에 달하지요. 하루 12시간 이상 일하는 경우가 52.1%이고, 9~11시간을 서서 일하는 노동자는 67%에 이르고요. 공식적인 휴식시간이 있어도 71%는 하루 30분 이하로 쉰데요. 이들이 신는 신발의 84.8%는 회사에서 주는데, 이 신발 가운데 굽이 5cm 이상인 경우가 55%가량 돼요. 53.1%가 근골격계 자각증상을 보이고 있는데 다리, 어깨, 허리 순으로 다른 직군과 달리 다리 통증을 많이 호소해요. 12%는 하지정맥류 진단을 받았고요. 10명 가운데 9명은 자신의 감정을 숨기며 일을 하고, 95.7%는 자신의 기분과 상관없이 항상 웃거나 즐거운 표정을 지으며 일합니다. 항상 시간에 쫓기며 일을 하거나(61.5%) 여러 가지 일을 동시에 해서 (71.3%) 오는 직무 스트레스를 받고 있어요.

성신여자대학교, 청소 용역 나종례 김점분

고마워요, 청소 엄마

2008년 9월, 정신이 없습니다. 전화기에 찍힌 문자를 열어보기가 겁이 납니다. 기륭전자 김소연 분회장의 단식이 80일을 훌쩍 넘었습니다. KTX와 새마을 승무원은 서울역 40미터 철탑에 올랐습니다. 부산에 있는 승무원은 단식농성에 들어갔고요. 하이텍알씨디코리아 노동자들은 오창에 있는 공장에 천막을 쳤답니다. 강원도 문막의 도루코 공장 비정규직 노동자들도 고공농성에 들어갔네요. 모두 목숨을 걸었습니다. 길게는 3000일 넘게 싸워온 노동자들, 목숨을 걸고 끝장을 보겠다는 비명이 고스란히 손전화 문자로 찍힙니다. 이뿐만이 아닙니다. 이랜드 노동자들의 추석맞이 집중 투쟁과 창원공단의 비정규직 노동자들의 어이없는 계약해지까지 그냥 지나칠 수 없는 목숨이 걸린 문자들의 행렬 앞에 숨이 막힐 지경입니다.

더욱 가슴을 아프게 한 것은 뉴코아 노동자들의 협상 타결 소식입니다. 회사와 합의한 내용 때문에 가슴이 아팠던 것은 아닙니다. 너무도 쉽게 합의 내용을 이야기하고 재단하는 언론과 사람들 때문에 가슴이 아픕니다. 노동조합의 항복 문서였다는 평가와 다른 장기투쟁사업장에 미칠 파급 효과를 들이대며 뉴코아노조의 타결을 비판합니다. 그 비판을 이해하면서도 자꾸 화가 납니다. 뉴코아 노동자의 434일이 고스란히 눈에 들어왔기 때문입니다.

하루를 싸웠는지, 100일을 싸웠는지, 1000일을 싸웠는지 숫자로 계산하는 일만큼 서러울 때가 없습니다. 이 숱한 날들이 어찌 노동자가 싸운 날짜이겠습니까? 사업주가 싸우게 한 날이자 노동자가 어쩔 수 없이 버틴 날이지요.

노동자가 싸우지 않고 얻을 수 있는 것은 없습니다. 그것도 질기게, 끈질기게 싸워야 얻을 수 있는. 그래야 임금의 노예가 아닌 사람이 될 수 있습니다. 죽기보다 힘든 시간, 평가에 앞서 그 시간을 견딘 노동자의 몸과 맘을 생각합니다.

이제는 당분간 뉴코아노조에서 보내올 문자가 없을 거라는 것도 압니다. 이제 문자를 받을 게 아니라 보내야 할 때가 아닌가 생각합니다. '당신의 집과 적금통장이 손해배상에 가압류를 당한 순간, 가정이 파괴되던 순간, 생계에 허덕여야 했던 순간, 지켜주지 못해 미안해.'

이리 복잡한 머리로 지하철 4호선을 탑니다. 특별하게 무슨 생각을 했던 것도 아닌데 내려야 할 역을 지나칩니다. 수유역에서 내려 다시 반대 방향으로 가는 지하철을 탑니다. 시간도 이렇게 되돌아갈 수 있다면 얼마나 좋을까? 그랬다면 뉴코아 노동자는 무슨 역에서 내렸을까? 엉뚱한 생각을 하며 성신여대입구역에서 내립니다.

9월 2일 정오, 오늘은 성신여자대학교를 찾아가는 날입니다. 지하철역에서 내려 성신여대까지 가는 10분 남짓한 거리에 풋풋한 젊음들이 가득합니다. 마흔을 넘긴 나이가 반 토막이 나는 기분입니다. 햇살은 따가웠지만 하늘은 가을이라고 선명하게 적어둔 듯 시퍼렇습니다. 잠 못 들게 징글징글 맞았던 여름도 어느새 물러가고 있습니다.

대학교를 찾아가지만 오늘 만나야 할 사람은 스무 살이 아닙니다. 책을 들고 강의실을 찾아 다니는 사람도 아닙니다. 연구실에서 볼펜을 잡고 있는 사람도 아니고요. 오늘 성신여대에서 만날 사람들은 나이가 예순 정도이고, 도시락을 들고 정문을 들어서고, 대걸레를 잡고 강의실을 돌아다니는 사람입니다. 성신여대 청소용역 노동자들. 아니 청소용역 엄마들(이들은 엄마라 불리는 것을 좋아했고, 엄마의 마음으로 학생들을 만나며 일했습니다).

엄마들은 행복했습니다. 일을 할 수 있어 행복했습니다. 지린내가 나는 화장실 바닥에 엎드려 누런 타일이 새하얗게 바뀔 때까지 박박 문지르면서도 행복했습니다. 제대로 된 수당도 없이 겨우 최저임금을 받으면서도 행복했습니다(최저임금도 모르고 살다 겨우 지난해에 이런 법이 있다는 걸 알았고, 적용받을 수 있었습니다). 스무 해를 새벽 4시에 일어나 밥을 짓고 자식들 도시락을 챙기고 첫차를 타고 출근해 남이 더럽혀둔 곳만을 찾아 돌아다니면서 일해도 행복했던 엄마들. 욕을 먹으며 일을 해도 행복했습니다. 모가지 잘라버린다는 협박에 가슴 졸이며 일을 해도 행복했습니다. 정말 바보처럼 행복해했습니다. 노동을 하여 번 돈으로 자식의 학비를 댈 수 있어 행복했고, 식구들의 밥상에 고등어 한 마리를 지져 올릴 수 있어 행복했습니다.

그런데 날벼락이 떨어졌어. 8월 27일이야. 날짜도 안 잊어버려. 열심히 화장실 바닥을 닦고 있는데 소문이 들려왔어. "너희 학교에서 청소 일할 사람을 뽑는다는데 내가 가도 되냐?"며 알고 지내는 친구한테 연락이 온 거야. "뭔 말이냐? 우리 멀쩡히 일하고 있는데. 들도 보도 못했다. 어디서 봤냐?"고 물었어. 그래서 부랴부랴 구인광고가 났다는 신문을 구해 봤어. 아, 근데 친구 말이 맞아. 성신여대에서 65명이 청소 일을 하고 있는데 구인광고에 65명을 구한다고 떡 하니 적혀 있는 거야. 이건 전체를 내보내고 전부 새로 뽑겠다는 말이잖아.

학교 청소를 용역업체에 맡기거든. 나는 20년을 성신여대에서 이 일을 했어. 20년 동안 업체가 한 일곱 번인가 갈렸어. 업체는 갈려도 일하는 사람들은 똑같았어. 해마다 9월에 용역업체를 바꾸거나 재계약하거든. 우리야 뭐 아나? 업체가 갈리면 갈리나 하지. 업체가 갈린다고 한 번도 잘릴까봐 걱정한 적이 없어. 업체가 일하나? 우리가 일하지. 그게 관례처럼 되어왔어. -나종례 씨

20년을 성신여대에서 청소 일만 한 나종례 씨. 자신은 새로 사람을 뽑을 테니 학교에서 나가라는 소리를 들은 적이 한 번도 없습니다. 다른 일터를 구하라는 귀띔조차 없었습니다. 자신의 밥줄을 빼앗는 구인광고가 났다는 소문을 들은 날은, 계약 만료일 닷새 전. 나종례 씨는 빨간 고무장갑을 벗어 팽개치고 학교 총무처장을 찾아갑니다.

그런데 만나주지를 않아. 처장을 볼 수 없으니 총무팀장한테 물었어. 팀장도 자꾸 꽁무니만 빼려고 해. 자신들은 관계없는 일이라는 식으로. 화딱지가 나잖아. 정말 하루를 꼬박 기다려 총무처장과 이야기

를 했는데, 그것도 전화 통화만 했어. 그것도 딱 4분, 4분 말했어. 5분도 아니고. 그런데 뭐라고 한 줄 알아? 당신들이 노동조합을 만들었기에 함께 일을 할 수 없다는 거야. 노조를 하니까 같이 일할 수 없다는 말이야. —나종례 씨

딱 1년 전 성신여대 청소용역 노동자들은 노동조합에 가입했습니다. 노조에 가입하고서야 법정 최저임금을 받았습니다. 노조가 만들어지고 이제껏 용역업체와 갈등이 없었습니다. 노조가 단체행동을 해서 성신여대의 청소 업무에 지장을 준 적도 없습니다. 그런데 노조 때문에, 한마디 말도 없이, 조합원 전원이 거리로 쫓겨나야 하는 신세가 됩니다.

행정관에서 근무를 했습니다. 올해 예고도 없이 65명을 해고한다니까, 아주 황당해서 말이 안 나오고 눈물만 나옵니다. 나도 자식들 가방끈 늘려주려고 이리 고생하고 있습니다. 내 딸 아들 학교 다니면서 식당에서 서빙하며 학교 다니지 않게, 부모가 되어가지고 내 딸 서빙 안 시키려고 이렇게 학교에 나와서 일하는 게 잘못입니까. 시키는 어떤 일, 모든 일 할 수 있으니 저희들을 복직시켜주십시오. —김점분 씨

올해 예순여덟인 김점분 씨의 목소리가 떨립니다. 얼굴 가득 주름이 팬 김점분 씨의 절규가 내 가슴을 할큅니다.

손전화 문자로 해고를 당했다는 노동자 이야기는 들었지만 구인광고를 통해서 해고된 사실을 알았다는 이야기는 성신여대에서 처음 듣습니다. 과연 노동자를, 아니 학생들이 엄마라고 부르는 20년을 성신

여대에서 일한 청소용역 노동자를, 사람 취급이나 하는 것인지 기가 막히는 현실 앞에 말문이 막힙니다. 이곳이 돈벌이를 하는 기업도 아 닌 지성의 전당인 대학교인데 말입니다.

청소 엄마들의 행복은 산산이 부서졌고, 예순의 나이에 총무과 사 무실 앞 차가운 시멘트 바닥에서 잠을 잡니다.

우리 엄마들 초등학교도 못 나온 사람들이 태반이야. 나도 마흔한 살 땐가 들어와서 육십이 되도록 성신여대에서 청소 일만 했어. 애들 공부시키는 데 조금이라도 도움 줄까 싶어서 일한 거야. 이제 육십인 데, 몸이 안 따라주면 이 일도 못하잖아. 나가지 말라 해도 일 못하면 나가요. 좀 있으면 기운이 없어서라도 못 하니까. ㅡ나종례 씨

오늘로 엿새째 집에 들어가지 못했다는 나종례 씨. 집에 반찬도 없 는데 아저씨(남편)가 밥이나 먹는지 모르겠다며 울먹입니다. 나종례 씨의 월급은 통틀어야 79만 원. 점심을 사 먹는 일은 꿈도 못 꿉니다. 새벽에 도시락 두 개를 싸가지고 와서 찬밥에 물을 말아 먹으며 일했 다고 합니다. 나종례 씨의 소원도 보잘것없습니다. 돈을 많이 받겠다 는 것도 아닙니다. 그저 20년 동안 일한 일터에서 계속 일하게 해달 라는 것입니다. "총무처장님, 제발 저희 좀 만나서 이야기를 들어주 세요!" 나종례 씨의 부탁이 허공에서 메아리칩니다.

성신여대 너무해. 진짜 좋은 대학이라고 생각했어. 학교도 좋고 학 생도 좋고. 어쩌다 성신여대가 갑자기 악종이 됐냐고! 대화 좀 하자는 데 우리 엄마들을 벌레 보듯 하냐고! 당신네들도 정문만 나가면 우리

랑 똑같잖아. 집에 가면 나나 당신네나 똑같은 부모 소리 듣잖아.

—나종례 씨

아직 투쟁이라는 말도 어색해서 잘 쓰지 못하는 청소 엄마들의 이 절절한 목소리를 대학에서조차 들어주지 않는다면 어찌하란 말인가요? 성경에는 노조가 없다고 말한 이랜드 기업 창시자의 말처럼 대학 교재에도 '노동조합'이라는 말은 없는 건가요? 대학에서는 사람에 대한 최소한의 예의조차 가르치지 않는단 말인가요? 말 한마디 없이 청소용역 노동자 65명 전원을 목숨과 같은 일터에서 단칼로 목을 베어 내모는 일이 어디 있단 말인가요?

정문 앞에서 한바탕 울부짖고 나오는데 따뜻한 소식이 전해집니다. 9000명의 성신여대 학생 가운데 6500명이 엄마들의 고용보장을 요구하는 지지 서명을 했다는 소식입니다. 이 글을 다 쓰기 전에, 청소 엄마들이 고되지만 행복하게 성신여대에서 쓰레기를 치우는 일을 하고 있다는 소식이 들려왔으면 합니다.

나이가 어리다고 시급 4000원만 줘요

성신여대 청소용역 노동자들이 최저임금을 받지 못했다는 사실에 충격을 받았습니다. 이분들은 알지 못해서, 누가 가르쳐준 사람이 없어서 자신의 권리를 찾지 못한 거지요. 그런데 성신여대 청소용역 노동자의 문제로 끝나면 좋겠는데, 요즘 젊은이들도 최저임금이 무언지 모른다는 사실이 더욱 안타깝습니다. 취직 전, 최소한 최저임금이 얼마인지 누구나 알 수 있는 사회가 너무나 그립습니다.

나이가 어려도 법정 최저임금을 요구할 수 있습니다. 1986년 최저임금법을 만들어 1988년부터 시행하고 있지요. 임금을 받는 노동자라면 나이, 성별, 국적과 상관없이 최저임금을 보장받는 겁니다. 최저임금은 노동자를 저임금으로 부리지 못하도록 국가가 정한 최소한의 임금으로 사용자에게 그 지급을 법으로 강제하는 제도입니다. 2010년 최저임금은 4110원이고, 주 40시간을 일하는 노동자라면 한 달에 최소한 85만 8990원을 받아야 합니다. 당신이 청소년 알바라도 최저임금은 당연히 받아야지요.

송파구청, 주차관리원 임정재

빛나는 조연

새해 첫 인터뷰를 누구와 할 것인가 고민합니다. 과천청사 앞에 있을 코오롱 정리해고 노동자를 떠올리고, 구로공단의 기륭전자 노동자를 생각합니다. 이랜드 유통노동자가 떠오르자 강원도 문막에 있는 도루코 노동자들도 아른거립니다. 코스콤, 콜트악기, KTX 승무원……, 숱한 천막농성장이 머릿속을 맴돕니다.

무턱대고 그에게 전화를 한 것은 '희망' 때문입니다. 송파구민회관 주차관리원 임정재 씨. 그에게 전화를 걸어 '희망'을 듣고, '기쁨'을 묻습니다. 임정재 씨는 '희망'과 '기쁨'을 이야기하고, '정의'를 말합니다.

2007년 비정규직 싸움이 만들어낸 스타 아줌마. 7월 1일 비정규직을 보호하겠다는 법이 시행되는 날 일터를 빼앗겨야 했던 사람. 기자회견장과 집회장에서 숱한 이의 눈시울을 젖게 했던 사람. 시련마저도 아름다운 추억으로 만드는 사람. 그가 다섯 달 만에 출근합니다. 새해에는 임정재 씨의 이야기로 곳곳에 늘어만 가는 천막농성장을 걷어냈으면 합니다.

집회장과 농성장이 아닌 일터에서 임정재 씨를 만난 것만으로도 내게는 '희망'이고 '기쁨'입니다. 임정재 씨의 일터는 송파구민회관 정문 옆에 있는 노란 주차관리 박스입니다. 그곳에서 임정재 씨와 의자를 마주하고 앉으니 서로의 무릎이 닿습니다. 맘 놓고 다리 한 번 뻗을 수 없고, 기지개를 켜기도 힘든 공간이지만 임정재 씨는 기쁩니다. 아침에 눈을 뜨면 가야 할 일터가 있기 때문입니다.

임정재 씨와 무릎을 마주하고 이야기를 나눕니다. 시원한 이마와 함께 크고 선한 눈매가 내 마음을 사로잡습니다. 야무진 입술이 열리자 입술만큼 야무진 목소리가 흐릅니다. 아무리 힘들었던 이야기도 좀체 감정을 흐트러뜨리지 않고 말을 이어가고 마지막은 웃음으로 마무리합니다. 네 시간이 언제 갔냐는 듯 훌쩍 지나갑니다.

임정재 씨는 2002년 말 송파구청에서 전화안내 일을 하며 공공근로를 시작합니다. 성실함 때문인지 구청은 일용직으로 계속 일할 수 있도록 해줍니다. 많지 않은 월급이었고 불안정한 자리였지만 햇수로 7년을 일합니다.

날벼락은 2007년에 떨어집니다. '비정규직법'이 만들어지고 시행에 들어가자 보호받아야 할 비정규직 임정재 씨는 보호는커녕 해고가 됩니다.

법 시행을 하루 앞둔 6월 30일. '법 없이도 살았던' 임정재 씨는 자신이 쫓겨나는 것도 몰랐습니다. "언니 잘렸어"라고 주위 사람들이 말해도 "무슨 말이야? 아니야, 아니라고" 박박 우깁니다. 지금껏 아무 일 없이 일했는데, 왜 내가 잘려야 하는지, 임정재 씨는 이해할 수가 없었습니다.

그날 이후, 세상을 '상식'으로 살아왔던 임정재 씨는 '상식' 밖의 길을 걷습니다. 아니, 늘 옳고 바르고 좋게만 세상을 바라보고 살아온 임정재 씨의 삶이 상식 밖에 놓입니다.

투쟁은커녕 노동조합도 모르던 임정재 씨는 조끼를 입고 유인물을 가슴에 품습니다. 출근하는 구청 직원들에게 '비정규법'이 시행되자마자 개인 기업도 아닌 공공기관에서 이런 상식 밖의 일을 벌인다는 게 말이 되냐며 떨리는 마음, 어색한 손으로 유인물을 건넵니다.

7월 2일 월요일, 임정재 씨는 상식 밖의 세상을 인정할 수 없어 자신이 일하던 민원봉사실 전화기 앞에 여느 날처럼 앉습니다. 총무과에서는 '계약 만료가 되었으니 나가라. 무단 침입이니 경찰을 부르겠다'며 엄포를 놓습니다. 임정재 씨가 계속 자리에 버티고 있자, 구청은 전화안내 업무를 아예 총무과에서 종합상황실로 옮깁니다. 임정재 씨는 자신의 책상을 없애고 전화기를 치워도 출근합니다. 자신이 일하던 곳에 의자를 가져다 두고 빼앗길 수 없는 자신의 자리를 묵묵히 지킵니다.

구청은 전화안내 업무를 함께하던 동료들을 통해서 압력을 넣습니다. 늘 힘이 되어주고 도움을 주던 동료들이 자신 때문에 힘들다고 하자, 하늘이 무너져 내립니다. 더는 그 자리에서 버틸 힘이 없습니다.

이렇게 수모를 당해야 하나 하는 생각도 들고 창피하기도 했어요. 이렇게 모욕과 멸시를 받으니 차라리 죽자는 생각이 들었어요. 구청하고 노동조합에 편지를 한 통씩 쓰고 단식으로 항거하며 죽겠다는 뜻을 밝혔어요. 편지를 본 권혁무(공공노조 미조직비정규직 사업부장) 동지가 큰 소리로 웃으며 그 일(단식)은 마지막으로 정말 안 된다고 생각할 때 하는 최후의 수단이지 해보지도 않고 단식부터 하는 거 아니에요. 이렇게 한다면 도와줄 수 없으니 알아서 하세요, 이러는 거예요. 단호하게 내 말을 자르더라고요.

비정규직법으로 버림받은 사람은 임정재 씨 혼자가 아닙니다. 언주초등학교에서 7년간 보육교사로 일했던 채성미 씨, 성신여고 행정실에서 일한 정수운 씨, 보라매 서울대병원에서 환자식을 담당한 김은희 씨. 기륭전자 노동자도, 르네상스호텔 노동자도, 이랜드-뉴코아 노동자도 비정규직이기에 거리로 쫓겨난 사람들입니다. 이들과 함께 버스를 타고 전국을 돌아다닙니다. 가정과 생계를 한순간에 물거품으로 만든 비정규직 사회를 고발합니다. 임정재 씨는 자신의 복직만 요구한 게 아닙니다. 일터뿐만 아니라 한 사람의 인간성마저 비정규로 만드는 세상에 맞서 정의의 발길을 내딛습니다.

숱한 유혹이 임정재 씨의 마음을 흔듭니다. 구청은 대형 매장에 일자리를 알아봐주겠다느니 도서관 사서로 일하게 해주겠다느니 하며 노동조합에서 임정재 씨를 떨어뜨려 놓으려고 시도합니다. 하지만 내용은 마찬가지입니다. 그 제안이라는 게 3개월 계약직. 단지 비정규의 삶에 산소마스크를 뒤집어씌워 잠시 숨 쉬게 하는 것에 불과합니다. 마스크를 떼면 언제든지 죽음으로 몰리는 비정규의 삶을 절대 뒤집을 수 없는 제안들뿐입니다.

추석을 앞둔 때입니다. 구청에서 복직 얘기가 나옵니다. 임금과 근로조건이 더 좋은 시설관리공단 업무직을 시켜준다는 타협안이지요.

노동조합을 비롯해 임정재 씨의 복직을 바라던 여러 사람들이 자신의 일처럼 기뻐하며 축하 인사를 건넵니다.

내게도 이런 행운이 오는구나 하며 정말 좋았어요. 그런데 기쁨이 가시기도 전에 구청에서 말을 바꿨어요. 그렇게 못 해주겠다는 거죠. 사람들한테 복직 축하한다고 막 격려도 받고 그랬는데. 순식간에 행운이 사라진 거죠. 절망감, 허탈감, 상실감이 밀려오는데 어떻게 표현할 수가 없어요. 집에 가는 택시 안에서 펑펑 울었어요. 집에 가서도 밥하는 것도 잊고 울면서 하루 종일 누워 있었어요. 그렇게 한참을 있으니까, 지난 시간들이 머리에 떠돌다 머물다 사라지며 차츰 머리가 맑아지기 시작했어요. 내가 유혹에 넘어가 이토록 흔들리는 나약한 인간이구나. 무엇을 기대하고 시작한 것이 아니잖아. 비정규직법은 잘못된 거잖아. 모범이 되어야 할 공공기관이 잘못하고 있다는 것을 지적해야 되잖아. 홍역은 한 번 앓지 두 번 앓지 않잖아.

남편이 병마에 시달리고 있어 가정의 생계는 고스란히 임정재 씨의 노동에 의존합니다. 보지 않아도 살림살이가 얼마나 어려울지 눈에 선합니다. 하지만 실업급여를 신청하지 않습니다. 자신이 실업자라는 현실을 받아들이고 싶지 않아서입니다. 실업급여를 받는 순간 자신이 "스스로 해고를 받아들이는 것 같아" 굶는 한이 있더라도 실업급여 신청은 하지 않겠다고 다짐합니다.

실업급여 신청하는 게 꼭 제 스스로 해고를 받아들이는 것 같아 정말 하기 싫었어요. 이 싸움이 길어질 수 있다는 생각을 하게 됐죠. 그런데 실업급여 받아 생활할 생각하면 끝까지 못 가겠다, 그런 생각도 들었어요. 신발끈, 허리끈 할 것 없이 질끈 동여맸죠. 나 하나의 복직 문제가 아니라 정의를 위한 길이니 끝까지 가자.

해고된 지 5개월이 지난 2007년 12월 3일. 임정재 씨는 이른 아침을 먹고 6시 50분에 도봉구 창동 집을 나섭니다. 호주머니에 머리띠를 챙기지 않습니다. 이제 '해고 노동자 임정재'가 아닙니다. 해고 노동자라는 딱지를 뗀 그냥 '임정재'로 돌아와 집회장이 아닌 일터로 출근합니다.

송파구청은 2007년 11월 13일 임정재 씨와 무기 근로계약을 맺습니다. 송파구민회관 주차관리 업무로 복귀합니다. 비정규직법 시행의 본보기로 해고 노동자가 아니라 비정규직의 희망 임정재로 다시 태어납니다.

처음엔 기쁨이 없었어요. 당황스러웠어요. 두렵기도 하고요. 하던 일이 아니고 다른 부서에서 일을 하게 되니 잘할 수 있을까 하는 생각도 들고요. 한 달이 지나니 실감이 드네요. 내가 무엇을 해야 하는지도 다시 생각나고요. '많은 비정규직의 희망을 내가 가지고 있다. 비록 나 혼자의 작은 힘이지만 비정규직 노동자에게 힘이 되고 희망이 되는 일을 하자'는 마음이 들어요.

저는 혼자의 힘으로 복직이 되었다고 생각하지 않아요. 함께했던 공공노조를 비롯한 숱한 노동자들이 제 일터를 찾아주었어요. 동료 노동자를 믿고 정의를 위해서 끝까지 하면 이길 수 있다는 것을 알리고 싶어요. 겪지 않은 사람은 그 고통이 얼마나 힘든지 몰라요. 그래서 함부로 말하기가 쉽지 않아요. 하지만 옳은 길이기에 가는 거예요. 그때는 고통스럽기도 하고 힘들었는데 지금 생각하니 참 아름답다는 생각이 들어요. 시련도 아름다움으로 남을 수 있구나 하는 맘이 들어요.

임정재 씨에게 가장 크고 소중한 경험은 국가인권위원회에서 12박 13일간 진행한 농성입니다. 이때 '나를 돌아봤고, 나를 생각했고, 나를 찾았다'고 합니다. 고난의 시간으로 남을 다섯 달의 해고 기간이 임정재 씨한테는 새로운 경험이었고 자신을 찾는 깨우침의 시간이 됩니다.

농성을 결심하고 실행하기로 했는데 배가 아플 정도로 신경이 많이 쓰였어요. 인권위원회 건물에 들어서니까 보안요원이 지키고 서 있어요. 다리가 후들후들 떨리더라고요. 순간 '잡혀가는구나' 하는 생각이 퍼뜩 들었어요. 얼른 화장실로 숨었어요. (웃음) 눈이 큰 사람이 겁이 많잖아요, 제 눈 크죠? 인권위 농성을 시작할 때 '장애인차별금지철폐연대'도 그곳에 있었어요. 장애인 단체와 동시에 농성을 시작하면서 제 인생의 새로운 전기를 맞았어요. 지금까지 누구의 부인이나 누구의 엄마로만 살아왔는데 '나'라는 주체에 대해 생각하는 기회를 가졌어요. '지금부터 나를 찾자'라는 생각을 했어요. 가장 힘들 때 가장 소중한 경험을 할 수 있었죠. 처음으로 내 자신이 얼마나 소중하고 고귀한 존재인지를 깨달았어요. 또한 각양각색의 사람들이 모여 세상이 이루어졌고, 개개인이 다른 모양새 안에서 조화를 이룬다는 것도 깨우쳤고요.

눈을 뜨면 나무만 보이던, 사방이 나무뿐인 충남 서산의 산골에서 임정재 씨는 태어납니다. 아버지는 불의의 사고로 얼굴도 익히기 전인 다섯 살 때 돌아가십니다. 어머니는 충격에서 벗어나지 못하고 시름시름 앓다가 3년 뒤 아버지의 뒤를 쫓아갑니다. 할아버지와 할머니 밑에서 임정재 씨는 자랍니다.

임정재 씨의 감성은 깊고 풍부합니다. 그래선지 인터뷰 중간 중간에 자신이 읽었던 소설을 인용합니다. 할아버지 밑에서 성장할 때는 서산 들판에 하모니카를 들고 나가 논둑길을 헤매며 죽음에 대해 많이 생각했다고 합니다.

고등학교를 마치고 서산에 남아 있자 서울에 있는 숙모가 부릅니다. 시골에 있으면 시집이나 제대로 가겠냐며 서울에서 직장 생활을 하라고 합니다. 서울로 간 그는 직장에서 평생 동반자가 될 남편을 만나 스물다섯에 결혼합니다. 지금 스물여덟의 아들과 열 살 터울이 진 열여덟의 딸이 있습니다.

남편의 사랑은 극진합니다. 첫아들을 낳고 얼마 후 둘째를 가졌는데 임신 7개월 만에 조산을 해야 하는 위기가 찾아옵니다. 남편은 뱃속의 아기를 포기합니다. 그리고 임정재 씨에게 다시는 아기를 갖지 말자고 설득합니다. 생명을 잃은 슬픔과 아내에 대한 염려 때문에 남편이 내린 결정이지요. 첫째와 둘째의 터울이 긴 이유가 여기에 있습니다.

둘째가 태어나고 한 달이 되지 않아 신랑은 간암 수술을 받습니다. 종양 크기가 10센티미터였는데 막상 수술에 들어가니 나머지 부분은 간경화가 심합니다. 어렵게 수술을 끝낸 의사는 나머지 부분도 정상이 아니라 1년을 넘기기가 힘들 거라고 합니다.

시한부 인생 선고를 받은 신랑은 살려는 의지를 불태웁니다. 임정재 씨도 어떻게든 남편을 살리려고 발버둥 칩니다. 태어난 지 얼마 되지 않은 딸은 어찌 컸는지 기억에도 없습니다. 18년 전의 일입니다.

힘든 항암 치료를 견뎌내고 남편은 차츰 건강을 회복합니다. 남편이 다시 일을 하겠다고 기지개를 켜자마자 IMF가 찾아옵니다. 때가 때인지라 일자리 찾기가 만만치 않습니다. 지금껏 시댁 형제들의 도움으로 버텨왔는데 그마저 지원도 끊깁니다. 그때 임정재 씨가 정말 먹고살기 힘들어 두들긴 곳이 송파구청입니다.

절망과 희망이 오갔던 2007년은 지나갑니다. 주차관리 박스에 앉아 있는 임정재 씨의 손에는 묵주가 쥐어져 있습니다. 임정재 씨는 묵주를 굴리며 구민회관을 이용하는 차량의 번호가 가득 적힌 종이를 들여다봅니다. 차츰 새로운 일이 몸에 익어갑니다.

임정재 씨는 '인생의 드라마'에서 주연을 꿈꾸지 않습니다. 조연이 되겠다고 합니다. 복직을 한 임정재 씨는 이제 주연의 자리에서 물러나 조연이 됩니다.

아직 많은 이들이 비정규의 삶을 살고 있습니다. 거리에서 일터로 돌아가고 싶다고 외치고 있습니다.

빛나는 조연이 되어 비정규직 노동자들이 희망을 찾는 드라마를 계속 찍을 거예요.

임정재 씨의 손에 의해 구민회관 주차관리 박스 앞 차단기가 오르락내리락합니다. 차단기가 올라갈 때마다 절망은 희망이 되어 통과합니다. 슬픔은 기쁨이 되어, 불의는 정의가 되어, 차가움은 따뜻함의 물결이 되어 지나갑니다. 송파구민회관에 오시면 희망이 가득합니다.
그곳에 희망의 주차관리원 임정재 씨가 있습니다.

해고래요, 어떡하죠?

임정재 씨는 스스로 약속했듯이 조연이 되어 비정규직의 희망으로 살고 있었습니다. 강남성모병원 비정규직 노동자에게 언니가 되어 그들의 고된 싸움을 지지하는 모습을 보고, 이래서 임정재 씨가 내 마음을 사로잡았구나, 뒤늦게 깨우쳤지요. 해고, 이제 법으로 맞서야지요. 어찌할 줄 모른다고요? 이렇게 하세요.

해고 등 인사 발령된 날로부터 3개월 이내에 사업장을 관할하는 지방노동위원회를 찾아가 구제 신청서를 제출하세요. 부당 해고가 인정되면 노동위원회는 원직복직 명령과 부당해고 기간 동안의 임금 상당액 지급 명령을 하거든요. 사용자가 이를 이행하지 않을 때는 2000만 원 이하의 이행 강제금을 부과합니다. 판정에 불복을 하면 중앙노동위원회의 재심을 신청할 수 있어요. 이에 불복할 경우에는 행정법원에 행정소송을 낼 수 있고요. 그 기간이 너무 길어 고통스럽지만 자신과 같은 억울함을 막기 위해서는 누군가는 끝까지 싸워야지요.

노동자들의 수다 2

노동조합이 있어 좋아요

이미숙 엘카코리아노조 위원장
김태환 공공노조 서경지부 조직국장

ⓒ최규화

일하는 사람들을 만나러 다닌 지 어느덧 네 해가 되었습니다. 찾아간 곳마다 분노가 가득했습니다. 함께 눈물을 흘렸습니다. 두 주먹을 불끈 쥐었습니다. 그래도 행복했습니다. 절망이 가득한 곳에서 희망을 꿈꾸는 사람. 그들의 가슴에서 쏟아져 나온 목소리는 시대를 깨우는 요령 소리였습니다.

취재를 마치고 나면 한동안 글을 쓸 수 없었습니다. 힘겹게 써서 원고를 넘기고 나서도 취재한 녹음기를 다시 돌리곤 했습니다. 가수 한영애가 애절하게 부르는 〈목포의 눈물〉을 듣듯. 옆에는 소주잔이 안주도 없이 놓여 있었습니다.

2009년 11월 6일 늦은 4시 전태일재단 강당에서 노동자들과 수다를 떨었습니다. "노동이 희망입니다"라는 이야기를 나누고 싶었습니다. 그동안 취재를 했던 분들께 전화를 했습니다. 그사이 노동조합 자체가 사라진 곳이 있습니다. 파업 후 회사와 타결이 되어 현장에 들어갔는데, 파업의 고통보다 심한 고된 노동이 기다리고 있어 좌담회에 참석하기 힘들다고 합니다. 참석하시겠다고 약속했던 한 분은 좌담회 직전에 회사와 한판(?) 붙을 일이 생겨 죄송하다는 말만 남겼습니다.

오도엽 | 다시 만나게 되어서 반갑습니다. 이미숙 위원장님을 뵈니 지난해 5월 서울 종각 앞에서 파업 집회를 하던 생각이 떠오릅니다. 그날 "이에는 이, 눈에는 눈이다. 끝까지 가보자!"며 결의를 다지던 모습과 전국에서 모여든 1000여 명의 조합원을 바라보며 감격해 눈시울을 적시던 모습이 눈에 선합니다.

이미숙 | 2007년 9월 처음 노조를 만들 때 30명이었잖아요. 노조가 만들어지자 전국 백화점에 흩어져 있던 저희 직원 1000명이 삽시간에 조합에 가입했잖아요. 조합 만들고 아홉 달 동안 열네 번이나 회사에 교섭을 요구했는데, 겨우 네 번 만났고, 만나도 회사가 성실하게 대화를 한 적이 없어요. 그래서 2008년 5월에 종각에서 파업 집회를 한 거죠. 전국에서 1000명 정도가 올라와서 파업을 하자 바로 교섭이 시작됐고, 임금협상도 잘 타결됐고요.

오도엽 | 제가 지난해에 인터뷰할 때는 아직 단체협약이 체결되지 않았었죠?

이미숙 | 단체협약도 잘 마무리됐어요. 파업의 힘 때문인지 어렵지 않게 2008년 10월에 마무리할 수 있었어요. 그 뒤로 저는 조합에서 전임자로 일하고 있고, 조합원들 열심히 만나고, 교육도 하고 간담회도 하고 그러면서 지내고 있습니다.

오도엽 | 전임자가 없을 때는 백화점 근무가 끝난 늦은 밤에 회의를 하면서 무척 힘들게 노동조합을 꾸려오셨는데, 요즘은 좀 편안하시겠네요?

이미숙 | (웃음) 몸은 조금 편해진 거 같은데 마음은 더 무거워요. 조합원들 마음을 읽기가 사실은 쉽지 않은 거 같아요. 제 마음 같지 않으니까.

오도엽 | 당시 조합 가입률이 90% 이상이었는데, 이후에 조합원은 늘었나요?

이미숙 | 아뇨. 조합원이 조금 줄었어요. 1000명, 지금은 1000명을 딱 유지하고 있어요. 파업을 한 이후에 한 150명 정도가 빠진 거 같아요. 저희 엘카 코리아 안에 화장품 브랜드가 좀 많거든요. 그중 한 브랜드에서 좀 강하게 나오면서 조합원이 많이 빠졌어요. 파업 이후에.

오도엽 | 어떤 식으로 강하게 했는데요?

이미숙 | 조합원이라는 이유만으로 막 발령을 먼 곳으로 낸다거나 하는 불이익을 많이 줬어요. 그거를 노동조합에 상의를 안 하고 홀로 버티다 회사를 그만두거나 아니면 조합을 탈퇴한 거죠. '나 혼자 탈퇴하면 내가 편하겠지' 하는 생각으로 탈퇴했던 거 같아요.

오도엽 | 오늘 나종례 성신여대 분회장님이 학내 문제로 나오지 못해 갑작스레 김태환 조직부장님을 부르게 됐습니다. 성신여대 청소용역 노동자들과 함께 교섭에 참여하고 성신여대만이 아니라 주변 대학들의 비정규직 노동자들을 조직하는 데 열성적으로 활동하는 걸로 알고 있습니다. 제가 인터뷰를 할 때 가장 큰 기쁨을 주었던 사업장이 성신여대 청소용역이었습니다. 글을 마감하자마자 승리했다는 소식이 들려 보람이 컸습니다. 특히 9000명의 성신여대 학생들 가운데 6500명이 청소용역 노동자들의 투쟁에 연대하는 서명을 했다는 소식도 가슴을 뿌듯하게 했습니다. 당시 합의됐던 내용을 듣고 싶습니다.

김태환 | 보통 학교에서 청소하시는 분들은 나이가 많으신 여성노동자들입니다. 고용도 학교에서 직접 하는 게 아니라 용역업체를 통해서 하는 경우가 다반사고요. 그렇다 보니 용역업체가 바뀌면서 거리로 쫓겨나는 경우가 많지요. 작년 성신여대도 용역업체가 바뀌면서

일이십 년씩 성신여대에서 청소 일을 하던 분들이 자신도 모르게 자신이 일하고 있는 자리에 새롭게 사람을 뽑는다는 구인광고를 보고서야 쫓겨난다는 걸 안 거잖아요. 그래서 파업에 들어가셨고요. 환갑이 넘으신 분들이 시멘트 바닥에서 잠을 자며 철야농성을 했고, 학생들의 지지가 더해져 다시 일자리를 찾을 수 있었죠.

오도엽 | 당시 합의 내용을 잠깐 설명해주시죠?

김태환 | 2008년 추석을 앞두고 용역회사와 근로감독관과 학교가 같이 '고용보장합의서'를 썼어요. 몇 가지 의미 있는 성과를 거뒀죠. 가령, '용역회사가 부당노동행위를 시행할 때 학교는 용역업체를 즉각 교체한다.' 그런 내용이 들어갔죠. 용역을 주었다고 하더라도 원청(학교)의 사용자성을 일부 인정한 거죠. 임금 소급 받고 이런 것들은 다 처리가 됐고. 새로운 용역회사랑 단체협약 맺는 과정, 임금협약 맺는 과정들은 굉장히 빠르게 진행됐죠. 어째든 파업 투쟁한 힘이 있기 때문에 회사도 긴장을 했고, 노동조합을 인정하고 교섭에 성실히 참여한 거죠.

오도엽 | 벌써 1년이라는 시간이 흘렀네요. 당시 순조롭게 합의가 됐는데, 요즘 성신여대 청소용역 노동자들이 회사와 갈등을 겪는다고 들었습니다. 그 일로 오늘 분회장님이 오시지 못했죠?

김태환 | 당시에는 잘 끝났죠. 그런데 이 용역회사가 약속이라는 게 뭔지를 몰라요. 단협(단체협약)을 했다고 그게 끝이 아니었어요. 용역회사는 툭하면 책임성을 학교에 돌리고, 학교는 용역회사에 넘기고, 이렇게 핑퐁 치는 거죠. 약속의 개념이 없어요. 단협을 맺고 도장 찍고 조인했는데, 그 단협 내용을 하나도 제대로 안 지켜요. 청소용역 관리자가 인격 모독이 될 수 있는 행위들을 연세 드신 노동자들에게

마구 저질러요. 관리 감독을 예전보다 심각하게 하면서 노동 강도가 강해졌어요. 또 민주노총 탈퇴하고 독자 노조 하면 안 되겠냐, 이런 말을 하고요. 조합원들은 하여튼 괴로운 거야. 투쟁하고 나서 이겨서 힘들게 일터로 돌아가긴 했는데, 막상 이겨서 현장으로 돌아가니 괴롭다, 그런 것들이 계속 쌓이는 거죠. 물론 이렇다고 조합원들이 노조에 회의적이지는 않아요. 민주노총과 노동조합을 믿고 따라가야 되고, 믿을 덴 여기밖에 없다. 이런 의식들은 있어요. 하지만 '다시 투쟁을 해야 된다' 하면 달라지죠. '또 힘들게 투쟁해야 되냐.' 여기에 대해서는 좀 두려움이 있어요.

오도엽 | 현장으로 돌아가는 그때부터가 진짜 시작이라는 말이 있는데, 성신여대 이야기를 들으니 실감이 납니다. 지금 임금협상이 진행 중이죠?

김태환 | 오늘까지 6차 교섭을 진행한 상황인데, 4차 교섭까지 회사가 교섭안에 대한 입장을 내놓는 게 아무것도 없어요. 이번에 임금 11만 원 인상을 요구했어요. 11만 원이라고 하니 무리한 요구 아니냐고 볼 수 있겠죠. 하지만 전혀 무리한 요구가 아니에요. 작년에 교섭해서 오른 임금 총액이 88만 원이었어요. 4대보험이랑 이런 거 빼고 나면 한 달에 80만 원 정도 가져가는 거예요. 거기서 11만 원 인상한다고 해야 99만 원. 100만 원도 안 돼요. 이웃에 덕성여대에서 일하는 분은 103만 원 정도 받아요. 이번에 11만 원 올라도 덕성여대에서 같은 일을 하시는 분들보다 적은 액수예요. 용역회사는 학교에서 용역비를 작게 받았으니까 그렇게 주면 우리 망한다, 이리 핑계나 대며 회사 입장을 정확히 내놓지 않고 질질 끌어요. 5차 교섭 때는 교섭 담당자가 신종 플루로 몸이 아프다고 일방적으로 교섭에 나오지도 않는 거예

요. 그래서 조합원들이 사무실로 가봤더니 아프다던 교섭 담당자가 그날 출근을 했더라고요. 교섭 의지가 없는 거죠. 거기다 그 하루 전날에 나이가 많다는 이유로 몇몇 조합원에게 해고 통보를 했어요.

이미숙 | 교섭 의지가 없는 거네요.

김태환 | 맞아요. 교섭은 대충해도 된다고 생각하고 있는 거예요. 조합원들이 작년처럼 투쟁은 안 할 것이다. 회사는 그런 믿음이 있었던 거예요. 그래서 조합원들이 그날 사무실로 쳐들어가서 합의서를 받아냈어요. 꼭 싸워야 한 발자국이라도 나갈 수 있는 거예요. 그래서 일단 해고 통보를 날린 것은 정식으로 사과하겠다, 단체협약 이행하겠다, 그리고 나머지 약간의 개선 요구도 합의서로 일단 받아냈어요. 다만 임금 협의 부문에 대해서는 미합의 사항으로 남긴 건데 이건 교섭을 계속해야 되고요.

오도엽 | 그래도 한번 사무실 쳐들어가 합의서를 받았으니 다행이네요.

김태환 | 아니죠. 제가 회사는 약속이 뭔지를 모르는 사람들이라고 했잖아요. 당연히 합의서 약속을 지킬 까닭이 없죠. 용역회사는 약속을 지키는 게 뭔지를 모르니까. 약속을 어긴 주제에 더 세게 나오는 거예요. 현장 관리소장이 뭐라 한 줄 아세요? 합의서는 잘 모르겠고 법대로 하라, 그리고 사무실 들어온 날 일하지 않은 거, 임금에서 깎든지 시말서를 쓰던지 알아서 해라, 이런 식으로 합의서는 무시하고 협박을 하며 나오는 거예요.

오도엽 | 예순이 넘으신 성신여대 청소용역 노동자들이 다시 분노하시는 모습이 보지 않아도 눈에 선하게 그려집니다. 엘카 코리아는

단체협약을 체결하고 나서 요즘 어떤지요?

 **이미숙** | 일단 조합원 복지가 많이 좋아졌어요. 조합원들이 진짜 좋아하는 것은 복지보다 우리(노동자)의 목소리를 낼 수 있는 공간이 있다는 거예요. 왜냐면 노동조합이 없을 때는 시키면 시키는 대로 할 수밖에 없었잖아요. 이제는 이거는 싫다, 아니다, 라고 할 수 있는 자기 주장이 노동조합을 통해서 나가니까 그러는 걸 많이 좋아하죠. 사람답게 일할 수 있다는 거.

오도엽 | 엘카 코리아 경영진은 노동조합에 대한 생각이 합리적인 것 같은데요.

이미숙 | 그런가요? (웃음) 저희가 미국 자본이고 또 우리보다 앞서 노동조합을 만든 화장품 업체가 프랑스 자본이거든요. 프랑스가 훨씬 더 관대하잖아요. 그곳이랑 비교하면은 엘카는 꽉 막힌 거 같아요. 물론 다른 투쟁사업장에 비교하면 합리적이라고 볼 수 있지만 꼭 그렇지만은 않아요. 미국 본사 핑계를 많이 대요. 본사 때문에 못해준다. 저희가 뭐 글로벌 기업이잖아요. 전 세계 엘카 사업장 가운데 우리나라에만 노동조합이 있대요. 그래서 본사에서도 노동조합을 이해하지 못하는 거죠. 미국계 자본이라 더 심해요. 우리 한국지사에서만 해결할 일이 아니라 뉴욕에도 허락을 받아야 하는 문제라며 핑계를 많이 대는 것 같아요.

오도엽 | 죄송합니다. 주변의 사업장들이 워낙 무식하게 노동조합을 탄압하다 보니까 합리적이라고 그랬습니다. 김태환 조직부장은 주로 나이든 여성노동자들을 많이 만나죠? 같은 조끼를 입은 노동자이지만 서로 어머니처럼 느껴지지요?

김태환 | 네, 그런 느낌이 들 때가 많죠. 제가 현장을 찾아가면 조합원들이 제일 열심히 챙겨주는 것이 밥이에요.

이미숙 | 밥심으로 일하고 밥심으로 투쟁하잖아요.

김태환 | 맞아요. 고려대를 가나 성신여대를 가나 제가 가자마자 챙겨주는 게 식사지요. 제가 며칠 전 일요일이 생일이었어요. 저는 생일이고 뭐고 아무 생각도 없었어요. 무슨 내 주제에 생일이냐, 그러고 있었는데 지부에 무슨 토론회가 있다고 그래서 갔어요. 그 자리에 조합원들이 케익이랑 이런 걸 사 놓은 거예요. 아무한테도 생일 이야기 안 했는데……. 되게 감동적이었죠. 그다음 날 아침에 현장에 가니 미역국도 해주셨어요.

오도엽 | 지저분하고 남들 손대기 힘든 곳만을 찾아다니며 주름진 얼굴의 여성노동자들이 일하는 모습을 볼 때 참 가슴이 아팠습니다. 성신여대 취재를 하고 난 뒤에 화장실에 갈 때마다 조심하며 일을 봅니다.

김태환 | 저도 처음에 안쓰럽다는 생각이 들었어요. 힘들게 일하는 모습을 보면 "아, 이거 제가 하겠다" 요렇게 이야기하고 그런 적도 있어요. 근데 조합원들 입장에서 좋게 느껴지지 않는 것 같다는 생각이 들었어요. 왜냐면 청소용역 하시는 분들, 특히 오래하시는 분 같은 경우에는 이게 더럽든 힘들든 '우리의 일이다' 라는 의식이 강해요. 직업에 대한 나름 프라이드도 있는 거죠. 그렇다 보니 자신의 일에 대한 책임감이나 자부심 때문에 새벽 6시 30분이 출근 시간인데 그 전에 출근을 해서 일을 하기도 하죠. 물론 이리 일찍 출근하는 것도 문제지만요. 아무튼 '청소로 내가 인정받는다' 그런 생각들이 강하세요.

오도엽 | 맞네요. 일에 대한 사명감이 없었다면 지난해 시멘트 바닥

에서 철야를 하며 일터를 되찾으려고 싸우지도 않았겠죠. 저는 주로 조선소라든지 중공업 노동자들과 공장 생활을 하다 보니, 백화점에서 곱게 화장을 하고 일하시는 이미숙 위원장님이 노동조합을 한다는 게 잘 적응이 되지 않았습니다.

이미숙 | 저도 놀랐죠. 노동조합이 뭔지 모르고 살아왔으니. 노동조합을 하며 생활 전체가 바뀌었다고 생각돼요. 매니저로 화장품 판매를 하면서 그것만이 내 천직인 줄 알았는데, 어느 순간 완전히 다른 일을 하고 있는 거잖아요. "아, 이런 일을 한 사람도 있구나!" 라는 생각이 들었어요.

김태환 | 백화점에 숱한 매장이 있는데 대부분이 노동조합이 없잖아요. 다른 매장 노동자들이 엘카를 보며 많이 부러워하겠어요?

이미숙 | 부러워해요. 아주 많이 부러워해요.

김태환 | 참, 그래서 재미있는 일이 있어요. 저희 서울 북부 쪽에 대학이 많잖아요. 근처에 한성대나 다른 데에 일하던 분들이 "노동조합이 있는 학교에서 청소 일을 하고 싶다" 이런 이야기를 많이 하세요. 청소하는 분들도 그런 부러움이 있죠.

이미숙 | 저희도 그래요. 저희 회사에서 근무하다가 퇴사하셨던 분 있었거든요. 퇴사를 하고 나서 사정상 다시 저희 회사에 취직했어요. 다시 입사해서 뭐라 한 줄 아세요? "노동조합 때문에 다시 들어왔다" 그래요. "노동조합이 생겨 좋아졌으니까, 다시 일하고 싶어서 왔다"며 노동조합에 가입했어요.

오도엽 | 이야기를 듣다 보니 노동조합이 얼마나 소중한지를 알 수 있겠네요. 먹고 살려니 어쩔 수 없이 시곗바늘 움직이듯이 출퇴근 하던 노동자들에게 자신의 목소리를 낼 수 있는 일터, 기쁨과 행복을 줄

수 있는 일터가 있으니 얼마나 행복하겠습니까.

김태환 | 저는 노동조합 활동을 하면서 참 많은 사람들을 만났어요. 청소하시는 분, 중고등학교 비정규직들, 보육교사, 충무아트홀에서 예술하시는 분. 다양한 직종에 있는 사람들이 각각 다른 현장에서 다른 고민들과 다른 생각들을 하고 살아가요. 그거를 조금씩 알게 되는 것들. 그게 내 삶에 가장 큰 변화인 거 같아요. 이분들과 함께하면서 세상을 배워가는 거죠. 아 참, 엘카 코리아는 조합 가입률이 90%라고 했죠. 위원장님 조직하는 힘이 대단하시네요.

이미숙 | 제가 한 거는 아닌 것 같고요. (웃음) 저는 사실 처음에는 정말 (서비스)연맹에서 시키는 대로만 했기 때문에 제 역할은 하나도 없었던 거 같아요. 저희 조합원들 가슴에 울분이 많이 차 있었고 분노가 많이 있었기 때문에 다 같이 뭉칠 수 있었던 거 같아요. 제 역할은 뭐 없어요.

오도엽 | 겸손의 말씀으로 듣겠습니다. 요즘 신종 플루 이야기가 한창인데 현장에는 어떻습니까?

김태환 | 안타까운 점이 있어요. 신종 플루에 제일 취약한 계층들이 청소용역 노동자들이에요. 오물들을 만지고, 이런 일들이기 때문에 각종 질병에 노출되어 있잖아요. 일하다가 잠시 쉬는 휴게실 환경 같은 경우만 하더라도 남자 화장실 같은 데 널빤지 깔고 사용하기도 해요. 화장실에서 일하는 노동자가 쉬는 것도 화장실에서 쉬어야 하는 현실이죠.

오도엽 | 백화점에서 일하는 분들도 신종 플루 때문에 이야기들이 많은 것 같던데요? 해외에 나갔다 온 직원들은 열흘인가 쉬게 하고 무급 처리를 했다는 이야기도 들은 것 같습니다.

이미숙 | 저희는 그 정도는 아니에요. 회사에서 신종 플루 건으로 직원들한테 동의서를 받더라고요. 직원들을 해외에 보내주는 포상제도 같은 것이 있거든요. 거기 갔다가 신종 플루에 걸리면 '모든 책임은 본인이 진다' 라는 동의서를 받더라고요. 그래서 노동조합에서 당장 철회해라, 없애라 요구했어요. 노무관리자가 본인이 만든 게 아니고 다른 부서에서 썼기 때문에 몰랐다는 식으로 얼버무리면서 일단 마무리는 했어요. 신종 플루 걸리게 되면 회사에서 전적으로 책임지는 걸로 바꿔놨어요.

김태환 | 노동조합이 없었으면 그냥 동의서를 썼겠지요?

이미숙 | 그렇죠. 또 저희 노동자들이 의외로 착해서 회사에서 시키면 시키는 대로 다 하잖아요. 그래서 "여기다 사인해", 그러면 진짜 사인해요. 읽어봐도 이게 나한테 불리한 건지, 유리한 건지 모르면서도 일단 사인하라고 하면 사인 먼저 하는 스타일이거든요. 그래서 조합원들한테 사인은 절대 안 된다고 교육하죠.

김태환 | 성신여대 같은 경우에는 이번에 합의서를 쓸 때, 신종 플루에 관한 대책을 좀 진지하게 만드는 게 필요하다고 제기했어요. 그런데 막상 회사의 신종 플루 대책이라는 게 뭐냐면, '조합원들 스스로 책임지라' 는 거예요. 회사에서 이렇게 안전 지침을 내렸으니, 이거 안 지켜서 신종 플루 걸리면 너희 책임이다. 이래요.

오도엽 | 좀 엉뚱한 질문인지 모르겠습니다. 노동조합 이래서 좋다, 라고 들려주실 말 없으신가요?

이미숙 | 저도 엉뚱한 답변하죠. 저도 마찬가지지만 노동조합을 잘 몰랐고요, 아직도 모르시는 분들이 더 많잖아요. 노동조합이 어떤 역할을 하는지를. 그래서 노동조합의 편견을 먼저 깨주는 게 좋고 특히

나 민주노총에 대한 편견이 많이 있잖아요. 잘못된 언론 때문에 '민주노총은 맨날 싸움만 하고 파업만 한다' 결코 그런 게 아니라는 거를 좀 널리 알려줬으면 좋겠어요.

김태환 | 맞아요. 노동조합이 있고 없고는 사람답게 일하느냐, 짐승처럼 일하느냐의 차이예요. 청소용역 노동자 같은 경우에는 사실 확연하게 차이가 나요. 노조가 없는 사업장 같은 경우에는 기본적으로 체불임금이 다 있어요. 또 최저임금 이하로 급여를 받는 게 기본이에요. 실제 근무하는 시간 자체가 근로계약서의 시간보다 훨씬 길어요. 그리고 뭣보다 중요한 것은 인격적인 대우인 거 같아요. 청소하는 분들은 여성이고, 고령이고, 저학력이라는 보통 삼중고를 가지고 있어요. 요걸 얕잡아서 관리소장이 됐건 누가 됐든 간에 와가지고 정말 사람을 무시를 해요. 이런 경우는 노조가 있으면 그나마 최소한은 막을 수 있어요.

이미숙 | 노동조합이 있고 없고는 천국과 지옥의 차이인 것 같아요.

김태환 | 덕성여대의 경우 노조가 없었을 때, 노동자들을 군대의 군인처럼 다뤘어요. 차렷 자세 시키고 욕설하고. 심지어 나이가 많아도 여성노동자들인데, 차마 입에 담을 수 없는 그런 성적 폭언들을 했어요. 거기에 대해서 항의하거나 조금이라도 문제가 있으면, 관리소장 직권으로서 "너 나가라! 해고다!" 그러면 끝인 거. 청소용역 노동자들이 노동조합을 만든다는 것은, 그 나마의 최소한의 기준들을 지키게 하는 일이죠. 그것만으로도 정말 큰 의미를 가지고 있는 거죠. 그래서 저는 지금 다양한 학교에서 청소하는 분들이 노동조합을 만드는 게 좋을 것 같다고 생각돼요.

오도엽 | 김태환 조직부장은 미혼이시죠? 현장에 가면 중매하겠다

고 하지 않나요?

김태환 | 그게 안타까워요. "아이고, 우리 딸이 있는데" 처음에 이리 말하시다가 두 번째 만나면 그 이야기가 쏙 들어가요. "(노동운동만 하고 다니면) 엄마가 걱정 안 하냐?" (웃음) 그것도 사실인 거고. (모두 웃음)

오도엽 | 위원장님 아들이 이젠 고등학교에 들어갔겠네요. 아들이 엄마가 노동조합 위원장을 하는 걸 어떻게 생각하나요?

이미숙 | 아, 제가 아들한테 (노동조합) 교육을 많이 시킨 관계로……. 그래서 아들이 그냥 (엄마를) 자랑스러워하는 것 같아요. '아, 우리 엄마가 회사 노동자들을 대표해서 좋은 일을 하는 구나.' 아들이 '우리 엄마 좀 위대한 사람이다'라고 생각하는 것 같아요.

오도엽 | 벌써 시간이 훌쩍 흘렀네요. 인터뷰 기사가 나가고 나서 많은 분들이 요즘은 어떻게 계신지 궁금해합니다. 마지막으로 정리하는 말씀을 해주세요.

이미숙 | 궁금하셨던 게 잘 풀렸는지는 모르겠네요. 어째든 잘 지내고 있다는 말씀과 더불어 노동조합이 있기에 노동자들이 행복하고 사람답게 살 수 있다는 말을 전하고 싶네요.

김태환 | 성신여대 현장의 조합원 분들이 오시려고 했던 자린데 교섭 일정 때문에 제가 와서 현장의 목소리를 제대로 전달하지 못했을 거라는 생각이 들어서 약간 죄송하네요. 저는 앞으로도 현장에 계신 분들이 좀 더 희망을 가질 수 있도록 노력하겠습니다. 이 글을 읽고 청소용역이 됐건 아니면 학교가 됐건 어디가 됐건 비정규직 노동자들의 문제들, 그리고 현실에서 느껴지는 다양한 고통들, 이것을 함께 나눌 수 있을 때 희망이 발견되지 않을까, 생각이 듭니다.

3부
허공에 뜬
사람들

기타 노동자에게
밥과 장미를

통기타 한 대만 있으면 부러울 게 없었던 시절. 산을 가든 바다를 가든 강가를 가든 기타 한 대면 충분했던 시절을 아십니까? 모닥불을 피우고 노래를 부르고 춤을 추고……, 통기타가 젊음이자 낭만의 상징이었던 시절.

80년대 중반에 군사정권은 옛 서울대 자리, 동숭동 마로니에 공원 옆 찻길을 대학로라 부르고 주말에는 차를 다니지 못하게 했습니다. 대학생들보고 대학로에 나와 낭만을 즐기라는 배려(?)였지요. 당시 대학생들은 대학로에서 낭만을 찾기에는 양심이 허락하지 않았습니다. 광주라는, 군사정권이라는 무거운 과제가 어깨를 억눌렀습니다.

대학생이 없는 대학로에 혜화동을 중심으로 펼쳐 있는 여러 고등학교의 학생들이 몰려나와 거리를 채웠지요. 대학로는 끼 있는 고등학생들의 공연장 노릇을 했습니다. 통기타를 치는 친구들의 인기는 단연

으뜸이었지요. 지나가는 여고생들의 발길이 저절로 멈췄어요. 70명이 왁자지껄 떠들던 교실과 바늘 하나 파고들 틈 없는 만원 버스에 시달리며 하루하루를 살던 고교시절, 소리보다는 소음에 익숙했던 내게, 대학로에서 만난 손가락이 유난히 희고 길던 한 고등학생의 손으로 울려주던 통기타 소리는 새로운 충격이었지요. 그때 기타에 새겨진 'Cort'라는 글자를 처음 만났습니다. 내 기억에 콜트는 소리를 깨우쳐준 아름다운 울림이었지요.

그 아름다운 이름을 20년이 훌쩍 넘어 우연찮게 다시 만납니다. 설 연휴를 하루 앞둔 날, 서울남부시외버스터미널로 갑니다. 이름도 낯선 도시 '계룡'은 대전과 공주, 논산 사이에 끼여 있습니다. 경부고속도로를 타고 가다 대전 시내를 동쪽으로 품고 돌면 계룡시가 나옵니다. 톨게이트로 접어들면 두마면 왕대리 공업단지가 보이고, 'Cort'라고 유달리 크고 붉은 글씨로 쓰인 공장이 있습니다. 오늘 찾아가는 곳입니다.

톨게이트를 빠져나온 시외버스는 눈앞의 목적지를 모른 체하고 계속 달립니다. 계룡 시내를 지나고도 한참이나 더 가서 신도안이라는 마을의 아파트 단지 주차장에 멈춥니다. 버스에서 내리자 전화기가 울립니다. 우미자 씨입니다.

"지금 가고 있으니 잠깐만 기다리고 계세요."

생머리를 한 올도 삐져나오지 않게 가지런히 빗어 넘겨 고무줄로 질끈 동여맨, 그래서 이마가 더욱 야무져 보이는 우미자 씨가 10여 분 기다리니 도착합니다. 지천명을 맞은 우미자 씨는 올해로 14년째 콜텍을 다니고 있습니다. 그의 차를 타고 오던 길을 되밟으며 공장으로 갑니다.

우미자 씨의 고향은 저 멀리 경남 삼천포입니다. 그 시절이 그랬듯 우미자 씨도 남자 형제들의 공부를 위해 중학교만 다닙니다.

동네 언니들이 도시로 돈 벌러 나간대요. 그래서 명절 때 시골에 오면은 옷도 예쁜 것 입고, 구두도 높은 것 신고 와요. 도시에 가면 그렇게 돈 버는 줄 알았어요. 중학교를 마치고 집에서 1년 놀다가 아는 언니를 통해서 마산에 왔어요. 60년대에 마산에 수출자유지역이 생겼잖아요. 이곳에 있는 공장에 들어가면 다른 곳보다 월급도 많고, 산업체 학교를 다니며 공부도 할 수 있다고 그랬어요. 그래서 마산에 왔는데 나이가 어려서 수출자유공단에는 취직을 할 수가 없대요. 처음에 개인 일하는 데 들어갔는데 너무 힘든 거예요. 출퇴근할 때 학생들을 만나잖아요. 저는 공장을 가고, 제 나이 또래 애들은 학교에 가고……. 너무너무 부러워가지고 학교를 가야 되겠다, 그렇게 생각하고 했는데, 그다음 해에 자유지역에 들어갔어요. 회사에서 산업체 특별학급 신청을 했어요. 그래서 운 좋게도 2년 뒤에 학교를 간 거죠. 거기서 산업체 학교를 다녔고요. 고등학교를 마치니 내 나이가 스물둘이에요. –우미자 씨

우미자 씨는 진해에서 직업군인으로 일하던 남편을 만나 결혼합니다. 남편은 제대를 하고 사업을 했는데 불행히도 빚만 진 채 사업을 접습니다. 남편이 새로운 직장을 찾아 옮겨온 곳이 이곳 계룡입니다. 남편이 직장을 다시 얻었다지만 사업으로 진 빚이 고스란히 남아 있고, 아이들은 한창 커갈 때입니다. 우미자 씨도 무슨 일이든 해야 할 처지. 그의 나이 서른다섯에 콜텍과 인연을 맺습니다.

콜텍에 들어가니까 제가 처녀 적 일했던 공장과는 영 딴판이에요. 92년도 콜텍에 들어갔을 때는 제가 젤 나이가 적었어요. 서른다섯에 들어갔거든요. 근데 8시 반에 일을 해야 하는데 7시 20분만 되면 회사에 다 와요. 오자마자 막 일을 시작해요. 다 이렇게 하나 보다. 그게 언니들이 처음부터 그렇게 하니까, 저도 습관이 돼서 몸이 부서지는 줄 모르고 일만 했어요. 이 시간에 일한 것은 월급에 포함되지 않아요. 아침만 그런 게 아니에요. 퇴근시간도 마찬가지죠. 계획된 생산 물량이 나오지 않으면 목표량이 나올 때까지 30분이고 한 시간이고 더 일을 해요. 잔업수당? 물론 없어요.

(자신의 오른손 손목을 보여주며) 그래서 저도 여기 삐져나온 것 있잖아요. 일을 안 하니까 좀 줄어들었어요. 관절이, (나무를 파내는 시늉을 하며) 이걸 많이 했거든요. 톱질 칼로 가지고 이렇게 나무를 따내는 그런 일을 했기 때문에 관절을 너무 많이 써가지고 여기 관절 안에서 액이 나오고 그래요. 이걸(액을) 빼내도 계속 나오고, 욱신거리고 아파요. -우미자 씨

콜트 악기를 만드는 노동자들의 건강 상태를 조사한 자료가 있습니다. 설문조사 결과를 보면 '근골격계 질환 40%, 유기용제 노출로 인한 직업병 의심 59%, 기관지천식 36%, 만성 기관지염 40%'로 나타납니다.

월급이요? 똑같은 일을 해도 누구는 1000원을 올려주고 누구는 500원을 올려주고 그래요. 마음에 드는 사람 골라 제멋대로 임금을 조정하고, 임금 인상되면 옆 사람에게 말하지 마라 그래요. 팀별로 조

회를 서잖아요. 꼭 말끝에 입조심해라, 말조심해라 그런 거 되게 많이 시켰어요. 동료들끼리 서로 시기 질투하고 일할 수밖에 없었어요. 아침에 출근해서 즐겁게 웃으면서 일을 해야 하는데 서로 감정적으로……. 그런 분위기였어요. 진짜 생지옥이었죠. -우미자 씨

우미자 씨의 이야기를 듣는 사이 차가 정문에 들어섭니다. 드럼통을 쪼개어 만든 난로에 장작이 타고 있습니다. 공장 주차장 안쪽에는 엔진 톱이 웅웅 돌아가고 도끼질이 한창입니다. 산에 쓰러진 나무를 끌어다 모아 장작을 팹니다.

"뭐 하시는 거예요?"

"설 준비유."

"공장에서 장작불 피워 고깃국을 고을 것도 아닌데, 웬 나무를 이리 많이……?"

"설 연휴 공장을 지키려면 이 정도는 해야 돼유. 많아 보여도 불 피우면 금방이에유."

도끼를 어깨 너머로 올렸다 내리칩니다. 옹이가 이곳저곳에 박혀 좀체 쪼개지지 않습니다.

"설에도 공장에 있습니까?"

"지켜야지유. 조를 나눠 공장을 지키기로 했어유."

"설 쇠러 가지 않으세요?"

"설이유? 돈이 있어야……."

씁쓰름하게 웃으며 말을 흐립니다. 공장 앞에 세워진 푸른 농성 천막 위에 빨랫줄로 칭칭 감아 덮어둔 비닐이 바람에 후드득 소리를 내며 요란스럽게 들썩입니다. 천막 앞에는 과일이 담긴 선물 상자가 쌓

여 있습니다.

"지역의 동지들이 설에 가져가라고 보내온 거예요. 빈손으로 명절을 보내나 했는데……, 너무 고마워요."

조합원들과 식당에 올라가니 주방에서 김이 모락모락 납니다. 분홍빛 앞치마를 두른 식사 당번들이 떡국을 끓이느라 바쁩니다. 난로 곁에 자리를 잡고 설을 맞이하는 마음을 묻습니다.

"돈도 없고 길도 멀어 그냥 집에서 보낼 거예요."

단순히 돈만이 아닙니다. 언제 끝날지 모르는 싸움이기에 설을 맞이하는 마음이 더욱 무겁습니다.

"아예 명절이 없으면 좋겠어요."

이들은 왜 생산이 멈춘 공장에서 설을 맞이할까요? 무엇을 위해 싸우는 걸까요?

콜트는 기타를 전문으로 생산합니다. 세계 기타 시장의 30%를 차지하고 있습니다. 인천 부평에는 전자(일렉트릭)기타를 생산하는 '콜트악기'가 있고, 계룡시에는 통(어쿠스틱)기타를 전문으로 생산하는 '콜텍'이 있습니다. 1995년에는 인도네시아에, 1999년에는 중국에 해외 공장을 세웁니다.

콜트의 주식은 박영호 회장이 100% 가지고 있습니다. 박영호 회장은 1973년 서울 성수동에서 자본금 200만 원으로 사업을 시작합니다. 30년이 지난 현재, 박영호 회장은 1000억대의 재산가로 한국의 부자 순위 120위에 올라 있습니다. 그는 성공한 사업가의 신화를 만들고 있습니다. 박영호 회장은 한국의 자랑일지 모릅니다.

박영호 회장에게는 또 다른 자랑이 있습니다. 공장 2층에는 식당과 나란히 직원 휴게실이 있습니다. 휴게실에 있는 칸막이를 옆으로 밀

치면 붉은빛 드럼이 중앙을 차지하고 있는 무대가 나옵니다. 아주 이색적입니다. 박영호 회장은 직원들과 함께 이곳에서 밴드 연주를 듣는 걸 좋아합니다. 연주를 들으며 직원들과 '우리는 가족'임을 강조하고, '콜텍공장에만 오면 기분이 좋다'며 연거푸 건배를 외칩니다. 물론 2006년 4월 노동조합이 만들어지기 전까지의 이야기입니다.

박영호 회장은 노동조합에 대해 선천적으로 거부 증상이 있는지 모릅니다. 1988년 부평의 콜트악기에 노동조합이 생기자 박 회장은 아예 발길을 끊었다고 합니다. 반면 계룡시에 있는 콜텍에는 한 달에 서너 차례씩 찾아옵니다. 하지만 콜텍에도 노동조합이 생기자 발길을 뚝 끊습니다. 그 좋아하던 밴드 연주도 들으러 오지 않습니다.

수출에 주력하던 콜텍은 IMF 시절에 환차익으로 막대한 이익을 남깁니다. 그 돈으로 해외 공장을 확장하여 생산량을 늘립니다. 반면에 국내에서는 구조조정에 들어갑니다.

금속노조 콜텍지회 이인근 지회장은 말합니다.

수출에 주력했거든요. IMF 때가 기회였죠. 수출을 하니 달러를 벌어들이잖아요. 막대한 환차익을 남겼어요. 우리가 벌어들인 돈으로 중국에 어마어마한 공장을 지었어요. 중국 생산량도 늘리고요. 반면에 국내에서는 구조조정에 들어갔어요. 중국인을 콜텍공장에 산업연수생이라고 불러들여 기술을 가르치더니, 다시 중국공장으로 보내 생산라인에 투입했어요. 중국공장을 확대하며 콜텍공장 생산량을 줄이고 강제 사직을 강요하기 시작했어요. 값싼 인건비로 중국공장에서 생산한 기타를 국내로 들여와 조립만 해 '메이드 인 코리아'로 브랜드 가치를 높여 더 많은 이윤을 얻겠다는 속셈이지요. 30년간 'Cort'

의 명성을 위해 애쓴 국내 노동자의 땀은 철저히 무시하고요. –이인근 씨

2005년에 나이가 많은 순으로 열 명에게 강제로 사직서를 쓰게 합니다. 노동법이 뭔지도 몰랐던 이들은 사직서를 쓸 테니 위로금이라도 달라고 사정합니다. 회사는 위로금은 단 한 푼도 줄 수 없고, 고용보험을 받게 선처(?)를 해줄 테니 사직서를 쓰라고 강요합니다. 회사가 서류를 만들어주지 않으면 강제 사직을 당해도 실업급여를 받지 못하는 것으로 안 노동자들은 실업급여나마 받으려고 사직서를 쓰고 회사를 떠납니다. 곧이어 2차 강제 사직 대상자 이름이 돕니다.

언니 한 분이 자살을 했어요. 은행에서 관리자를 만났는데 인사를 안 했대요. 그 이유 하나만으로 그 언니한테 막무가내로 너무 함부로 하는 거예요. 일을 너무도 잘하고 꼼꼼한 언니예요. 그런데도 뭐 일을 이렇게 했어, 이러며 소리를 지르고 급기야는 그 언니를 다른 데로 배치전환을 시켰어요. 또 마음에 안 든다고 다른 데로 또 배치전환 시키고 이런 식으로 계속하다가……. 너무 힘드니까 언니가 만날 울고 했는데 인제 어쩔 수 없는 상황에서 못 이겨서 나갔어요. 언니가 퇴사를 했어요. 그때 언니가 집에 있으면서……. 만약에 회사에 있었으면 죽지는 않았을 거예요. 공장 그만둔 지 얼마 되지 않아서 그 언니가 저 (공장) 뒷산에서 콜트 조끼를 입고……. 이 조끼를 입고……. 이것을 입고 목을 매서 자살을 했어요. 이 조끼, 콜트라고 적혀 있는…….

–우미자 씨

콜텍 노동자들은 2006년 4월에 노동조합을 만들고 노동법을 배웁

니다. 그제야 자신들이 얼마나 자신의 권리도 모른 채 노예처럼 공장 생활을 했는지를 알게 되지요.

농성 천막 안에서 손뜨개질을 하는 최명희 씨의 이야기를 듣습니다. 그는 정신질환으로 치료를 받고 있습니다. 콜텍이 안겨준 유일한 선물(?)입니다.

어느 날은 점심시간에 무엇을 잘못 먹었는지 배가 아파 뛰어서 화장실에 갔어요. 배 아픈 게 좀 가라앉았지만 볼일은 못 봤고, 화장실에 오래 있을 수도 없어 일하는 작업장에 돌아왔어요. 다시 배가 뒤틀려 화장실로 뛰어가 설사를 하고 나왔더니 중간관리자가 사람들 있는 데서 큰 소리로 불러 화장실 자주 다닌다고 혼난 적도 있어요. 작업시간에도 옆 사람 쳐다볼 시간이 없어. 공책을 하나씩 나눠주면서 시간마다 자신의 작업량을 체크하면서 일했어요. 첨에 입사해서는 너무 힘들어서 세 번이나 응급실에 실려 갔는데 공장에 빠지면 잘릴까봐 병원에서 입원을 하라고 해도 뿌리치고 새벽에 응급실에서 출근한 적도 있었어요. 결국은 쓰러져 병원에 입원했었어요. -최명희 씨

냄새나는 마스크로 일주일을 버팁니다. 하루 목표량을 채우려고 수당도 없는 잔업을 합니다. '그저 아침에 눈을 뜨면 피곤한 육체를 일으켜 세워, 들어가지 않는 밥 한 술 뜨고 또다시 삶의 현장으로 들어가 주어진 일을 하며 오로지 회사의 발전을 생각하며 일하고 또 일'한 콜텍 노동자에게 돌아온 것은 공장 휴업 조치와 폐업입니다.

콜텍은 2007년 4월 9일 휴업 신청을 하고, 휴업 3개월 뒤인 7월에 폐업 신청을 합니다. 노동조합이 만들어진 지 1년 만에 박영호 회

장은 공장 정문에 쇠사슬을 걸어 잠그고 조합원들을 거리로 쫓아냅니다.

배치전환은 단순히 작업 공정을 옮기는 것이 아니에요. 그 사람이 밉기 때문에 옮기게 하는 거거든요. 돌림빵이라고 했어요. 이리저리 어려운 데만 돌려요. 그러니까 공장장한테 잘 보여야 해요. 팀장한테도 잘 보여야 해요. -우미자 씨

배치전환은 노사협의 사항입니다. 회사는 지난 2006년 12월 말에 배치전환을 일방적으로 시행하여 노동조합과 갈등을 만듭니다. 노동조합은 대화를 통해 해결하자고 요구하지만 회사는 법도 원칙도 없이 배치전환을 강행합니다.

솔직히 노동조합 만들려고 공장에 온 거 아니잖아요. 회사에 돈 벌러 왔지. 배치전환, 그 문제도 어떻게 대립이 됐냐면, 우리는 배치전환 문제를 노동조합과 같이 합의하면 만약에 조합원들이 (합의 사항을) 안 따른다고 하면 조합 간부들이 열 몇 명이니까 우리 간부들이라도 그곳에 가서 일하겠다, 그런 생각을 가지고 있다, 합의해서 하자고 했어요. -우미자 씨

콜텍 노동자들은 300일을 작업장이 아닌 천막에서 보냅니다. 노동이 아닌 농성을 하며 추석을 보내야 했고 이제는 설을 맞이합니다.
'질긴 놈이 이긴다'는 구호가 있습니다. 인터뷰를 하다 보면 '끝까지 싸울 겁니다'라는 말을 자주 듣습니다. '100일은 농성도 아닙니

다. 싸웠다 하면 300일, 500일 아닙니까?' 이 말을 들을 때마다 가슴이 섬뜩합니다. 한 달을 벌어 한 달을 겨우 살아야 하는 노동자에게 '단 하루의 실업'도 목숨과 생계가 오가기 때문입니다.

지방노동위원회에서는 콜텍 노동자의 손을 들어줍니다. 놀음판도 아닌데 밑천이 두둑한 회장님(?)은 '갈 데까지 가보자'는 식으로 행정기관의 판결을 무시하고 닫은 공장 문을 열지 않습니다. 하루가 천 날 같은 노동자는 중앙노동위원회에서 승소해도 대법원까지 가야 하는 기나긴 시간이 앞에 가로놓입니다. 별 수 없이 밑천이 없는 노동자는 생명을 걸어야 합니다.

콜트악기 이동호 조합원은 부당한 정리해고에 맞서 천막농성을 하다 지난해 12월 자신의 몸에 기름을 붓고 불을 긋습니다. 다행히 목숨은 건졌지만 타버린 살이 돋아나고 막혀버린 땀샘이 돌아올 날은 멀기만 합니다.

부당한 정리해고, 부당한 휴·폐업이라는 행정기관의 판결은 노동자에게는 무용지물이 된 지 오랩니다. 약자와 정의를 위해 만들어진 법은 대법원 판결이 날 때까지 눈물과 배고픔으로 긴 세월을 버텨야 하는 '질긴 놈이 이기는 법'이 되고 맙니다.

농성이 길어지면서 아픈 사람이 생깁니다. 정신과 치료를 받는 사람도 있습니다. 주말에는 아르바이트 자리를 찾아 헤맵니다. 아이들은 학원을 그만두었고, 부부싸움이 잦아집니다.

설을 앞둔 농성장. 웃으며 떡국을 끓이고, 도끼로 나무를 패고 있지만 가슴이 끓고 심장이 패어 나가는 심정일 겁니다. 슬쩍 건들기만 해도 울화가 터져 나오고 눈물이 쏟아집니다.

휴업 공고가 정문에 붙은 날 모인 49명 가운데 5명을 뺀 44명의 조합원이 300일이 지난 오늘까지 함께하고 있습니다.

기타를 치는 사람은 'Cort' 가방만 들고 다녀도 어깨가 으쓱해진다고 합니다. 44명의 조합원은 'Cort' 작업복을 입고 일할 날을 '질기게' 기다리고 있습니다.

장작을 패던 조합원들이 식당에 들어섭니다. 김치 사발을 가운데 두고 김이 모락모락 나는 떡국을 한 그릇씩 들고 와 먹습니다. 아무도 말이 없습니다. 숟가락 소리만 기계가 멈춘 공장을 맴돕니다.

회사가 인정하지 않으면
실업급여 못 받나요?

노동자를 취재하다 보면 실업급여 신청이 노동자의 당연한 권리인데, 사업주의 배려로 생각하는 사람들이 너무 많았습니다. 그래서 실업급여를 어떻게 받는지 잠깐 설명합니다.

실업급여는 실직을 했을 때 실직자와 그 가족의 생활 안정 그리고 원할한 구직 활동을 위해 고용보험법에 따라 지급하는 것입니다. 전직 등을 위해 스스로 퇴직한 경우에는 받지 못하지만 다음과 같은 사유였다면 받을 수 있지요. 근로조건이 채용 뒤에 낮아지게 된 경우나 임금체불, 최저임금 미달과 같은 사유가 1년 이내에 2개월 이상 반복될 경우. 종교, 성별, 신체장애, 노동조합 활동 등의 이유로 불합리한 차별대우를 받은 경우. 성희롱, 성폭력과 같은 성적인 괴롭힘을 당한 경우. 도산이나 폐업이 확실하거나 대량감원이 예정된 경우. 사업장이 이전을 해서, 배우자나 부양해야 할 친족과의 동거를 위해 이사를 해서 통근이 어려운 경우에도 받을 수 있답니다. 실업급여 꼭 받으세요.

자동차 먹튀 공장

"열심히 일만 했죠. 근로자니까 열심히 회사 오가며 맡은 일 충실히 하면 되는 줄 알았는데⋯⋯."

쉰둘의 김미랑 씨는 큰 한숨을 몰아쉬며 눈시울을 붉힙니다. 김미랑 씨는 2002년 쌍용자동차 평택공장 도장라인에 비정규직으로 입사합니다. 입사 3년차인 2005년, 쌍용자동차가 중국의 국영기업 상하이차에 팔려 경영진이 바뀝니다. 공장이 술렁거리고 조업이 중단되고 때론 휴업에 들어가더라도, 김미랑 씨는 회사가 시키는 대로 묵묵히 일만 합니다. 상하이차가 쌍용자동차에 해마다 3000억 원씩 1조 2000억 원을 투자하고, 연간 30만 대의 생산을 유지한다고 비전을 발표했을 때는 경영진을 듬직이 생각하며 좀 더 신나는 일터가 되리라고 기대하지요.

김미랑 씨는 쌍용자동차 비정규직 노동자의 시급이 '법정 최저임

©정기훈

금 더하기 1원'이라는 사실에 불만이나 원망이 없습니다. 눈뜨면 출근할 회사가 있으니 마냥 행복합니다.

지난해 미국의 경제 위기로 시작된 세계경제 침체는 자동차 산업에 커다란 타격을 줍니다. 자동차 산업의 생명과 같은 신차 개발이 없었던 쌍용자동차는 그 충격이 더욱 큽니다. 5900억 원에 쌍용자동차를 인수한 상하이차는 약속과 달리 쌍용자동차에 10원짜리 한 푼 투자하지 않습니다.

구조조정을 해야 한다는 말이 나왔어요. 희생은 가장 힘든 일을 하고 가장 적은 임금을 받는 비정규직 노동자부터 시작되잖아요. 약하고 힘없는 사람부터요. 저희 라인에는 비정규직만 일했어요. 그런데 저희 라인으로 정규직 노동자들이 전환 배치되어 오자 저희들보고 희망퇴직을 하라는 거예요. 지금 희망퇴직을 하면 몇 푼 챙겨줄 건데 그러지 않으면 나중에 빈손으로 나갈 거라며 거의 협박에 가까워요. 아무도 희망퇴직을 원하지 않았어요. 그러니 한 사람씩 불러 퇴직을 강요하는 거예요. 희망퇴직서에 도장을 찍지 않으면 기약 없는 휴직이래요. 휴업이나 휴직이라면 시한이 있어야 하잖아요. 이건 무조건 일하지 말라는 말이에요. 그것도 사나흘 전에 사무실로 불러서요. 7년을 일했는데, 무슨 잘못을 한 적도 없는데 말이에요. –김미랑 씨

희망퇴직이 아니라 강제 사직이고, 휴업이 아니라 강제 해고와 다를 바 없는 일들이 쌍용자동차 비정규직 노동자들에게 일어납니다. 2008년 11월 9일, 쌍용자동차 640명의 비정규직 노동자 가운데 300명은 희망퇴직, 40명은 휴업이라는 명목으로 일자리를 잃습니다.

성실하게 아니 순진하게 일만 한 김미랑 씨는 상하이차 자본의 희생
자가 됩니다.

상하이차 자본은 쌍용차를 인수할 당시부터 먹고 튈 치밀한 계획을
세운 거죠. 정상적인 영업을 통해 수익을 창출하려는 뜻은 손톱만큼
도 없이 자동차 설계 기술과 숙련 인력을 빼내서 중국에서 자체 생산
하려고 한 거죠. -복기성 씨

쌍용자동차 비정규직 노동자인 복기성 씨는 상하이차는 '먹튀 자
본'이라고 주장합니다. 성장을 하던 쌍용자동차는 상하이차가 인수
한 뒤로 하락의 길로 들어섭니다. 2004년 SUV 부문 국내시장 점유율
27.3%이던 쌍용자동차는 2008년 3분기 15.3%로 급락합니다. 앞에
서 말했듯이 새로운 차를 개발하여 시장에 내놓지 못한 까닭에 시장
에서 도태된 거지요.
상하이차는 인수 직후부터 쌍용자동차 휘발유 엔진공장의 중국 이
전을 추진합니다. 기술 개발보다는 기술 유출에만 열성을 보입니다.
2005년 11월에 사장과 부사장이 바뀌었는데, 상하이차의 기술 유출
에 반대했기 때문이라는 말도 있습니다.
2008년 7월, 검찰은 쌍용자동차의 디젤하이브리드 기술의 중국 유
출 혐의로 쌍용자동차 기술연구소를 압수수색하며 수사에 들어갑니
다. 하지만 수사 결과 발표는 뒤로 미룹니다. 상하이차가 국영기업이
라 외교적 마찰을 감안해 검찰이 발표를 미루고 있다는 의혹이 불거
지지요. 디젤하이브리드 기술은 정부의 재정 지원을 받아 진행하던
우리나라의 중요하고 전략적인 국책 사업입니다. 학계에서는 상하이

차가 쌍용자동차를 인수한 뒤로 중국과 우리나라의 자동차 기술 격차가 4년에서 1년으로 단축되었다고 분석합니다.

비정규직을 거리로 내몬 쌍용자동차는 정규직에 대해서도 공격을 시작합니다. 2008년 12월 1일부터 직원들의 복지 혜택을 전면 중단합니다. 이어서 12월 17일부터 1월 4일까지 휴업을 하겠다고 일방적으로 통보합니다. 또한 강성 노조 때문에 상하이차에서 자금 지원을 하지 않는다며 노동자에게 책임을 뒤집어씌웁니다. 직원을 절반으로 줄이지 않으면 자본을 철수하겠다는 협박도 스스럼없이 하며 직원들의 12월 급여를 지불하지 않겠다고 되레 큰소리를 칩니다.

처음부터 쌍용자동차 기술 유출이 인수 목적이었으니, 이제 도망가겠다는 심보 아닙니까. 그 책임을 노동자에게 돌리면서 말이에요. 치밀하게 준비된 거죠. 상하이차 자본은 투자는커녕 쌍용차에 줘야 할 기술 이전료 1200억 원도 전혀 주지 않았어요. 그러다 연말에 600억인가를 보냈죠. 공장 옮기고, 쌍용에서 생산 중인 카이런 차를 거의 공짜로 가져가 중국에서 생산하고, 연구진 빼 가고, 거기에 국책 기술까지 도둑질해 갔으니 중국 자본에 우리나라 전체가 농락을 당한 거죠. 처음 상하이차 자본이 인수한다고 할 때부터 기술 유출 문제가 있다고 제기했는데 정부에서는 이를 막으려는 대책보다는 팔아먹는 데 앞장선 거예요. –복기성 씨

이미 외국자본은 우리나라 주식시장의 40%, 시중 은행주식의 65%를 잠식했고, 5대 주요 기업의 60% 이상을 차지하고 있습니다. 투기자본의 대부분은 회사를 인수하면 회사의 성장보다는 언제 팔아야 매

매 차익을 많이 남길 것인가에만 혈안입니다. 3년에서 5년을 주기로 자금을 회수하는 단기성 자금이 들어오는 것입니다. 투기 자본은 인수합병을 통해 기업을 손에 넣은 다음에는 생산성 향상이라는 명목으로 노동자를 해고하기 시작합니다. 반면에 고배당, 유상감자, 주식시장 교란 등의 방법으로 기업의 이익을 주머니에 챙깁니다.

상하이차의 경우에는 돈을 챙겨가는 대신 돈보다 더 큰 이익을 만들어줄 완성차 제작 기술을 빼돌린 겁니다. 한국 정부는 상하이차의 기술 절도 행각을 속수무책으로 수수방관했고, 여기에 '열심히 회사 오가며 맡은 일 충실히 하면 되는 줄 알았' 던 노동자들이 고통을 당한 겁니다.

2009년 평택 쌍용자동차 정문 앞에서 유정희 씨를 만납니다. 유정희 씨는 2001년에 쌍용자동차 도장라인에 비정규직으로 입사합니다. 그는 오른쪽 팔목에 깁스를 하고 있습니다. 왜 깁스를 했냐고 묻자, 유정희 씨는 남편 이야기부터 꺼냅니다.

남편이 8년 전에 사고로 왼쪽 팔을 다쳤어요. 망치로 때려도 아무 감각이 없는 팔인데, 계속 통증이 온대요. 통증이 시작되면 미치려고 해요. 실제로는 팔다리가 잘려나가고 없는데 계속 그곳에 통증을 느끼는 그런 병인데, 들어봤어요? 머리로 통증을 느끼는 거래요. 팔을 잘라도 계속 통증을 느낀다고 하니 잘라버릴 수도 없고, 정말 손 쓸 방법이 없어요. 8년 동안 큰 수술을 열 번씩이나 받고, 최후의 수단이라는 극한 수술도 받았는데……, 소용없어요. 지금은 뇌에 기계장치를 넣었는데, 팔에 느끼는 통증을 다른 쪽으로 돌리는 거래요. 지금은 통증보다는 어지럼증을 느껴요. 일어서다가 픽 쓰러져 갈비뼈가 나가고, 또 일어서다 넘어지면 머리에 피가 고이고…….

제가 마루에서 자요. 남편이 밤새 끙끙 앓으니까, 잠을 제대로 못 자잖아요. 다음 날 출근해야 되는데. 남편이 방에서 자다 통증이 시작되면 자신의 손톱을 물어뜯으며 신음 소리 한 번 맘 편히 지르지 못하며 앓는 거예요. 제가 깰까봐요. 아침에 방에 들어가면 손가락이 피범벅이에요. 덕지덕지 피가 붙어 있어요. 얼마나 참기 힘들었으면…….며칠 뒤 방을 쓸면 손톱이 빠져서 바닥에 굴러다니고요. 그런데 이제 저까지 일터에서 쫓겨났으니, 어찌 살아야 할지……. 진짜 죽을 처지가 되니 아, 소리도 안 나와요. 그저 멍하게 있는 거예요. ─유정희 씨

유정희 씨는 오랫동안 손목을 굽히거나 뻗치는 동작을 반복할 경우 생기는 수근관 증후군으로 심한 통증에 시달립니다. 공장 일 때문에 생긴 겁니다. 손으로 가는 신경을 절단해 통증을 없애는 수술을 받습니다.

제 손목은 수근관 증후군 때문에 수술한 거예요. 공장에서 일할 때도 손에 통증이 오고 그랬는데, 당장 먹고살려니, 제가 아니면 남편 병원비랑 생활비를 해결할 수 없으니 계속 일을 한 거죠. 그런데 직장에서 밀려나고 난 뒤로 통증이 갈수록 심해진 거예요. 손이 후끈거리고 시리고 저리고 전기 온 것처럼 찌릿찌릿하고, 뭐라고 할 수 없을 만큼 아파서 밤새도록 온 방 안을 빙빙 돌아다니며 울고 그랬어요. 그래서 수술한 거죠. 왼쪽 손목 수술을 먼저 받고 오늘 오른 손목 수술을 했어요. 한 번에 두 손을 수술하면 밥을 먹을 수도 씻을 수도 없잖아요.

©정기훈

산업재해 신청을 하라고요? 산재 신청이요? (어이없는 듯 웃는다) 제가 하청 비정규직인데, 원청 직원이라면 모를까 어림없어요. 그리고 지금 이 상황에서, 회사는 법정관리 신청하고 저는 강제 휴직 당한 상태인데……. 아예 그런 생각 안 해요. 그냥 다시 일만 할 수 있다면 아무 생각 없어요. 일만 할 수 있다면 지금까지 임금 체불된 거 달라고 할 생각도 없어요. –유정희 씨

쌍용자동차 정규직 노동자들은 지난해 12월 임금은 제대로 받았고, 올 1월 임금은 50%만 받았습니다. 하지만 비정규직 노동자들은 12월부터 계속 임금이 100% 체불된 상태입니다. 똑같은 위기를 맞아도 정규직과 비정규직이 감내해야 할 강도는 다릅니다.

쌍용자동차는 지난 1월 9일 법정관리를 신청합니다. 법원은 법정관리인으로 기술 유출에 관여했던 쌍용자동차 임원을 선임합니다. 봄이 가까워지는데 쌍용자동차 평택공장은 더 모진 한겨울 칼바람이 휘몰아치고 있습니다. 정규직에 대한 대규모 구조조정이 시작될 거라는 예보도 있습니다.

비정규직 노동자들이 업체 사장들을 만나서 체불임금에 대해서 이야기하면 원청 가서 이야기하라고 해요. 원청을 찾아가면 법정관리 상태니까 법원에 가서 말하라고 하고요. 다 떠넘기기 식이에요. 돈이 없어 정규직한테도 월급을 주지 못하겠다고 한 12월에도 쌍용차 중국인 사장은 젤 먼저 자신 월급을 챙겨 갔잖아요. 저희 비정규직 월급 다 합쳐야 그 사람 연봉도 못 되는데, 그걸 안 준 거잖아요. 쌍용자동차를 이 지경으로 만든 상하이차 자본과 기술 유출에 협조한 쌍용자

동차 경영진들이 최저임금에 불과한 비정규직 노동자들의 임금을 사재를 털어서라도 책임져야 하는 거 아닙니까? 몇 푼 되지도 않는 비정규직 임금부터 체불하는 게 말이 됩니까? 기약도 없이. 책임지겠다는 사람도 없이. -복기성 씨

올해 경제 성장률은 마이너스라고 합니다. 얼마나 많은 노동자들과 서민들이 유정희 씨와 같은 고통을 받을지 생각하기조차 싫습니다. 비정규직일수록, 가진 것이 없을수록, 힘이 약할수록 고통의 정도는 강할 것이 뻔합니다. 운하를 판다고, 재개발을 한다고, 녹색 일자리를 만든다고 해서 거리로 쫓겨난 사람들의 신음은 줄어들지 않습니다.

부모님도 뵙지 못했습니다. 얼마 안 되는 그 돈이 없어 설날에 부모님께 인사조차 올리지 못했습니다. 회사가 무슨 생각을 하고 있는지 모릅니다. 하지만 우리 비정규직들도 부모님이 계시고 형제가 있고 아내가 있고 자식이 있습니다. 그 좋은 설날, 가족들 쳐다볼 면목도 없이 만든 당신들은 인간이 아닙니다. 행여나 하는 마음에 빈 통장을 들고 은행에 찍어보러 갔다가 쓸쓸히 돌아오는 아내의 눈을 나는 차마 볼 수가 없었습니다. -쌍용자동차 비정규직 선전물에서

일자리를 나누라고 합니다. 노동자들의 얄팍한 급여 봉투를 나누라고 합니다. 국가의 기술과 부를 중국 자본이 고스란히 훔쳐가는 것에는 찍소리도 하지 못하는 자들이. 자신의 주머니에서는 한 푼도 내놓지 않고, 위기가 기회라며 더 많은 재산 축적에 눈먼 자들이.

체불임금 무조건 해결하라. 법원에 신청을 하든 사비를 털어주든 무조건 해결하라. 우리에겐 깰 만한 적금도 팔 만한 귀금속도 없다. 보일러 기름도 조만간 바닥이 보일 판이다. 벌써 카드 연체에 들어가서 카드도 무용지물이 되었다. —쌍용자동차 비정규직 선전물에서

아, 큰 한숨뿐인 대한민국. 그래도 버티고 살아남았으면 합니다. 질기게 끈질기게 버텨 일하는 사람들이 환하게 웃는 날까지, 이 악물고 살아남았으면 합니다. 봄이 없을 2009년을 넘어.

같은 공장에서 같은 일을 하는데 월급이 절반이에요

복기성 씨는 2009년 쌍용자동차 77일간의 싸움에 참여했습니다. 농성이 강제 진압 당하던 날, 복기성 씨는 병원에 입원을 했습니다. 국민의 세금으로 월급을 받는 경찰이 월급을 주는 국민을 병원에 입원시키는 어이없는 일이 일어났습니다. 쌍용자동차 정규직을 비난하고 싶지는 않습니다. 그들은 그들의 권리를 지키려고 싸웠으니까요. 문제는 같은 공장에서 같은 일을 하는 노동자를 차별하는 사업주가 문제지요.

같은 일을 할 경우에는 같은 임금을 지급하는 게 너무도 당연한 일입니다. 근로기준법에는 "사용자는 근로자에 대하여 남녀의 차별적 대우를 하지 못하며 국적, 신앙 또는 사회적 신분을 이유로 근로조건에 대한 차별적 처우를 하지 못한다"고 규정하고 있어요. 여자라는 이유로, 이주노동자라는 이유로, 비정규직이라는 이유로 임금을 차별한다면 위법이지요. 하지만 불행히도 대한민국에서는 아직 지켜지지 않고 있답니다.

왜 안 지킬까요? 끊임없이 노동자를 분열시켜 노동자끼리 경쟁하도록 만드는 게 기업가의 이윤을 더 많이 창출할 수 있기 때문이지요.

테트라팩, 정장훈

사각 종이상자의 비밀

너무 자존심이 상해요. 한국 노동자를 죽이고 나가는 것을 용납할 수 없어요. 20년을 죽어라 일했는데 갑자기 20일 만에 나가라니 이해할 수 없어요. 이거 진짜 부도덕한 거잖아요.

자존심이 상한다며 눈시울을 붉히는 노동자가 있습니다. 무슨 일일까요? 오늘 이름조차 생소한 공장에 다니던 한 노동자의 이야기를 듣습니다.

테트라팩(Tetra Pak)이라는 회사가 있습니다. '테트라'는 그리스어로 숫자 '4'를 뜻합니다. '테트라 팩'은 '4면 종이 상자'라는 말입니다. 흔히 우유갑을 비롯한 종이 음료 상자를 일컫지요.

테트라팩은 스웨덴에 본사가 있습니다. 세계 54곳에 지사가 있고, 48곳 생산 공장에서 밤낮 없이 팩을 만듭니다. 전 세계에 깔려있는 종이 음료 상자의 열 개 가운데 일곱 개는 테트라팩에서 만든 겁니다. 한 해 매출이 10조 원에 달하는 다국적기업입니다.

한국에는 1988년에 경기도 여주군 가남면 심석리에 공장을 세웁니다. 공장 설립 20년 만에 한국 시장의 80%를 장악합니다. 한 해에 25억 개의 팩을 생산합니다. 적자 한 번 없이 해마다 1000억 원 이상의 매출을 올립니다. 생산량의 55%는 한국에서 판매하고 45%는 일본에 수출합니다.

새벽, 낮, 밤 3교대로 스물네 시간 열나게 돌아가던 여주공장은 2007년 3월 9일 공장폐쇄를 공지하고 3월 29일에는 정말로 문을 닫습니다. 스스로 사직서를 쓰고 나가지 않은 사람은 정리해고됩니다.

적자 없이 잘나가던 공장이 왜 문을 닫았을까요?

테트라팩은 한국에 영업법인과 생산법인이 있는데 20년 동안 외국인 사장 한 명이 운영했죠. 법인만 달랐지, 한 회사인 거죠. 공장폐쇄한 달 전이죠. 느닷없이 한국 사람으로 경영진을 바꾸고 통합 운영하던 회사를 분리했어요. 김앤장이라고 하죠. 그 유명한 로펌. 한국 노동자야 죽든 살든 상관없이 돈만 벌면 된다는 김앤장. 거기서 파견한 사장이 온 거예요. 한 명의 외국인 사장을 두고 운영하던 회사를 한국 사장으로 갑자기 바꾼 뒤에 영업법인만 살려두고 공장 문을 닫은 거예요. 이건 한국을 우롱하는 처사지요.

피도 눈물도 없는 다국적기업 테트라팩은 한국 시장을 장악하자 공장을 폐쇄합니다. 영업 시장을 확보했으니, 이제 인건비가 싼 싱가포르나 중국에서 물건을 가져다 팔기만 하겠다는 심보입니다. 20년간 죽어라 일한 한국 노동자에게는 사형선고와 다름없습니다.

저는 공장이 만들어진 1988년에 입사를 했어요. 대부분의 노동자들이 10년 넘게 이곳에서 일했습니다. 직원들 평균 기본급이 120만 원이에요. 살아가기 빠듯하죠. 대부분이 300시간이 넘는 잔업을 해서 생계를 겨우 꾸려갔어요. 노동자 한 사람이 벌어들인 돈이 얼만 줄 아세요? 1년에 자그마치 9억 원이에요. 우리 급여가 매출에서 3.5% 차지해요. 이 돈 주는 것이 아까워 한국 시장을 장악했으니 이제 공장은 문 닫고 뜨자. 물건만 가져다 팔자. 이런 심보죠. 다국적기업들 하는 고유 수법이잖아요. 먹고 튀는 수법.

정장훈 씨는 억울함을 참을 수 없어 테트라팩 본사가 있는 스위스와 그룹 본사가 있는 스웨덴에 원정을 갑니다. 그곳에서 35일 단식투쟁을 합니다.

테트라팩은 유럽에서 존경받는 기업 2위로 알려져 있습니다. 정작 정장훈 씨가 스웨덴에서 만난 테트라팩은 소문과 다릅니다. 일본의 세신과 고템바 두 곳에 테트라팩 공장이 있는데 노조가 있던 세신공장만 문을 닫습니다. 스위스에서는 직원들 절반 정도를 구조조정하다가 손가락질을 받습니다. 스웨덴에서는 산별노조에 가입한 노동자한테 엄청난 압박을 가합니다. 헝가리, 체코, 루마니아에서는 덤핑을 하다 걸려 과태료를 뭅니다. 테트라팩을 스웨덴의 삼성이라고 정장훈 씨는 설명합니다.

치밀한 계획이에요. 2006년에 임금 협상을 하는데 회사가 얼토당

토 않는 말을 했어요. 무파업 선언을 하래요. 열아홉 개 조항을 노조에 강요했는데, 이건 노동조합 활동을 중단하라는 협박이었어요. 어이가 없죠. 파업을 비롯하여 어떠한 단체행동도 하지 말라. 노동조합 전임제 폐지하라. 심지어 산업재해가 났을 때 직원의 과실이 있을 경우는 회사는 지원하지 않을 권리가 있다. 뭐 이런 어거지예요. 산업안전보건법에 위반되는 사항이거든요. 유럽 원정 가서 이 말을 하니까 유럽 관계자는 이 말이 사실이냐고 되물어요. 있을 수 없는 일이라며 믿으려고 하지 않더라고요. 아무튼 무식하게 노동조합을 탄압하는데, 한국이 만만한지 더 심해요. 일본에서 공장을 닫을 때는 1년 재취업 기간을 주었고, 노동조합 하고도 성실하게 교섭을 했대요. 스위스에서도 마찬가지고. 한국에서는 달랑 20일을 주고 딴 데 알아보고 나가라는 거잖아요. 이건 한국 노동자만이 아니라 우리나라 정부까지 깔보는 행위죠.

그린필드라는 조항이 있습니다. 국내 생산 시설에 대한 투자 없이는 판매를 허가하지 않는다는 것입니다. 이 조항이 김대중 정부 시절 외국인투자촉진법에서 사라집니다. 한국은 외국인 주식시장 점유율이 40% 이상이고, 은행의 경우는 60%를 넘어섭니다. 이는 헝가리, 멕시코 다음으로 높은 비율입니다. 국내 기업에 대한 외국인 지분율이 높은 상황에서 투자에 대한 무한정 개방은 투기 자본의 횡포에 노동자들이 보호될 장치가 사라진 것과 같습니다.

외국 자본을 유치해서 일자리를 창출한다고 떠벌리잖아요. 실제로는 국내시장을 다국적기업에 고스란히 받치는 결과잖아요. 시장만 내

주고 일자리는 온데간데없는 것이 한국의 투자유치 정책이에요. 우리 공장이 있는 여주군도 문제가 많아요. 지방자치단체마다 외자기업을 유치하겠다고 난리인데, 여주군청은 멀쩡하게 이윤을 뽑아내는 기업이 한순간에 공장 문을 닫겠다고 해도, 당사자들이 해결하라며 발뺌을 해요. 지역을 위해서라도 공장을 돌리도록 앞장서야 맞는 것 아닌가요?

거리로 쫓겨난 지 1년이 넘었습니다. 쫓겨난 노동자들은 중고 버스를 한 대 사서 전국을 돌며 테트라팩 자본의 '먹고 튀는' 행위를 고발하고 있습니다. '하늘을 이불 삼아 노숙투쟁'을 벌입니다. 유럽 본사까지 달려가 교섭을 요구합니다. 35일간 이국땅에 천막을 치고 단식도 합니다.

요구는 단순합니다. 한국에서 공장을 가동할 때는 쫓겨난 노동자를 다시 고용하라는 것입니다. 한국에서 영원히 철수하겠다는 테트라팩 자본은 이 요구에 멈칫하고 있습니다. '영원히'에서 한발 물러나 '한국의 관세장벽이 높아지면'이나 '남북통일이 되면' 공장을 가동할 수 있을지도 모른다고 합니다. 공장을 폐쇄한 목적이 다른 데 있는 건 아닌가 하며 정장훈 씨는 고개를 갸웃합니다.

전 세계가 무역 장벽을 무너뜨리는 마당에 관세장벽 운운한다는 거 자체가 우습잖아요. 공장 문을 닫고도 생산법인을 폐업하지 않고 꼬박꼬박 세금을 내고 있거든요. 임원들도 있고요. 노동조합을 없앤 뒤 저임금 노동자를 노예처럼 고용하여 다시 공장을 돌리겠다는 생각이 아닌지 의심스러워요.

정장훈 씨에게 테트라팩은 첫 직장입니다. 스무 해를 테트라팩 직원으로 일하면서 단 한 번도 딴 일에 눈을 돌리지 않았습니다. 이곳을 마지막 직장이라 여기며 살았습니다. 한 달에 삼사백 시간의 잔업으로 생계를 유지했지만 날마다 출근을 할 수 있는 일터가 있어 행복했습니다. 이십대에 입사하여 이제 마흔 중반이 되었습니다.

"물러설 수 없습니다. 자존심이 상합니다."

정장훈 씨의 자존심은 개인의 자존심이 아닙니다. 노동자의 자존심이고 한국의 자존심입니다.

공장이 만들어질 때부터, 그러니까 20년을 테트라팩에서 일한 사람들이에요. 밖에 나가서 할 수 있는 일은 노가다 판에서 단순노동을 해야 해요. 1년이 지났지만 일자리를 찾지 못한 사람이 태반이고, 인력시장에 나가 오늘 하루 몸이 팔려나가기를 간절히 기다리는 신세가 되었어요.

테트라팩 자본이 좀 웃겨요. 목장에서 소를 키우잖아요. 그러면 우유를 짜서 소비자에게 판매하는 모든 과정을 전부 테트라팩이 하는 거예요. 우유갑 만드는 기계까지 직접 생산한다는 거죠. 그러니 테트라팩 공장에서 일하면 다른 공장에서는 일할 수가 없어요. 여기서 익힌 기술을 다른 곳에서는 쓸 수가 없다는 말이죠. 이 기능은 오로지 테트라팩에서만 인정받을 수 있는 기능이에요. 20년 아니라 30년 여기서 기술을 익혀봤자 다른 데에서는 알아주지 않아요. 테트라팩만 바라보며 일한 저나 동료나 하루아침에 공장 문을 닫으니 얼마나 황당하겠어요.

개나리가 활짝 핀 4월의 첫째 날에 정장훈 씨를 만납니다. 쫓겨난 테트라팩 노동자들의 눈은 자존심을 지키겠다는 의지로 이글이글 타고 있습니다. 1년 넘게 거리에서 맞서는 이가 있는가 하면 몇몇은 생계를 위해 막노동판을 전전하고 있습니다. 돈을 벌려고 뛰어든 사람은 싸우는 이의 생계까지 책임지려고 굳은살 박힌 어깨 위로 벽돌을 한 장 더 얹습니다. 자신의 수입의 30%를 내놓겠다는 조합원도 있습니다.

2006년 10월 달에 엄지손가락을 뺀 네 손가락이 기계에 말려 절단된 동료가 있어요. 외국 사장은 뒤로 숨었잖아요. 공장폐쇄하려고 내세운 한국 경영진이 이 동료가 누워 있는 병원에 찾아왔어요. 와서는 사직서를 쓰라고 강요했대요. 손가락 한 개에 100만 원씩 400만 원을 위로금으로 준다고. 이게 어디 말이 됩니까? 이 친구 사직서를 썼어요. 아니 쓸 수밖에 없었어요. 정말 이런 횡포가 어딨어요. 사람보다 돈이잖아요. 제가 테트라팩에 맞서 저항하는 이유가 이것 때문이에요. 다국적기업들을 한국 정부가 이렇게 방치하면 안 된다는 생각이 들었어요. 한국 노동자와 한국 시장이 다국적기업에 희롱당하지 않게 본때를 보여주지 않으면 안돼요.

정장훈 씨의 목소리는 시종 차분합니다. 산재를 당한 동료의 이야기를 할 때는 눈이 젖습니다. 물론 그 순간에도 목소리는 흔들리지 않습니다.

이미 테트라팩 노동자들의 싸움이 다국적기업에게 경종을 울렸다고 봐요. 우리 싸움은 '먹튀 자본'이 노동자에게 가하는 폭력에 맞서는 싸움이에요. 다국적기업의 소비 시장으로 한국을 고스란히 내주고 전락시키는 이 외자 유치의 허상을 고발하는 싸움이에요. 반드시 일터를 되찾을 겁니다. 지금 이렇게 싸우는 게 전생의 업인가 봅니다.

정장훈 씨가 가는 이 길은 한국 노동자의 밝은 미래를 여는 업을 쌓는 일은 아닐까요?

개나리 꽃길 사이로 정장훈 씨의 무거운 어깨가 긴 그림자를 그리며 사라집니다. 석양은 어느덧 어둠에 자리를 내어줍니다. 하지만 떠오를 겁니다. 이 어둠을 밝히며 새벽이 오고 정장훈 씨의 어깨 위로 붉은 태양이 솟아오를 겁니다.

우리 회사를 먹고 튀었어요

정장훈 씨에게 1년이 지난 뒤 다시 전화를 했습니다. 요즘은 어떻게 싸우고 있는지 궁금해서 전화를 했지요. 내 전화를 받은 정장훈 씨는 빨리 전화를 끊으려고 합니다. 전화를 끊으며 정장훈 씨가 말했습니다. "개인 사정으로 요즘 집에 있습니다." 그 말을 듣는 순간, 왜 전화를 했을까, 정말 정장훈 씨에게 못된 짓을 했지요. 정말 나쁜 먹튀 자본, 실컷 욕했습니다.

먹튀 자본은 회사의 장기적인 성장보다는 짧은 기간 회사의 이윤을 뽑거나 시세차익을 챙긴 뒤 회사를 팔고 곧장 다른 대상을 찾아가는 투기성 자본을 말하지요. 아이엠에프 외환위기가 닥쳤을 때 한국은 외국자본 유치를 위해 외국자본이 요구하는 자본시장에 대한 대부분의 규제를 없앴어요. 외국 투기자본이 국내 회사를 인수하면 노조를 약화시키고 대량 해고를 감행하지요. 생산에 대한 투자를 통한 일자리 창출보다는 기존 자산을 처분하여 주주의 몫만을 챙겨 달아나지요.

정장훈 씨의 말처럼 대한민국의 자존심을 위해서라도 먹튀 자본에게 따끔한 맛을 보여줘야 합니다.

로케트전기, 이주석 류제휘 전성문 오미령

철탑 위로
날아오른 사람들

2008년 9월에 철탑농성 했을 때요? 그땐 6일간 했죠. 진짜 다리도 저리고 허리도 진짜 아팠어요. 낮에는 진짜 뜨겁게 더웠고요, 밤에는 추워서 진짜 잠이 안 왔어요. 두렵기도 했지만 진짜 물러설 수 없어, 진짜 마지막으로 할 일이라고는 진짜 이거밖에 없어서 (철탑에) 올라갔죠. 그래서 회사와 합의서를 작성하고, 진짜 이제는 해결되겠구나, 믿음을 진짜 가지고 철탑에서 내려왔죠. -이주석 씨

2009년 3월 2일 광주광역시 북구 본촌산업단지 안에 있는 로케트전기 앞에서 이주석 씨를 만납니다. 검게 그을린 이주석 씨 얼굴에는 '나는 착한 사람'이라고 적혀 있습니다. 유난히도 '진짜 진짜'라는 말을 되풀이하며 답답함을 털어놓습니다. '진짜'라는 말이 나올 때는 자신의 심장을 꺼내 보여줄 수 없는 안타까움이 함께 묻어나옵니다.

이주석 씨의 얼굴을 다시 본 것은 그로부터 아흐레가 지난 뒤입니다. 한 인터넷 언론에 실린 사진을 통해서. 철탑 위에서 이주석 씨는 세상을 향해 외치고 있습니다. 사진이라 무슨 말인지 들을 수 없습니다. 아마 '진짜'를 되뇌며 굵은 소금에 절여질 대로 절여지고 숯처럼 시커멓게 탔을 자신의 심장을 세상에 내보이고 있었을 겁니다.

"살고 싶다 일자리를 돌려 달라"

2009년 3월 11일 오후 2시 30분, 옛 전남도청 앞 철탑 위에 이주석 씨가 들고 올라간 현수막의 내용입니다. 2008년에도 이주석 씨는 똑같은 내용의 현수막을 들고 고공농성을 했습니다. 이주석 씨는 왜 철탑에서 내려온 지 반년 만에 다시 고공으로 날아올랐을까요?

올해로 불혹의 나이가 된 이주석 씨는 2007년 9월 1일 동료 열 명과 함께 회사 경영이 어렵다는 이유로 정리해고를 당합니다. 해고 당시 로케트전기 김성찬 대표이사와 남규현 노동조합 위원장은 한 장의 합의서를 작성한 뒤 큼직한 사각 도장을 피의 맹세처럼 붉게 찍습니다. 회사가 새로 직원을 뽑을 경우에는 정리해고자를 우선 채용하겠다는 약속입니다.

지난해 9월 이주석 씨가 처음 철탑 위로 올라가 농성을 하던 중에 얻어낸 합의서에도 경영진은 "로케트전기와 로케트전기 해고자들은 (……) 해고자 복직 등 모든 사안을 성실히 논의하기로 약속"한다는 내용에 서명합니다.

그 약속을 하던 날, '믿음을 진짜 가지고 철탑에서 내려왔'던 이주석 씨는 최근 분노가 끓어 참을 수 없습니다. 해고자 복직 문제를 성실하게 논의하겠다던 회사는 철탑농성이 끝나자 대화할 의지를 보이지 않습니다. 더구나 새로 직원을 뽑을 때 정리해고자를 우선 채용하

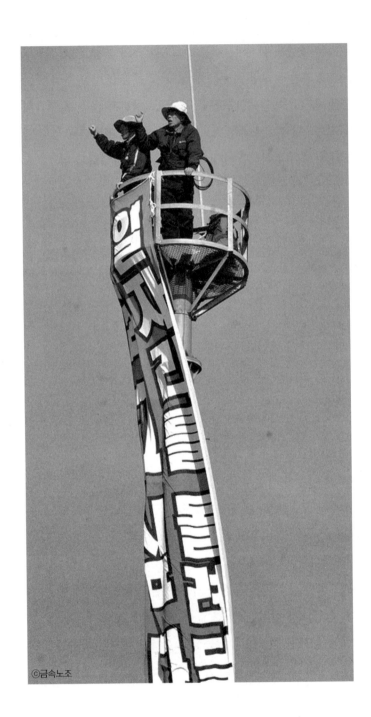

ⓒ금속노조

겠다는 약속을 무시한 채 신규채용을 진행합니다.

이주석 씨는 스스로 철탑을 올라간 걸까요? 아니면 이주석 씨가 흙을 밟지 못하도록 누군가가 허공으로 쫓아낸 걸까요?

이 땅에 살아남으려고, 흙에 발을 딛지 못하고 허공에 떠 있는 해고자들. 살갗을 파고드는 추운 칼바람을 맞으며 일자리를 돌려달라고 외쳐야 하는 해고자들. 절망, 더 밑으로 내려갈 곳 없는 절망이 이들에게 저항을 강요합니다.

로케트전기에서 10년 넘게 일했던 사람들을 쓰다 버린 폐건전지 취급을 하여 하루아침에 거리로 내몰았습니다. 이제는 합의서를 마치 폐지처럼 쓰레기통에 버리고 버젓이 신규채용을 하고 있습니다. 이건 회사 경영이 어려워 구조조정을 할 수밖에 없다는 회사 측의 주장이 처음부터 거짓이었다는 걸 말해주는 것 아닙니까? 저희를 쫓아낸 거, 돈이 없어서도 아니고 일이 없어서도 아닙니다. 쟤들 없으면 좋겠다, 이거 하나로 살인 행위를 한 거죠. 아무 명분 없이 경제적 살인 행위를……

요즘 회사는 연봉 받는 이사들을 늘리고, 설비 라인 새로 깔고, 연장 근로하고, 맞교대하고, 이런 식으로 막가요. 저희가 이야기하는 것은 로케트전기 구조조정은 대국민 사기극이다, 이 말입니다. 처음 시작할 때는 구조조정이라고 했지만 지금 보면은 구조조정하고 정반대의 것들만 다 하고 있잖아요. 사람까지 새로 채용하면서 해고자들은 철저히 배제시키는 거는 결국 표적 해고시킨 거라는 생각밖에 들지 않아요. —류제휘 씨

로케트전기 해고자는 자신들이 회사가 어려워 해고당했다고 생각하지 않습니다. 신규채용을 하는 것만 보더라도 회사의 거짓말이 들통난 것 아니냐고 주장합니다. 요즘 다른 다른 공장들은 일이 없다고 합니다. 로케트전기는 공장을 주야 맞교대로 스물네 시간 풀 가동합니다. 토요일, 일요일도 없이 일합니다. 정리해고 뒤에 이사를 두 명 늘렸는데, 이사 한 사람의 연봉이 해고자 세 명의 임금은 될 거라고 합니다.

로케트전기 작업 환경은 거의 일제시대에 일한다고 보면 돼요. 밖에서 보기에는 최첨단 건전지를 만들고 있는 걸로 보이지만 그걸 만드는 노동자는 지옥에서 일하는 거죠. 젊은 사람들은 공장 안을 보고 나면 비명을 지르고 다음 날 안 나와버리죠. 왜냐면 건전지 안에 검정색 가루가 많이 있잖아요. 이산화망간하고 흑연인데요, 그 흑연 가루가 공장에 수북해요. 천장을 막대기로 툭 치면 검정 가루가 와르르 쏟아져 숨을 쉴 수 없을 정도죠. 탄광촌에서 걸린다는 진폐증에 안 걸리는 게 신기하죠. 연탄 공장 떠올리면 돼요. 연탄 한 500장 깨놓고 그 안에서 돌아다니고 있다고 상상하면 돼요. 환풍기도 없다고 봐야죠. 천장 위에 환풍기가 달려 있는데 환풍기 바깥쪽이 막혀 있어요.

해고한 진짜 이유가 뭔지 아세요? 동료들에게 뭐 이런 상황, 개선되었으면 하는 내용을 적은 선전지를 만들어 나눠줬다는 이유예요. 해고된 열한 명이 모두 선전물을 돌렸던 사람이에요. ─전성문 씨

자동화 라인에서 일하던 오미령 씨는 두 번 해고를 당한 주인공입니다. 열두 시간씩 맞교대로 일하는 오미령 씨는 아직 아이가 어립니

다. 가끔 아이 때문에 집에 일찍 들어갈 일도 생깁니다. 하지만 쉴 새 없이 돌아가는 공장에 묶여 휴가나 조회조차 마음대로 사용할 수 없습니다. 심지어 회사는 육아휴직을 썼다고 벌점을 매겨 직원을 해고 시킵니다. 오미령 씨도 2004년도에 육아휴직을 썼다는 이유로 해고 를 당했다가 훗날 복직됩니다. 첫 번째 해고입니다.

그때 복직되면서 노동자의 몫을 우리 손으로 찾지 않으면 언제든지 해고가 될 수 있겠구나, 이런 생각이 들었어요. 다시는 육아휴직을 썼 다는 정당한 이유 때문에 나 아니라도 다른 동료들이 해고당하는 걸 막아야겠다. 그래서 그런 문제를 지적하고, 노동자가 알아야 할 내용 들을 알리는 선전물을 만들어 동료들에게 나눠줬는데……, 그건 할 수 있는 일이잖아요. 그 이유로 다시 해고를 한다니 어디 말이 됩니 까? 경영이 어렵다는 핑계로 직원을 해고하면서 사장은 서울 청담동 에 30억이 넘는 빌라에 살고 있어요. 돈이 많아 외제차를 몇 대씩 갖 고 있는 거, 이런 거를 따지는 게 아니에요. 저희가 10년 넘게 다녔는 데 연봉이 2000만 원이 안 돼요. 자신이 사는 집 한 채 값도 안 되는 저희들을 해고하는 게 어디 맞냐고요. -오미령 씨

해방 직후에 만들어진 로케트전기는 60년을 광주에 뿌리내린 향토 기업입니다. 로케트전기 창업주는 회사 경영을 통해 얻은 이익의 일 부를 지역에 환원했습니다. 로케트전기는 광주 전남 지역의 신망을 받는 기업 가운데 첫 손가락에 뽑힙니다. 한때는 '기아자동차에 갈 래? 로케트전기에 갈래?' 물으면 주저 없이 로케트전기를 선택했다 고 합니다. 신망 높았던 로케트전기가 지금은 손가락질을 받는 기업

1위랍니다. 현 경영진이 회사를 인수하면서 그 위상이 추락합니다.

해고자들은 550일 넘게 거리에서 '살고 싶다'는 열망으로 '일자리를 돌려달라'고 외치고 있습니다. 번번이 약속된 합의서마저 어기자 '우리는 폐건전지가 아니다'라며 고공농성에 들어갑니다. 이번에는 하늘에서 쉽게 내려오지 않을 것 같습니다. 양치기 소년처럼 회사는 해고자를 농락했기 때문입니다.

해고자에게 550일은 죽음의 터널을 지나는 고통의 시간입니다. 해고자 복직 싸움은 그 끝을 알 수 없습니다. 생계의 문제뿐만 아니라 정신질환을 앓기도 합니다. 가정이 파탄나기도 하고 목숨을 버리기도 합니다. 할 테면 해봐라 식의 기업가의 오만이 무서운 살인 행위가 됩니다.

제 첫아이가 딸인데, 이제 초등학교 5학년이에요. 학원을 보내지 않았는데, 지가 꼭 피아노를 배우고 싶다고 간절히 원해서 피아노 학원을 보냈어요. 그런데 제가 해고자가 되니까, 딸이 학원을 그만 다니겠다는 거예요. 아빠가 돈도 못 벌고 있는데 학원을 다닐 수 없다는 거죠. 그 말을 듣는데 아주 미쳐버리겠어요. 티 없이 맘껏 뛰놀아야 하는 딸이, 아버지가 해고를 당한 순간에 갑자기 성숙한 거 같아서. 이게 정상적인 성숙이 아니잖아요. 둘째 아이는 지 먹고 싶은 거, 하고 싶은 거 다 해달라고 말하고 땡깡 부리거든요. 못 해주더라도 떼를 쓰는 게 낫지……, 딸도 그랬다면 제 마음이 이렇게 터져나갈 것 같지는 않을 건데. ─류제휘 씨

이주석 씨와 함께 지금 철탑 위에 있는 류제휘 씨는 학원을 그만 다

니겠다고 한 딸아이의 목소리가 들릴 겁니다. 고공에서 보는 별들이 딸의 눈망울처럼 보일 겁니다. 자랑스러운 아버지가 되려고, 남들처럼 학원 하나쯤은 보낼 수 있는 아버지가 되려고 20미터 상공에서 세상을 향해, '나도 아버지고 싶다!' 외치고 있는지 모릅니다.

몇 해 전에는 임금협상이 끝나고 나서야 법정 최저임금이 결정되었는데, 노사가 협상해서 올렸던 임금이 법정 최저임금에도 미달되는 금액이었다고 합니다. 힘들여 임금협상을 하느니 나라에서 최저임금 결정해주기를 기다리는 게 낫다는 우스갯소리를 하는 곳이 로케트전기입니다. 열악한, 아니 '일제시대'와 같은 곳에서 일했던 노동자들이 현실을 바꿔보겠다고, 파업도 아닌 단지 선전물을 돌렸을 뿐인데, 해고라니……. 500일을 넘게 한뎃잠을 자고, 머리를 깎고, 단식을 하고, 고공농성을 하고…….

약속을 어긴 회사 측은 멀쩡한데, 약속한 합의서를 지켜달라고 외친 해고자에게 돌아오는 것은 빚과 벌과금뿐입니다. 고공농성 했다고 집회 했다고 고소 고발에 벌과금이 쏟아지니, '차라리 죽여라!'라고 말하고 싶습니다. 정말 사람들이 사는 땅에서 살 수 없어 철탑에 올라갔습니다. 해고자도 살고 싶습니다. 똑같은 사람이고 싶습니다.

—류제휘 씨

아홉 명의 해고자, 그리고 로케트전기에서 일하는 모든 노동자들이 사람답게 일하는 날이 고공농성 첫날 밤을 지새우기 전에 이루어졌으면 좋겠습니다. 내일 아침에는 철탑이 아닌 로케트전기 공장 안에서 류제휘 씨와 이주석 씨를 만났으면 좋겠습니다. '진짜 진짜'를 되풀이하던 이주석 씨의 바람처럼 해고자가 아닌 노동자의 이름으로 기계 앞에 서 있으면 '진짜' 신나겠습니다.

노동자의 목소리를 어떻게 알리죠?

이주석 씨는 50일 넘게 고공농성을 했지만 결국 손에 아무것도 지니지 못한 채 철탑에서 내려왔습니다. 내려오던 날 기자회견을 했는데, 기자의 질문에 답해야 하는 이주석 씨는 '진짜' 심장이 터져 나갈 것 같았습니다.

노동자가 왜 공중으로 올라갈까요? 한반도 최초의 고공농성에서 그 이유를 찾아봅니다. 일제강점기인 1931년 5월 17일 평양 평원 고무 노동자 47명은 회사가 일방적으로 임금을 깎겠다고 하자 공장을 점거하고 5월 28일부터는 단식농성을 들어갑니다. 29일 새벽에는 여성노동자인 강주룡이 12미터가 넘는 평양 을밀대 지붕에 올라가 9시간 동안 우리나라 최초의 고공농성을 벌입니다.

노동자들의 요구를 알리는 방법은 그리 많지 않습니다. 언론은 노동자의 목소리를 모르쇠합니다. 집회는커녕 기자회견조차 경찰에 의해 봉쇄되는 상황입니다. 땅에 발을 딛고는 알릴 수 없는 목소리를 철탑, 한강철교, 송전탑, 굴뚝, 골리앗 크레인에 올라 노동자들은 외칩니다.

건화, 노동자들

싸움의 이유

오늘 만날 사람들은 대기업 노동자가 아닙니다. 수많은 노동자 가운데 하청 노동자입니다.

이 글을 읽는 순간 육칠십 년대 이야기 아니야? 의문을 던질지 모릅니다. 아닙니다. 이런 일이 있을까 싶지만, 아직도 이런 일은 숱하게 있습니다. 이들의 이야기는 '자극적인 상품' 이 되지 않기에 누가 들으려고도 하지 않습니다. 언론에서는 아예 쳐다보지 않습니다. 정말 가진 것 없는 이들의 돈 안 되는 이야깁니다.

안산 시화공단에 가면 건화라는 공장이 있습니다. 이 공장의 직원들은 평등합니다. 너무나 평등한 게 문제입니다. 막 들어온 직원도, 10년을 다닌 직원도 임금이 같습니다. 차별이 없는 공평한 기업이지요. 하지만 이들의 공평은 불행입니다. 모든 직원의 시급이 최저임금에 따라 결정되기 때문입니다.

안산시화공단에 가면 건화라는 공장은 없습니다. 노동자들이 시흥안산지역일반노조에 가입했다는 이유로 하루아침에 공장 이름을 지워버렸기 때문입니다.

안산 시화공단에 가면 건화는 사라졌지만, 공장도 기계도 그 자리에 그대로 있습니다. 건화는 없어도 공장은 쉼 없이 돌아가며 생산을 합니다. 건화의 부장으로 일하던 사람은 '선인일렉스', 차장으로 일하던 사람은 '세국정밀'이라는 이름으로 공장을 돌립니다. 단지 이름만 바뀐 겁니다.

건화는 살아 있는 건가요, 사라진 건가요?

사라진 것은 건화도, 공장도 아닙니다. 노동자의 권리를 찾겠다고 나선 노동자만이 거리로 쫓겨났을 뿐입니다. 최저생계비에도 미치지 못하는 최저임금을 받던 노동자들만 거리를 헤매게 된 겁니다.

건화는 신창전기에서 자동차 키 세트를 하청 받아 조립하는 공장입니다. 건화의 원청회사인 신창전기는 현대, 기아, 쌍용 등 우리나라 주요 자동차 회사에 키 세트를 거의 독점하다시피 납품하는 업체입니다.

건화의 노동자들을 만난 곳은 어느 장기투쟁사업장의 연대 집회장입니다. 이들이 타고 온 승합차에 올라타 녹음기를 꺼내자 질문을 할 틈도 주지 않고 우후죽순으로 말들이 쏟아져 나옵니다. 미처 누가 무슨 말을 하는지 적을 수도 없습니다.

여자 탈의실은 창고에 사물함을 갖다 놓고 써요. 옷을 갈아입고 있는데 공구를 꺼내려고 남자들이 불쑥 들어오기도 하죠. 가관인 것은 비가 오면 지붕이 낡아 빗물이 뚝뚝 떨어져요.

탈의실이 아니죠. 큰 창문이 있어 앞 공장에서 훤히 들여다보여요.

또 쥐들의 서식처예요. 옷 갈아입다가 쥐가 나와 놀란 적이 한두 번이 아니죠. 옷 갈아입다가 뛰어나올 수도 없고.

식당에서 나오는 밥이나 부식은 말할 것도 없고요, 제발 물이나 휴지라도 있었으면 좋겠어요. 식당에 물이 없다는 게 어디 말이나 됩니까?

부식은 전부 나물, 채소예요. 힘든 일을 하는데 가끔 고기라도 나와야 하는 것 아닌가요. 한 달에 한 번 돼지 두루치기 말고는 1년 300일 내내 반찬이 똑같아요.

저희는 하루 종일 서서 일을 하거든요. 휴게실이 없어 쉬는 시간에 앉아서 쉴 곳이 없어요.

2006년 대한민국 노동자들의 이야기입니다. 분명 2006년입니다. 회사에 건의를 여러 번 했지만 아예 말이 먹히지가 않습니다. 최소한의 환경을 요구하지만 들은 척도 하지 않습니다. 방법은 똘똘 뭉쳐 노동조합을 만들고, 노동자의 목소리로 싸우는 길밖에 없습니다.

노동자들을 만나다 보면, 노동조합은 노동자가 만드는 게 아니라, 사용자가 만들게 한다는 생각이 듭니다. 이제 스물이 갓 넘은 앳된 건화 노동자들을 보면 절실히 느낄 수 있습니다.

너무 월급이 적어 임금을 올려달라고 했어요. 알겠다고 하데요. 다음 달 월급봉투를 받아보니 시급 10원을 올려주었어요. 이게 임금 인상입니까? 얕보고 놀리는 거지. 한 달 임금 인상분을 가지고 커피 한 잔 뽑아 마시면 끝이죠.

명절이라고 떡값은커녕 선물 한 번 받아본 적이 없어요. 아니 딱 한

번 받아봤어요. 노조가 생기니까, 공장 만들어진 지 17년 됐거든요. 17년 만에 처음으로 설날에 비누 세트가 나왔어요. 다른 공장처럼 선물이 나오니까 얼마나 좋아했는지 몰라요.

건화에서 1년을 넘기면 장기근속자에 속해요. 이런 공장에서 1년을 버틴다는 것은 기적 같은 일이죠.

노동조합이 설립되자 사장은 직접 관리자를 동원하여 조합 탈퇴 작업을 합니다. 조합원 집에 연락해 "남편을 어떻게 했길래 이 모양이냐"며 모욕을 줍니다. 여성 조합원의 남자 친구 회사로 연락해서 조합 탈퇴를 시키라고 압박을 넣는 일도 있습니다. 부모님을 찾아가서 "당신의 아들이 주모자다"라며 협박합니다. 조합 설립 다음 날인 1월 20일에는 근무시간에 회사가 폐업을 했다며 작업을 중단시킵니다. 직원들에게 겁을 주기 위해서 한 거짓말입니다.

열두 번 교섭 요구했는데 번번이 묵살되었어요. 조정위원회에 신청을 했는데, 사장이 교섭할 생각이 없다는 것으로 인정돼 조정이 중지되었고요. 우리가 선택할 길은 파업밖에 없었죠. 3월 13일에 찬반 투표해서 파업을 하기로 했어요. 그리고 3월 24일에는 성실 교섭을 요구하며 한 시간 20분간 경고 파업을 했죠. 3월 말일 날이에요. 오후 5시에 사장이 갑자기 직원들 전부 모이래요. 그러더니 폐업 신고를 했으니 공장에 나오지 말라고 통보를 했어요. 설마 하고 다음 날 공장에 가보니 어처구니없는 일이 벌어지고 있어요. 조합원들만 쏙 빼놓고, 비조합원들만 특근을 하고 있는 거예요. 폐업이 아니라 조합원을 내쫓으려는 수단을 쓴 거죠. 너무나 억울하고 분했어요.

"다른 곳에 취업한다고 건화보다 못하지는 않을 거예요." 건화 노동자는 말합니다. "하지만 왜 싸우는지 아세요? 억울해서요. 너무 분해서 싸우는 거예요. 어찌 헌신짝 버리듯이 조합원을 하루아침에 거리로 내몬단 말입니까." 돈이 아닌 권리를 위한 싸움을 건화 노동자들은 하고 있습니다. 권리는 주저앉아서 얻는 것이 아니라 치열하게 싸워야 얻을 수 있다는 것을 어느새 자각합니다.

폐업을 했다며 거짓말을 하고 공장을 돌리던 그날을 생각하면 지금도 분을 삭일 수 없다며, 조합원들이 울먹입니다. 조합원들은 건화의 폐업에 원청회사인 신창전기가 관련되어 있다고 의심합니다.

조합에 가입하니까, 사장 하는 말이 노조가 있으면 신창전기에서 물량을 주지 않는대요. 조합이 생기니까 우리가 하던 일을 신창전기에서 직접 생산도 했어요. 노조를 없애라는 압력을 신창전기에서 가한 거죠. 왜냐고요? 건화의 생산 장비들은 대부분 신창전기에서 제공한 거예요. 신창전기에서 일을 하지 않았다 뿐이지 신창전기에 의해 건화는 움직인다고요. 폐업을 한 뒤에도 신창전기에서 준 그 장비를 그대로 가지고 일하고 있어요. 사업주 이름만 바뀐 채 그 자리에서 생산을 하고 있어요. 이러니 신창전기가 건화 사업주를 바꾼 거라는 생각이 들지요. 건화 폐업은 원청인 신창전기와 떼어 생각할 수 없어요.

공장도 있고 생산라인도 돌아가지만 하루아침에 일터를 잃은 건화 노동자들. 두 달이 넘게 천막을 지키며 일터를 찾으려는 노력을 멈추지 않습니다. 최저임금을 받고 다닌 터라 당장 고달픈 것은 생계입니다. 적금은 꿈도 꾸지 못하고 살아온 건화 노동자. 미래는커녕 현재마

저 하루아침에 도둑맞습니다.

너무 억울하고 분해서 당장의 고통을 참는 겁니다. 아무리 없이 사는 사람들이라고 이렇게 대접해서는 안 되죠. 어딜 가더라도 건화에서 받은 대우 이상은 받을 수 있어요. 하지만 싸울 겁니다. 억울해서라도.

누가 알아주리라 생각하고 싸우는 것 아닙니다. 노동운동가가 되겠다고 생각하는 거 아닙니다. 이 땅에 우리처럼 억울한 일을 당하는 사람이 다시는 생기지 않게 하기 위해서라도 끝까지 싸울 겁니다.

아무도 알아주지 않는 건화 노동자들의 '싸우는 이유' 앞에 눈시울이 붉어집니다. 작지만 너무도 소중한 싸움을 건화 노동자들은 하고 있습니다. 비가 새는 창고에 쥐가 돌아다니고 큰 창문으로는 앞 공장이 훤히 보이는 곳에서 작업복을 갈아입어야 했던 스무 살 처녀가 선택한 노동조합. 법정 최저임금이 곧 급여가 되었던 저임금의 노동자지만 삶마저 최저가 되지는 않겠다고 다짐하는 야무진 얼굴에서 희망을 봅니다.

아직 노동가요도, 구호도, 빨간 조끼도 어색하다는 건화 노동자들. 하지만 힘차게 노래를 따라 부릅니다. 힘차게 구호를 따라 외칩니다.

파업을 하면 처벌을 받나요?

이 책을 엮으며 건화 노동자의 연락처를 찾았습니다. 불행히 전화 번호를 찾지 못했습니다. 정말 만나서 이야기하고 싶은데 할 방법 이 없습니다. 쥐가 나오는 탈의실에서 옷을 갈아입어야 했던 그 노동자는 지금 어느 곳에 있을까? 하지만 연락할 수 없어 다행일 수도 있다는 생각을 합니다. 전화기에서 흘러나오는 말을 감당하 지 못할 수도 있으니까요. 건화 노동자들의 단체행동, 정말 일터 에서 쫓겨날 짓이었을까요?

단체행동권은 노동자가 노동조건의 유지와 개선을 위해 사용자에 대항하여 단체적인 행동을 할 수 있는 권리로 헌법에서 보장하는 기본권이지요. 파업은 단체행동권인 쟁의 행위의 가장 순수한 형 태로 노동자가 집단적으로 노동력의 제공을 거부하는 것입니다. 파업을 포함한 쟁의 행위는 노동조합 및 노동관계조정법에 따라 합법성을 인정받아야 마땅하지요. 또한 쟁의 행위에 따르는 형사 책임과 사용주의 손해배상 청구와 같은 민사책임을 면제받아요. 하지만 대한민국의 현실은 그렇지 못하네요.

망향휴게소, 손미옥

바람 부는 날의 휴게소

바람 부는 날 망향휴게소를 갑니다.

'경축 신장 오픈 망향휴게소' 현수막이 반갑게 맞이합니다. 새로 지은 건물 앞쪽은 컬러 유리로 뒤덮여 깔끔합니다. 바닥은 새로 깐 대리석이 차마 발을 딛기 민망할 정도로 번쩍입니다.

새 건물 뒤쪽으로 걸어갑니다. 아직 공사가 한창입니다. 앞에서 마주한 건물과는 딴판으로 건물 뒤는 어수선합니다. 옛 모습을 흔적도 없이 지우려고 새 모래가 바닥에 깔립니다. 전기톱이 웅웅 울며 돌아갑니다. 발전기도 따라 웁니다.

모래와 나무, 보도블록 같은 건설자재를 요리조리 피해 노동조합 사무실을 찾으려고 기웃거립니다. 사무실로 쓸 만한 곳이 보이지 않습니다. 새 건물 뒤쪽에 있다고 했는데……, 잘못 들었나? 돌아서는데 낡은 나무 간판이 보입니다. 노동조합이라 적혀 있습니다. 창문도 없는데 설마 이곳이……?

혹시나 하며 철문을 두드립니다. 문이 열리고 환한 얼굴의 손미옥 씨가 나옵니다. 컴퓨터와 책상이 있는 걸 보니 사무실이 맞습니다. 하지만 숨을 쉬는 사람이 있을 곳은 아닙니다. 창문은커녕 환풍기 하나 달려 있지 않습니다. 어마어마한 돈을 쓰며 지었을 망향휴게소 새 건물. 하지만 하루 열두 시간씩 밤낮을 맞바꿔가며 일하는 망향휴게소 노동자한테는 한 줌 햇살도 허용하지 않네요.

2007년 11월 16일. 망향휴게소는 새 건물을 지어 영업을 시작합니다. 알 만한 정치인들이 보낸 화환이 줄을 섭니다. 같은 날, 망향휴게소 노동자는 새 건물의 영업 시작 팡파르가 울리는 순간 눈물을 삼키며 분노를 다독입니다. 노동조합 위원장이 그 시간에 딱 맞춰 우연(?)찮게 구속됩니다. 노동자의 손에는 집들이 떡 대신 수갑과 오랏줄이 기다린 거죠.

잔치가 되어야 할 날 설움과 분노를 가슴에 담아야 했던 기막힌 이야기를 창고 같은 노동조합 사무실에서 듣습니다.

새 건물 설계도에는 애초에 노동조합이 없습니다. 회사는 옛 건물과 함께 노동조합도 사라지기를 바랐던 거지요. 노동조합뿐만이 아닙니다. 정규직도 그들의 '설계도'에 없습니다. 새 건물이 지어지고 영업을 시작할 때까지 노동조합이 살아남아 있자 회사는 당황합니다. 왜 조합 사무실이 없냐는 항의에 부랴부랴 직원 식당 창고를 쪼개어 사무실로 쓰라고 내줍니다. 설계도에 없었다는 말은 하지 않았지요. 햇살 들지 않는 조합 사무실은 이렇게 만들어집니다.

설계도에는 조합원들이 일할 자리도 없습니다. 외주업체와 비정규직만을 설계도에 그립니다. 새 건물이 문을 열자 오갈 데 없는 신세가

된 조합원들은 매장에 멀뚱히 서 있습니다. 직장 유니폼 대신 생존의 절규가 적힌 글자를 몸에 두른 채.

고객안내 센터에서 일하는 손미옥 씨는 말합니다.

대표이사가 신축 건물에 입주하기 전에 노동조합을 없애려고 했어요. 조합원들이 정규직인데, 그 조합원을 전부 해고하거나 용역업체 소속 비정규직으로 전환시키려 한 거지요.

노동조합의 자문을 맡은 조광복 공인노무사는 망향휴게소 상무이사가 대표이사와 나눈 대화 녹취록을 공개합니다. 녹취록에 "노조는 없애라. 근본적으로", "해고를 시켜요. 내가 돈을 줄 테니", "노조위원장을 덤프로 밀어버릴 수도 있고, 칼로 찌를 수도 있다"는 대표이사의 끔찍한 말들이 담겨 있습니다. 망향휴게소 상무이사는 새 건물 공사가 진행 중이던 2007년 4월에 해고가 됩니다.

정장 차림의 신원을 알 수 없는 건장한 청년들이 망향휴게소에 들어옵니다. 노동조합을 없애려는 목적으로 회사가 고용한 이들입니다.

갑자기 덩치 큰 사람들이 떡 버티고 들어오니까 공포감을 느끼죠. 위원장은 생명의 위협을 느껴 유서를 썼어요. 퇴근을 하는데 차로 쫓아와 욕을 하며 위협을 하는 거예요. 위원장 집에는 괴한이 들어와 인형의 목과 다리를 잘라놓고 사라진 적도 있어요. 얼마나 생명에 위협을 느꼈으면 위원장이 돈을 주고 경호원을 일주일간 고용했겠어요. 미리 유서를 써서 방송국에 전달하기도 했고요.

새 건물이 지어지면 입점하려고 줄을 선 외주업체 업주들이 마치

경쟁하듯 조합원을 괴롭혔어요. 담배 연기를 얼굴에 내뿜기도 하고, 우리를 걸레에 비유하며 정말 입에 담을 수 없는 욕도 하고, 뽀뽀해줄까 하며 희롱도 서슴지 않아요. 일을 하고 있으면 와서 협박을 하고 시비를 걸어요. 항의를 하면 카메라와 녹음기를 들이대는 거예요. 징계나 고소 고발의 자료로 쓰려고 채증하는 거죠. 회사가 입점이라는 미끼를 던져 업주들을 구사대로 이용한 거죠.

7월 19일 회사에서 실수(?)로 뺀 한 명의 조합원 말고는 모두 징계를 받습니다. 해고 여섯 명에 정직, 감봉, 견책이 떨어집니다.

하루 열두 시간 낮밤을 바꿔가며 일하는 노동자에게 회사는 왜 이리 모질게 대하는 걸까요? 망향휴게소가 '망할(?) 휴게소'로 들리기 시작합니다.

> 서비스 교육 비용, 장기근속자 부부동반 금강산 기행, 설날 모든 직원 10만 원 상품권 지급, 어버이날 한우갈비세트 선물, 추석 모든 직원 20만 원 상품권 지급 등을 노조에 알아본 결과, 노조에게 지급된 사실이 없다는 것이다. —민주노동당 이영순 국회의원실 자료에서

망향휴게소는 2006년 12월 10일에는 임시 매장으로 옮긴 뒤 철거할 건물의 도장, 보수 증개축 비용으로 14억 원을 지출합니다. 철거할 건물에 도장공사라니! 이영순 국회의원실 조사 결과를 보면 도장공사가 '사실 무근이라는 증언'을 근무자에게 들었답니다. 망향휴게소는 회계 부정을 통해 검은 돈을 챙겨야 하는데, 거짓말을 할 줄 모르는 노동조합과 착한 노동자들 때문에 망할 지경이 된 걸까요?

세금계산서까지 첨부된 이 사업은 망향휴게소에 의해서 완전히 조작된 허위거나 도로공사 등 유관 기관에 로비 자금으로 쓰였을 가능성이 높다. –앞의 자료에서

손미옥 씨가 자신의 급여명세서를 가져다 보여줍니다. 손미옥 씨의 기본급은 80만 원입니다. 또 한 사람의 지난 7월 명세표에는 기본급이 79만 원으로 찍혀 있습니다. 겨우 최저임금에 턱걸이한 수준입니다.

망향휴게소는 조합원들의 월급이 높아 경쟁력이 없다고 합니다. 열두 시간 야간작업을 시킨 뒤 법대로 준 야간수당을 노동자가 가져가서 인건비 경쟁력이 없다는 건가요? 값싼 비정규직 노동자를 막판 떨이(?) 물건을 사듯 고용해서 제멋대로 부려먹지 못해 분하다는 말인가요?

방송 3사의 주요 뉴스를 타고 알려진 망향휴게소 '화물연대 곡괭이 사건'을 기억하십니까? 망향휴게소 노동자들의 목소리는 거들떠보지도 않던 방송사들이 화물연대 사건은 너도나도 나서서 떠듭니다. 이 사건이 일어나자 무슨 기회라도 잡은 듯 '파렴치한 노동자'라며 비난했고, 곧이어 '노동운동 죽이기' 식으로 여론 폭탄을 날립니다.

손미옥 씨는 이 사실을 숨기거나 변명하지 않습니다.

화물 노동자들은 저희들이 당하는 수모를 가장 가까이서 봤어요. 용역들한테 당하고 업주들한테 저희가 당한 걸 직접 보았거든요. 마치 자신의 가족들이 구사대에게 당하는 것처럼 안타까워했어요. 휴게소를 지날 때면 아무리 바쁘고 힘들어도 저희를 찾아와 걱정을 해줬

어요. 마치 자신의 일처럼 분노했어요. 그때마다 저희들은 '이렇게 찾아오신 것만 해도 고맙다'고 했어요. 사건이 벌어졌을 때 저희 조합원이 있었으면 말렸을 텐데……. 그런 일이 발생하지 않았을 텐데…….

노동자의 처절한 목소리를 단 한 번이라도 방송에서 다뤄줬더라면 생계를 위해 밤길을 잠 한숨 자지 않고 달리고 있을 화물노동자가 지금 차가운 감옥에 있지 않을 겁니다. 노동자를 구속시킨 검찰과 경찰이 그 열정의 만 분의 일이라도 노동자에게 보여주었다면 노동자들이 '곡괭이'를 찾는 일은 없었을 겁니다.

해고 사건이 지방노동위원회에 계류 중일 때 화물연대의 소위 곡괭이 난동 사건이 발생하였다. 침묵하여 왔던 언론은 갑자기 펜과 카메라를 들고 곡괭이의 끝을 겨냥하였다. 당사자들이 구속되는 것은 응당한 처벌일 것인데 위원장과 조합원들이 이들과 사전 공모하여 이들에게 곡괭이와 삽과 빠아루(못 빼는 장비)를 집어주고 폭행을 사주하였다 하여 그중 위원장이 구속되었다. 망향휴게소의 사정을 아는 사람들은 다 안다(노동부 관계자들도 알 것이다). 망향휴게소 조합원들이 신축 건물에 함께 들어갈 열망으로 얼마나 자제하고 또 자제하였는지(이들은 파업 한번 하지 않았다). 그토록 목숨 걸고 열망하여왔던 신축 건물에 들어갈 것을 포기하지 않고서는 그런 일은 있을 수 없다는 것을. 구속의 증거는 입점 업체 업주들의 진술과 관리자들의 진술 내용이었다.(……)
이렇게 힘겨운 싸움을 하고 있는 망향휴게소의 노동자들은 맑고,

슬프고, 믿기지 않을 정도로 환하다. 이들이 망향의 꽃들이고 꽃밭의 주인들이다. 하오니 언론들이여. 부디 정론직필의 펜 끝을 화물연대 조합원들의 곡괭이 끝에만 머무르지 말고 그 밑에 가려진 망향휴게소의 맑고, 슬프고, 환한 노동자들에게도 향하여 주시라.

－조광복 노무사의 "망향휴게소, 맑고 슬프고 환한 꽃들을 위하여"에서(출처: NGO아산넷)

공기 한줌 소통되지 않은 창고에 갇혀 망향휴게소 노동자의 이야기를 들었습니다. 답답한 마음을 지닌 채 새 건물 매장으로 나옵니다. 건물 바닥에 배를 깔고 엎드린 채 번쩍거리는 대리석이 얄밉습니다.

따라 나온 망향휴게소 노동자들은 찾아와줘서 고맙다고, 우리의 이야기를 들어주어서 고맙다고, 정말 고맙다고 인사를 합니다.

바람 부는 날 찾은 망향휴게소, 내 아버지 같이 주름진 얼굴, 내 누이 같이 환한 웃음, 그 맑고 선한 눈망울들이 종종걸음으로 내 뒤를 쫓아옵니다.

노동조합이 불법인가요?

아직도 노동조합을 만들었다는 이유로 탄압을 받아야 한다는 사실이 너무도 슬픕니다. 노동조합법에 따르면 노동조합은 "근로자가 주체가 되어 자주적으로 단결하여 근로조건의 유지 개선 기타 근로자의 경제적 사회적 지위의 향상을 도모함을 목적으로 조직하는 단체 또는 그 연합단체를" 말합니다. 단결권은 헌법에서 보장한 노동자의 권리입니다. 국가나 사용자는 노동자의 단결의 자유를 부당하게 침해하는 것은 헌법에 위배된 일입니다. 사용자가 단결권을 침해하거나 지배 개입하는 것은 부당 노동행위이며 법으로 엄격히 규제됩니다.

대한민국 최고의 기업이라는 곳에서 전체 직원들을 상대로 비노조 교육을 했다는 언론 보도를 보며 참담했습니다. 아, 기본 교양도 없는 기업가가 살고 있는 땅, 노동조합이 뭔지는 최소한 정확히 알아야 하는 것 아닙니까? 어느 회산지는 아시지요? 삼성전자, 아시잖아요. 범법자가 뻔뻔하게 그룹의 회장으로 복귀하는 이 땅에서 정말 살아야 하는지, 답답합니다.

기륭전자, 김소연

사람이고 싶다

잔인하고 끔찍한 시간이 흐르고 있습니다. (이렇게 글을 시작해야 하다니! 정말 징글징글 맞습니다. 하지만 이 말 말고는 다른 말을 찾을 수 없습니다) 못 들은 척, 못 본 척하며 지나가려고 했던 구로동의 기륭전자. 지하철 1호선 가산디지털단지역에서 내려 기륭전자를 찾아가는 내내 머리에 맴돈 생각은 시간입니다. 잔인한 시간, 끔찍한 시간만을 생각하며 걷습니다.

하루 이틀 사흘, 300일 500일 800일, 그리고 1000일의 시간이 지났습니다. 1000일 하고도 하루 이틀 사흘, 그리고 훌쩍 두 달이 지났습니다.

곡기를 끊었다고 합니다. 하루 이틀도 아니고 1주일 2주일도 아니고 한 달을 훌쩍 넘겨 두 달이 되어가고 있습니다. 단식 45일째가 되는 지난 7월 25일 기륭전자 농성장을 찾아가 인터뷰를 한 뒤, 글 쓰는 것을 주저했습니다. 겨울나무처럼 하얗게 말라가는 기룡전자 노동자의 이야기를 쓰고 싶지 않았습니다. 연둣빛 새순을 쓰고 싶었습니다. 단식 50일째 되는 날 다시 찾아갔습니다. 달라진 게 없었습니다. 55일째 되는 날 다시 기룡전자를 찾아갔지요. 더욱 흉측하게 말라 다시는 싹을 틔우지 못할 것 같은 비정규직 해고 노동자만이 기다리고 있었습니다.

시퍼런 기룡전자 철 대문 옆에는 연둣빛 컨테이너박스가 있고, 박스 옆에는 알루미늄 사다리가 위태롭게 걸쳐져 있습니다. 흔들리는 사다리를 붙잡고 움찔거리며 컨테이너 지붕 위에 올라섭니다. 바로 앞이 기룡전자 경비실 옥상입니다. 군사용 철조망이 가로놓여 있습니다. 이 철조망 너머에 사람이 있습니다. 철조망을 넘으려는 순간 다리의 힘이 쭉 빠집니다. 철조망을 넘을 자신이 없습니다. 좀 더 솔직히, 철조망 너머에 말라가는 (아니, 죽어가는) 사람을 만날 자신이 없습니다.

지푸라기보다 가벼울 김소연 기룡전자 분회장을 달랑 안아 내려오지 못할 거면서 철조망을 넘는다는 게 무슨 필요가 있단 말인가요. 오늘 단식 며칠째입니까, 건강은 어떠십니까, 교섭은 진전이 있습니까, 단식은 언제까지 지속할 겁니까. 돌아올 이야기가 뭔지 뻔히 알면서 질문을 하는 게 무슨 소용이 있단 말인가요. 끝까지 싸우라는 말을 하겠습니까, 아니면 이제 단식을 그만 접으라고 말을 하겠습니까? 망연자실 주저앉아 철조망 너머를 바라봅니다.

"목숨을 건 투쟁이다 현장으로 돌아가자"

단식농성 천막 앞에 걸린 플래카드가 비바람에 찢기고 한여름 땡볕에 색이 바랜 채 너덜너덜한 비정규직 노동자처럼 흐느낍니다. 천막 안을 봅니다. 하얀 소복이 하나는 바닥에 펼쳐져 있고, 다른 하나는

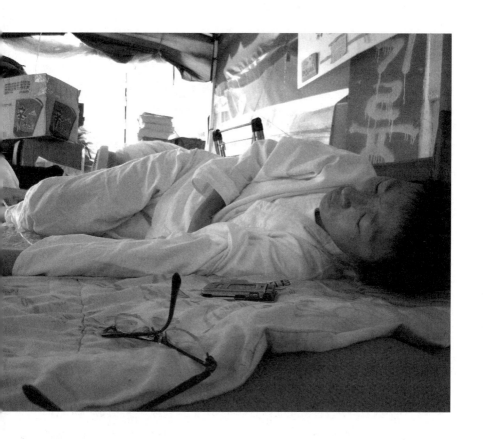

천막에 120도로 꺾인 채 기대어 앉아 있습니다. 사람은 보이지 않고 소복만이 천막을 지키고 있네요.

기륭전자 조합원이 왜 1000일을 넘게 공장 담벼락 앞에 천막을 치고 있는지 말하려고 이 글을 쓰는 게 아닙니다. 조합원의 요구가 정당하다는 걸 이야기하고 싶지도 않습니다. 사용주가 얼마나 많이 약속을 뒤집고 조합원들에게 포악하게 굴었는지를 낱낱이 까발리려는 것도 아닙니다. 비정규직 노동자의 현실을 고발하고 싶은 심정도 없습니다. 지지나 연대를 해달라는 말은 더더구나 아니고요. 삭발은 몇 번 했고, 단식이 몇 번째고, 고공농성, 삼보일배, 항의 방문, 뭐 이런 말을 끄집어내어 얼마나 처절하게 싸우고 있는지를 알리려는 것도 아닙니다. 단식을 하느라 체중이 10킬로그램 이상 빠졌고, 지금 단식을 그만두어도 신장이 나빠져 평생 투석을 하며 생명을 연장해야 한다느니, 하며 감성에 호소를 하고 싶지도 않습니다. 할 필요도 없습니다. 1000일 하고도 두 달이 넘지 않았는가요.

철조망을 넘습니다. 경비실 옥상입니다. 한 걸음 한 걸음, 단식농성 천막을 향해 걷습니다. 삐거덕거립니다. 바닥에 깔린 나무 팔레트에서 나는 소립니다. '어떻게든' 생명은 살려야 하지 않겠냐는 마음에 무수한 이들이 오가며 남긴 한 맺힌 울음소리……

축 처진 소복이 홀로 일어섭니다. 아찔합니다. 바짝 마른 지푸라기가 소복 안에 있습니다. 가을걷이를 앞둔 논 위에 우두커니 서서 햇볕에 닳고 비바람에 초췌해진 허수아비.

허수아비가 허연 이를 드러내며 웃습니다. 입술이 옆으로 벌어지며 열리자 눈은 자그마해지고 부챗살처럼 눈가에 주름이 잡힙니다. 눈가에만 주름이 있는 게 아닙니다. 거죽만 남은 얼굴에 단식의 시간만큼

빗금이 그려져 있습니다. 1000일을 넘기지 않고 일터로 돌아가겠다는 결의를 하며 박박 깎은 머리카락은 밤송이처럼 쭈뻣쭈뻣 서서 손가락 한 마디 정도가 자랐습니다. 문득, 밥을 먹지 않아도 머리카락은 자라는구나, 하는 엉뚱한 생각이 들었습니다. 다시 머리카락을 찬찬히 바라봅니다. 곡기 없이 자란 머리카락은 거름 없는 논의 나락처럼 메말라 윤기가 없습니다. 허수아비는 김소연입니다. 안경 너머에 호기심과 장난기 가득한 눈을 가지고 있는 김소연. 최저임금에 10원을 더 받으며 기륭전자에서 일을 했던 김소연.

김소연이 기륭전자에 첫 출근한 날 공장에 들어서자, 노예선 밑바닥에서 사슬에 묶인 채 노만 젓던 노예들처럼 일을 하던 기륭 노동자들은 김소연에게 이름을 묻기는커녕 눈길도 한 번 주지 않고 일하다가 점심시간이 되자 우르르 현장 밖으로 나가더랍니다. 그 차가움에 질려 식당이 어디냐고 감히 물을 수 없었던 김소연은 점심을 거를 뻔했다고 합니다.

두 해 전인가 세 해 전인가(1000일이라는 시간이 시간의 감각을 무디게 합니다), 기륭전자 노동자에게 노동조합이 생기니 무엇이 제일 좋았느냐고 묻자, '마음을 터놓고 이야기를 할 수 있는 친구가 생겨 좋다'고 했습니다(동료와 이야기를 나눴다고 해고된 이도 있습니다). 농성 300일째인가 500일째인가(이것도 내 기억력의 문제가 아니라 1000일의 시간이 준 혼돈입니다), 왜 아직도 투쟁을 하는 거냐고 어느 조합원에게 묻자, '좋은 친구들이 곁에 있어서'라고 했습니다.

정규직이 되고 싶다는 바람이 사/람/이/고/싶/다/ 는 바람이듯, 기륭전자 노동자들이 가을 겨울, 그리고 봄 여름 가을 겨울, 다시 봄 여름 가을 겨울, 또 다시 봄 지나 여름을 아스팔트 위에서 "목숨을 건

투쟁이다 현장으로 돌아가자"라는 닳아진 플래카드와 함께 앉아 있는 이유는 사/람/이/그/리/워/서/ 입니다.

기륭이 여기서 물러서면 비정규직 싸움은 무너지고 맙니다.

미안합니다. 절대 아닙니다.

50일이 넘는 단식이란 '고용의 형태'나 '노동자와 사용자 간의 힘겨루기'라는 '갇힌 생각'으로는 절대 견딜 수 없는 시간입니다. '한국에 있는 생산라인을 없애겠다는데 다른 길을 찾아야지', '서로 조금만 더 양보하면 되는 거 아니냐', '노조가 너무 무리한 요구를 하는 거 아냐', '그만큼 했으면 뜻이 전달됐으니 이제 단식은 풀어야지', '살아서 싸워야지'라는 스포츠 중계 해설자처럼 씨부렁거릴 수 없는 시간이고 함부로 입을 놀릴 문제도 아닙니다. 한 줌 바람에 실려 훨 날아갈듯 바싹 말라 지푸라기가 된 김소연에게 '살래? 죽을래?'는 이미 가치를 잃은 선문답입니다. 기륭 노동자는 사람에게 사/람/ 이라는 화두를 던지고 있습니다.

이번 단식이 성과 없이 끝났다고 해서, 아무 것도 얻지 못한 채 기륭의 싸움이 잊힌다고 해서, 기륭 노동자의 1000일 날갯짓과 50일을 넘긴 단식이 던진 사/람/ 이라는 화두는 사라지지 않을 것입니다. 구로공단을 떠돌 것이고, 노동자들의 가슴에 맴돌 것입니다. 생명보다는 이윤이 앞서는 자본주의 사회 곳곳을 허리케인이 되어 강타할 것입니다.

제발 기륭의 1000일 농성과 단식을 가지고 얻은 것과 잃은 것을 따지고, 성과와 한계를 나누고, 옳고 그름을 가리려고 하지 말기를 바랍니다. 정말 기륭 노동자를 사랑한다면 가을 들녘에 홀로 서 있는 허수아비의 가슴을 들여다보기를 바랍니다. 보이는 것만 보지 말고 보이

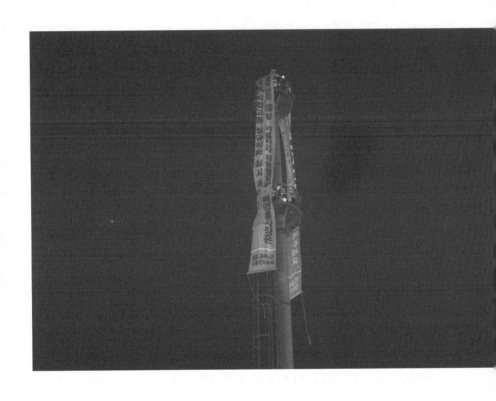

지 않는 붉은 심장을 보기를 바랍니다. 심장의 박동 수에 얽매이지 말고 심장이 뛰는 리듬을 느끼고 소리만 듣기를 바랍니다.

인터뷰를 위해 사다리를 타고 철조망을 건너며 가져간 녹음기를 꺼내지 않았습니다. 취재수첩도 볼펜도 꺼내지 않았습니다. 말을 건네지도 않았습니다. 목울대가 꿈적일 때마다 마른침만 꾹 삼켰습니다. 그리고 바라만 보았습니다.

사람도 새처럼 알을 깨고 나온다면 어떻게 생겼을까 궁금했습니다. 오늘 김소연을 바라보니 알을 깨고 나온 사/람/ 의 모습을 찾을 수 있었습니다.

고공농성으로 교섭이 열리고 다시 좌절되고, 집권당 원내대표를 찾아가 다시 교섭이 열리고 또다시 좌절되고, 이때마다 희비가 엇갈렸습니다. 승전보를 쓰고 싶다는 마음이 얼마나 미련하고 부끄러운 일이었던가, 반성합니다. 이기고 지고, 공장으로 돌아가고 돌아가지 못하고, 정규직이냐 비정규직이냐, 물론 중요합니다. 하지만 기륭노동자의 1000일의 항거를 이야기하는 잣대가 되어서는 안 됩니다.

어젯밤에는 한숨도 자지 못했어요. 비바람이 치고 천둥번개가 치고 그랬어요.

단식 45일째 퀭한 눈으로 김소연 분회장이 한 말입니다. 오늘 인터뷰의 전문이기도 합니다. 태풍이 지나간 다음 날이었습니다.

무서워서 잠 못 이룬 걸까. 아닐 거다. 사/람/ 이 그리워 그랬을 겁니다. 사/람/이 되려고 밤새 알을 깨느라 그랬을 겁니다.

김소연에게는, 아니 기륭 노동자에게는, 그리고 고통 받는 비정규직 노동자에게는 사람, 사/람/ 이 필요합니다. 가장 가까이 있어야 하고, 가장 가까이 지금 있다고 생각하는 사람들이 먼저 사/람/ 을 한 번 더, 간절히 한 번 더 생각해주기를 무릎을 꿇고 앉아 빕니다.

더 이상 잔인하고 끔찍한 시간이 흘러서는 안 됩니다.

권리를 위해서는 '쌈'을 하라고요?

법사회학의 아버지 루돌프 폰 예링의 오스트리아 빈 대학 고별 강연의 제목이 "권리를 위한 투쟁"입니다. 법학자인 예링은 법의 목적은 평화이지만 그 평화를 얻는 수단은 투쟁이라며 투쟁의 중요성을 강조했습니다. "당신은 투쟁하는 가운데 스스로 권리를 찾아야 한다." 예링의 강연문 마지막 문장은 "자유도 생명도 날마다 쟁취하는 자만이 향유한다"입니다. 노동자의 권리는 싸움을 통해서 얻을 수 있습니다. 노동자의 싸움은 법과 권리를 위한 정의로운 몸짓입니다.

기륭전자 김소연 씨는 우리 시대 최고의 법학자입니다. 또한 우리 시대 최고의 양심입니다. 김소연 씨는 아직도 구로공단 앞을 떠나지 않고 있습니다. 아니 영원히 떠나지 않을 겁니다. 자신이 잃은 권리를 되찾는 날까지. 헐려버린 기륭전자 옛 공장 앞에서 김소연 씨는 이 시대 양심이 어느 곳에 있어야 할지를 몸으로 말하고 있습니다. 그래서 아름답습니다. 존경합니다. 김소연 씨가 있는 한 절망의 우리시대가 희망의 우리 시대를 만들 겁니다. 박수를 보냅니다.

노동자들의 수다 3

그러니까 한국 법이 개법이지

방종운 콜트악기 지부장
류제휘 로케트전기 부분회장
김소연 기륭전자 분회장
홍윤경 이랜드일반노조 사무장

©최규화

하늘이 시퍼렇게 푸른 날입니다. 햇살은 따갑고 바람은 시원합니다. 2009년 9월 3일 오후 3시, 자그마한 봉제공장들이 옹기종기 모여 있는 창신동 골목 한 건물 안에서 드르륵드르륵 쉴 새 없이 돌아가는 미싱 소리와 함께 노동자들의 수다가 시작되었습니다. 콜트악기의 방종운, 로케트전기의 류제휘, 기륭전자의 김소연, 이랜드의 홍윤경. 한 번쯤은 들어봄 직한 이름이죠. 일터에서 추방당한 해고자들입니다. 이들이 다닌 회사 이름에는 수식어처럼 장기투쟁사업장이라는 말이 쫓아다닙니다. 일터 밖에서 일을 하고 싶다고 외치고 있는 사람들. 오늘 그들의 수다에서 대한민국의 어둠과 함께 햇살을 찾아봅니다.

방종운 | 김소연 분회장이 작년에 불법파견 철회, 직접고용을 바라며 90일 넘게 단식투쟁을 했잖아요. 그 이후에 단식투쟁이 사라졌다는 말이 있어 참 기쁘더라고요.

김소연 | 지금 단식투쟁하는 사업장 있어요. 기륭 단식 이후에 단식투쟁을 해도 안 되는구나, 해서 단식을 하지 않은 경우도 있지만 회사 쪽에서도 노동자들이 단식투쟁한다면 기륭처럼 언제까지 계속할 줄 모른다, 겁이 나서 얼른 해결해야 되겠다, 이런대요. 저도 단식은 반대예요. 근데 진짜 어쩔 수 없어 단식을 할 수밖에 없었어요.

오도엽 | 요즘 건강은 어떠세요?

김소연 | 지금도 몸무게는 거의 단식하기 전 상태로 돌아왔어요. 몸무게가 빨리 늘어나면 안 되는데. 단식 뒤로 아무래도 뇌에 영양 공급이 안 되다 보니 집중하거나 생각하는 데 심각하다고 느껴요. 기억력이 엄청 나빠졌어요. 돌아서면 잊어버리고, 심각해요. 지금은 많이 나아졌어요. 저도 몰랐는데 한 동지가 엄청 걱정하더라고요. 회의할 때 분명 지금 얘기했는데 제가 알아 듣지 못하고 딴 이야기하고 그랬대요. 단식할 때 보다는 오히려 복식하면서가 많이 힘들었어요. 저만이 아니라 조합원들 몸 상태들이 전부다 안 좋고 후유증이 남아 시간이 많이 걸릴 것 같아요.

홍윤경 | 500일 투쟁했는데 단식을 한 번도 하지 않은 사업장은 이랜드밖에 없을 거예요. 우리 (홈에버) 아줌마들은 밥심으로 투쟁하는데 왜 단식하냐, 그래요. 본인이 굶는 것도 싫어하지만 남이 굶는 것도 못 보는 거예요. 사실 저희도 작년 여름에 단식투쟁하자고 결정까지 했어요. 그런데 기륭 팔구십 일을 단식 하는 걸 보면서 우리는 도저히 못한다, 전부 다 혀를 내둘렀어요. 그래가지고 통과된 단식 안건

이 폐기됐어요.

오도엽 | 다행이라고 해야 하나요? 로케트는 철탑농성 많이 하셨죠?

류제휘 | 지난 3월에 50일 넘게 철탑농성 했잖아요.

오도엽 | 제가 취재를 마치고 돌아와 한참 글을 쓰고 있는데 농성을 시작했다는 소식을 들었습니다. 고공농성 하면서 많은 어려움이 있었을 텐데요?

류제휘 | 되게 고립감이 심해요. 공중에 매달려 그 좁은 공간에서 여러 가지를 해결해야 하니까. 고공농성하니까 관심이 뭐냐면, 저 높은 곳에 어떻게 올라갔냐, 생리 현상은 어떻게 해결했냐, 밤낮으로 출퇴근하듯 올라갔다 내려왔다 한 거 아니냐. 지난 8월 말 농성한 지 2년 되니까 기자 분들이 물어보더라고요. 해결 안 됐는데 철탑에서 왜 내려왔냐고.

김소연 | 어휴, 해결 안 됐는데 내려올 수밖에 없는 심정은 오죽하겠냐고. 자기들이 올라가보라고 하죠.

류제휘 | 철탑농성 할 때 화물노동자 박종태 동지가 돌아가셨잖아요. 철탑 아래에 있는 동지들이 많이 걱정했어요. 회사와 교섭은 답보 상태로 고공농성이 50일 넘게 장기화되니까, 박종태 열사와 같은 불행한 일이 생길까 걱정들이 많았대요. 위에 있으면서 이번에 어떻게든 결판을 보겠다고 단식까지 하려고 했는데 동지들의 만류가 있어서 내려왔어요. 고공이든 단식이든 하고 싶어 하는 사람이 어디 있겠어요. 정말 마지막이라는 심정으로 하지. 그렇게 해야지 관심도 가져주니까.

김소연 | 저희도 구로역에서 고공농성 했잖아요. 본래 길게 농성하려고 올라간 게 아니었어요. 농성했던 동지가 머리가 길었어요. 성격이 굉장히 예민한 친군데 머리에 이가 생겼잖아요. 정말 그 좁은 곳에서 여러 가지를 해야 되기 때문에 농성하는 내내 짐승 같은 느낌이 들었대요.

방종운 | 여러분들 오랫동안 농성하면서도 밝게 웃는 모습 보니까 참 좋네요.

홍윤경 | 가슴속은 답답해도 우리는 투쟁하는 내내 즐겁게 했는데요. 농성장에 있으면 즐거워요. 참 희한하게.

김소연 | 집에 있으면 더 우울해지지. 마음속이야 문드러지지만 농성장에 와서 함께 만나면 잊고 싸우거든요.

오도엽 | 단식농성, 고공농성 이야기로 시작되니 오늘 좌담이 벌써 심상치가 않습니다. 요즘 현장 이야기를 들어보죠.

류제휘 | 저희는 오늘이 농성한 지 만 2년하고 3일째 되는 날이에요. 7월 말에 부당 해고 행정소송 2차까지 했는데 패소해서 대법에 항소한 상태예요. 왜 고공농성을 했냐면, 회사가 정리해고 하면서 신규채용이 있으면 해고자를 먼저 고용하겠다고 합의를 해놓고, 이번에 해고자는 나 몰라라 하고 신규채용 공고를 낸 거예요. 정리해고자 선정도 문제가 많잖아요. 근로조건이 나빠지는 것을 알리는 선전물을 돌린 사람들을 해고한 거잖아요. 시민들 만나 보면 선전지 배포했다고 해고한 걸 사회 통념상 이해가 안 된다고 해요. 어떻게 해고가 되냐, 근로조건 저하의 부분을 이야기한 것이 어떻게 해고 사유로 이야기 되냐, 사회 통념상 보면 이런데 법은 안 그러더라고요. 원체 기업

하기 좋은 분위기를 만든 명박이가 들어서고 나서는 더더구나. 시민들이 사회 통념상 이해할 수 없는 부분을 법에서는 회사가 작성한 해고 명분을 다 인정하더라고요. 법과 기업의 명분이 시민의 일반적 상식을 짓밟은 거죠.

방종운 | 그러니까 한국 법이 '개법'이지. (웃음) 전에는 악법은 어겨서 깨뜨리자, 이런 노동가요도 있었는데, 이제는 악법을 어겨서 깨뜨리는 분위기가 없어졌어. 그만큼 기업은 노동자를 법의 테두리 안으로 집어 넣어서 올가미를 채우려고 했고 노동자는 거기서 벗어나지 못했던 거야. 1970년 전태일 열사가 있었던 시절보다 법이 노동자를 더 자유롭지 못하게 조이는 쪽으로 간다는 거죠.

김소연 | 요즘은 기업주들이 법을 어겨서 깨뜨리려고 하잖아요. 불법 파견을 합법화하겠다고 난리잖아요. 노동운동도 경험이 많이 쌓였잖아요. 그런데 나의 경험이 다야. 어떤 싸움을 하려고 하면 자신의 경험의 잣대로 그것을 재단해요. 싸우기도 전에 이 싸움은 이렇게 될 것이고 저렇게 될 것이고. 이런 식으로 투쟁사업장에서 올라온 의견을 거세해요. 우리는 못했는데 너희들이라도 해볼 수 있도록 힘을 모아보자, 이런 식으로 해야 되는데. 물론 알아요. 싸움이 안 되게 하려고 하는 거 아니라는 거. 그런데 자신의 경험의 판단에만 의존하다 보니 새롭게 올라오는 흐름들이 거세당하고 있어요. 비정규직 투쟁은 새로운 투쟁이잖아요. 현재의 법을 넘어서는 투쟁이고. 많은 간부들은 자신의 경험에 익숙해서 새로운 투쟁을 하는 걸 두려워해요.

류제휘 | 요즘 투쟁사업장에 접근 금지 가처분신청이나 업무방해 이러며 가압류나 벌금을 때리잖아요. 이렇게 돈으로 하고 싸움을 움츠러들게 하고 있어요. 이놈의 세상이 자본주의 세상이기는 하지만

해고자들 생계비도 없는 상황인데 돈으로 공격을 하다니. 법과 제도를 들이밀며. 어디 우리가 제대로 해보고 엮인 것도 아니다. 사진 채증으로 드라마 엮듯이 해가지고 우리가 업무방해를 한 것처럼 만들어서 벌금을 부과하니. 해보기나 하고 그랬으면 억울하지도 않을 텐데. 우리가 생계가 어렵다는 걸 알고 그걸 이용해 기업들이 공격하고 법이 인정해주는 거죠.

김소연 | 기륭 같은 경우에 많은 분들이 우려했던 건, 이길 가능성 있냐? 노골적으로 우리 앞에서 이야기하진 못했는데, 그렇게 묻는 이유가 법에서 졌으니까, 그런 거죠. 나중에 투쟁하다가 최후의 보루가 법이거든요. 기륭 같은 경우에는 법에 기대하는 것을 투쟁 초반에 깨뜨렸어요. 우리에겐 법이 중요하지 않았어요. 비정규직 문제는 법으로 해결되지 않고, 보호될 수도 없다, 그래서 법적 싸움을 열심히 안 했어요. 현실적으로 싸워야 할 것을 찾아 싸웠어요. 후회도 좀 했지. 좀 더 법정 싸움을 할 걸. 어떻든 법적 테두리 안에 머물러요. 이 테두리를 넘어서는 것에 대해서 다들 두려움들이 많이 생긴 거 같아요.

방종운 | 콜트악기는 1000일 바라보면서 농성하고 있어요. 콜트악기도 행정소송에서는 졌어요. 지난 7월에 2심 판결이 있었는데 뒤집었어요. 회사가 대법에 항고를 한 상태고. 나 같은 경우는 오늘 폐업에 따른 부당 해고 2심 선고가 있었어요. 판사 주문 사항이 원직복직시키고, 그간 임금 지급해라, 이런 내용이에요. (모두들 박수)

오도엽 | 콜트, 콜텍은 문화예술 활동을 하는 분들과 활발하게 연대를 하고 있는 걸로 알고 있습니다.

방종운 | 예술인 노동자들이 저희들과 함께 해줘서 농성하는 데 가장 큰 힘을 받고 있습니다. 8월 29일, 30일 썸머 페스티발이라고 해

서 언더 가수 30개 팀이 오후 4시부터 새벽 6시까지 진행할 예정이었는데 회사에서 용역 70명과 '명박산성'처럼 컨테이너 갖다가 정문에다 세우고 그래서 또 한바탕 붙고 그랬습니다. 장소를 급작스럽게 변경하고 했는데도 성황리에 끝났습니다.

오도엽 | 그날 여느 때보다 많은 용역들을 동원해 행사를 방해했다고 들었습니다.

방종운 | 짠돌이 사장이 의외로 용역을 70명 썼다는 건 우리 입장에서는 보통 일이 아니거든요. '이젠 미쳐가는구나!' 가만 생각해보니 짠돌이 사장이 그럴 만도 하겠다. 2년 가면 농성을 끝내지 않을까, 노동자들이 다 손들고 떨어져나갈 줄 알았는데 2년 가고 3년차 들어가니까 미치는 거죠. 인도네시아 공장에서 물건 싸게 만들어서 팔아먹었는데 그것도 한계성이 오는 것이고, 공장을 돌려야 되는데 다시 돌릴 명분은 없고. 법으로 이겨서 법으로 끝내는 것도 안되고. 사장 입장에서는 뭘 할 수 있는 조건이 없다 보니까 이런 강수를 두는 것 아니냐. 회사가 저렇게 미쳐가면 미쳐갈수록 우리가 일터로 돌아갈 시기가 다가오는 거다, 그랬죠.

홍윤경 | 이랜드는 2006년에 단체협약을 회사가 일방적으로 해지했어요. 한 달 파업하고 대부분 현장 복귀하고, 소수만 파업하고 있다가 2006년 말에 까르푸노조와 통합을 해서, 이랜드일반노조가 되었어요. 2007년에 저희가 예상했던 대로 비정규직 문제가 심각해져서 통합된 이랜드일반노조가 뉴코아노조와 같이 작년 11월까지 510일 파업을 했었죠.

오도엽 | 간부들의 희생이 있었지만 많은 비정규직들이 정규직으로

일할 수 있게 된 성과를 남긴 투쟁이었다고 생각됩니다.

 **홍윤경** | 이랜드가 도저히 홈에버를 가지고 있을 수 없는 정도의 위기 상황이었기 때문에 홈에버를 홈플러스에 팔아넘기게 한 것이 이 싸움의 성과죠. 홈에버에서 완전히 경영권을 홈플러스에 가져간 지난해 10월부터 본격 교섭을 해서 한 달 만에 타결했죠. 물론 비정규직 문제의 핵심은 홈에버 노동자였기 때문에 우리가 파업투쟁을 했던 핵심적인 문제는 다 풀렸던 거죠. 소수 간부를 제외한 비정규직이 정규직화 되어 전원이 복귀를 해가지고 일을 하고 있고요. 타결을 하면서 위원장 등 몇 명 간부들이 희생을 했죠. 저는 원래 이랜드 소속이었기 때문에 홈플러스와 합의에는 애초부터 들어갈 수도 없었고, 들어가지도 않았고요.

오도엽 | 이랜드 출신 해고자는 몇 명이나 되죠?

홍윤경 | 홈에버 비정규직 투쟁으로 이랜드 출신 해고자가 여섯 명이에요. 올 1월에 해고자 복직투쟁위원회를 만들어 한 달에 한 번 집회와 일주일에 한 번 선전전을 하고 있고요. 이 여섯 명이 복직투쟁을 하고 있는데 저하고 이남신 위원장 직무대행은 집행유예가 있기 때문에 복직이 어려울 수도 있어요. 나머지 네 명을 구하기 위해서라도 최선을 다해야죠. 저하고 이남신 직무대행은 법적 투쟁과 관련 없이 나쁜 기업이 사라지든지 아니면 노조가 진정으로 정상화되서 올바른 방향으로 갈 수 있을 때까지 투쟁을 계속할 겁니다.

김소연 | 기륭은 1000일 전에 끝내자, 현장으로 돌아가자, 이런 목표를 갖고 작년에 힘 있게 투쟁을 했어요. 2005년 8월부터 공권력 들어오고, 현장에서 쫓겨나 천막농성하고 나서부터 지금까지 쭉 싸워

온 거지요. 작년에 서울시청 고공농성, 구로역(고공농성), 단식을 쭉 진행했어요. 그 과정에서 타결할 수 있는 몇 차례 기회가 있었는데 회사가 매번 그걸 뒤집었어요. 단식 말미에 교섭이 열렸지만 도저히 받을 수 없는 안이었어요. 최소한의 원칙은 지켜야 하는데 최소한의 원칙도 지켜지지 못해요. 우리가 이제껏 죽도록 싸워왔던 거를 훼손시킬 수 없다, 두 손 털고 끝낼 수는 있어도 그 안을 수용할 수가 없다, 이래서 결렬이 됐죠.

오도엽 | 노조가 입장이 강하지 않냐, 이런 말도 나왔는데 그때 나왔던 안이 어떤 것이었습니까?

김소연 | 그 내용은 기륭전자가 직접 책임질 수는 없다, 제3자를 내세워서 2000만 원짜리 회사를 만들면 열 명을 고용시켜서 기륭의 하청이 그 회사에 하청을 줄 수 있도록 하겠다, 1년 이상 되었을 때는 경영 평가를 해서 성과가 좋으면 물량을 더 줄 수 있도록 검토해보겠다, 이런 정도의 안이었어요. 이건 죽었다 깨도 받을 수 없는 안이었죠. 그 뒤에 다시 한 번 교섭이 열렸어요. 그때 회사가 이야기했던 게 고용 형태에 관련해서는 노동조합의 의견을, 고용 인원과 관련해서는 회사 의견을 전제로 해서 고민해달라고 했어요. 마무리해보자, 이래서 다시 교섭을 했는데 기륭이 고용 형태도 고집하면서 또 교섭안을 뒤집어서 결렬됐어요.

오도엽 | 얼마 전에 수련회를 다녀온 걸로 알고 있습니다.

김소연 | 네. 앞으로 어떻게, 어떤 방향으로 할 것인가, 이런 이야기를 했죠. 솔직히 조합원들이 공황 상태이죠. 작년에 열심히 투쟁했는데도 해결이 안 된 상태이기 때문에. 그 이유가 뭘까, 앞으로는 무엇을 가지고 싸워야 될까 이런 것에 대한 논의가 있었어요. 불법파견 직

접고용 정규직화 요구는 기륭 노동자가 처음이었어요. 그전에는 불법 파견이 뭔지도 잘 몰랐잖아요. 우리는 현장에 들어가지는 못했지만 투쟁하는 다른 사업장들이 직접고용을 요구하면서 싸우게 되는 그런 과정이 있었고, 실제로 성과를 냈고, 물론 한계는 있긴 하지만 간접고용 형태로 해결된 것이 아니고 직접고용 형태로 해결되는 과정들이 있었죠. 최근에 강남성모병원의 경우 사회봉사라든지 말도 안 되는 이야기가 합의문에 들어가 있지만 그래도 파견노동자가 직접고용으로 간 거거든요. 신용보증기금도 그렇고. 그런 면에서 기륭 투쟁이 성과가 아니냐. 그런데 왜 우리는 해결 안 됐냐. 이명박 정권의 노동유연화 정책이 최소한 법 테두리 내에서만 해결하겠다는 입장, 죽었다 깨어도 법적 테두리를 넘어서지 않겠다는 입장이지 않느냐. 기업과 정부는 힘을 합쳐 총공세가 있었는데 우리는 총공세를 펼치지 못한 거 같다. 금속노조나 민주노총이 전략적으로 이 문제를 전체 노동계의 문제니 반드시 해결해야 된다는 관점으로 같이 총력 투쟁을 하고 투쟁 계획도 세우고 이러지를 못했어요. 싸우니까 지원하고 이런 거는 했었는데, 같이 주체가 되어서 만들어내지는 못했던, 그런 아쉬운 한계들이 있었죠.

오도엽 | 이랜드는 아직도 힘든 투쟁을 이어가고 있습니다. 파업 투쟁하실 때보다 요즘 더 많은 고민거리가 있을 거라 생각됩니다.

홍윤경 | 홈에버 월드컵점 점거하고 있을 당시에, 리틀 박성수라고 불리는 뉴코아 사장이 관리자들 모아놓고, 회사는 1년을 준비한다, (파업에 맞서) 1년을 버틸 수 있다, 노조를 이번에 완전히 박살을 내야 한다, 이런 이야기를 했다고 하더라고요. 그 이야기를 들었을 때 저는 회사 관리자들에게 위기의식을 심어주기 위해서 하는 그야말로

선동이라고 생각을 했어요. 근데 1년이 지나고 나서 느낀 것은 정말 1년을 준비했구나, 노조를 깨기 위해서. 그걸 보면서 정말 우리나라는 기업을 하기 좋은 나라일 뿐 아니라 기업이 노조를 깨기도 좋은 나라구나, 생각했어요. 기업가 입장에서는 장기투쟁을 허용, 허용이라 하기는 뭐하지만, 해결하려는 적극적 노력을 하지 않더라도 자기들에게 해가 되는 게 아무것도 없어요. 유통업계는 직영 직원이 10프로도 안되기 때문에 전 조합원이 파업을 한다고 해도 얼마든지 매장을 운영할 수 있는, 법에 대체근무나 이런 것들을 얼마든지 할 수 있는 상황이기 때문에, 신자유주의 물결 속에서 더더욱 투쟁사업장이 고립될 수밖에 없지 않느냐, 생각이 들어요.

오도엽 | 80년대 이후로 노동조합이 많이 만들어지고 그 힘도 커졌습니다. 하지만 현장에서 투쟁하시는 노동자들의 어려움은 여전한 것 같습니다.

홍윤경 | 민주노총과 같은 조직적 힘이 생겼지만, 큰 힘이 생긴 만큼 조직을 유지해야 하는 쪽으로 많이 간다고 저는 생각해요. 그니까 이전에 조직이고 뭐고 없었을 때는, 진짜 한 사업장 투쟁한다고 그러면은 전부다 몰려갔잖아요. 근데 지금은 그게 아니라 나름대로 조직적인 체계를 기본적으로 유지해야 해요. 그때는 노조도 노동자도 잃을 게 없었잖아요. 지금은 이미 갖고 있는 게 많은 거죠, 노조들도. 누구를 탓하기보다는 그런 구조가 되어 있고, 말이 산별노조라고 하지만 대기업 노조 위주잖아요. 여러 노조 함께 연대해서 있는 것 이상의 힘을 아직까지는 발휘하지 못하고 있다고 생각해요.

김소연 | 기업과 권력은 노동자를 항상 분열시키는데 우리가 제대로 대응하지 못하고 있어요. 지금도 생각나는데 내가 갑을전자 다닐

때 청소나 경비 다 정직원이었어요. 어느 날부터 청소 식당 경비를 외주화했잖아요. 우리 조합원이 아니에요. 이분들이 총무과 소속이어서 조합 가입 못하게 하고 그랬었어요. 조합원 아닌 사람들도 흡수해야 되는데 우리 조합원 아니니까 안 한 거지. 저는 첫출발이 그런 거라고 생각해요. 그러면서 쭉 밀려오는 과정. 그러다 IMF시절 확 밀리고. 그래서 비정규직 문제가 심각해지는데 대응을 못했어요. 상대적으로 노동조합 조직이 안정되니까 그 조직을 지키려고만 한 거죠. 예를 들면 위원장 하려면 조합원 지지를 받아야 하잖아요. 민주노총도 그렇고 단위노조도 그렇고 조합원의 요구에 근거해서 한다, 이런 말 하면서 우리가 해야 될 역할들, 의식적으로 해야 될 역할들, 바꿔내야 할 역할들을 충분히 하지 못해요. 조합원들 의견 수렴한다 해서 나머지 문제들은 유야무야 돼버리는 거죠. 그걸 넘어서지 않으면 사실은 노동운동의 다음 미래도 없을 거 같아요.

방종운 | 조합원들에게 보여주는 모습이, 아 쟤는 회사와 타협이 없는 사람이다, 노동자의 권익을 끝까지 지키는 사람이다, 그러면 위원장 선거운동 하지 않아도 당선이 됐어. 지금은 성과급을 얼마나 더 탈 수 있느냐, 이런 것들이 당선의 조건으로 되어버리다 보니까, 참 어찌 이리 변했는가 생각이 많이 들어요. 조합원들에 대한 교육 부분을 소홀히 하지 않았는가, 뭐 이런 생각도 드는 거고. 저희들, 중소기업 같은 경우 교육이 있다 그러면은 하여튼 토요일 일요일 가리지 않고, 연속 잔업 특근하면서도 밤중에 기차 타고 버스 타고 걸어서라도 교육장 찾아가서 교육 받고, 월요일 날 새벽에 출근하고 이랬는데…… 어느샌가 교육도 유스호스텔 같은 데서 하고, 그런 부분들이 나쁘다는 것이 아니라 그런 악조건 속에서 해왔던 것이, 지금은 더 편한데 잘

안 된다는 거지.

홍윤경 | 아까 민주노총 이야기 나올 때 사실 저는 이렇다고 생각해요. 모순인데, 노동조합이라고 하면은 당연히 조합원 과반수의 뜻에 따라서 운영될 수밖에 없죠. 그렇다고 해서 정규직 노조 조합원들이 비정규직 노조 배척하자고 결정하면은 그걸 따라가야 하느냐, 그런 모순이 있는 거죠. 민주노총도 마찬가지죠. 현재 대의원 구조에서는 대공장 사업장이 주도할 수밖에 없는 의사 구조죠. 저는 이런 생각을 했어요. 최소한 50프로는 해야 된다고 생각하는데, 50프로가 어려우면 한 30프로라도, 인원이든 돈이든 간에 똑 떼서 비정규 미조직 투쟁사업장 일만 정말 독자적으로 전담해야 한다고 생각을 해요. 이러지 않으면 현재의 구조가 바뀔 수 없다고 생각해요. 민주노총도 나름대로 다들 열심히 하죠. 하지만 현재와 같이 지속되면 투쟁사업장이나 미조직 사업장 같은 데는 소외될 수밖에 없다고 저는 생각이 들어요. 그런 획기적인 변화를 지금은 준비해야 되고 실행해야 되지 않느냐, 생각이 드네요.

김소연 | 개별 사업장 문제를 어떻게 묶을 것인가는 상급단체의 몫이라고 생각돼요. 하지만 투쟁 주체의 몫도 있어요. 장기투쟁사업장은 온갖 시련을 겪었기 때문에 '이제 이거다' 이야기할 수 있어요. 개별 사업장마다 싸우기보다는 여러 사업장이 어울려서 목소리를 낼 수 있는 내공이 생기는 것 같아요. 그래서 하반기에는 적은 인원의 힘이지만 모아서 함께할 수 있는 투쟁을 만들어봤으면 좋겠어요. 그 동안 쭉 있어오긴 했어요. 추석 전에 한 번 장기투쟁사업장의 고통의 목소리를 내봤으면 좋겠어요. 서울이 좋겠죠. 제일 여론 안 좋은 데가 서울이잖아요. 중앙에서 뭔가 변화가 없으면 어렵기도 하고요.

류제휘 | 오랫동안 투쟁하면서 사람을 잃기도 하고 얻기도 한 것 같아요. 육아 문제와 생계 문제 때문에 중도에 그만두신 분도 있고 해요. 투쟁하면서 기뻤던 거는 제가 3월 초에 고공농성한 지 얼마 지나지 않아 여성 조합원 한 분이 출산을 했어요. 고공농성 기간에 애를 낳은 게……

김소연 | 아니 고공농성 중에 애 낳은 게 기쁜 일이에요? (웃음)

류제휘 | 투쟁하면서 별로 즐거운 일이 없잖아요. 천막농성장이나 이런 것이 침침하고. 본래 즐거운 일이 아니라도 억지로 만들어서라도 기뻐해야죠.

김소연 | 농성하면서 정말 다양한 사람이 있구나, 그걸 알았어요. 현장 안에서 점거농성하는데 자기 신발을 딴 사람이 신었다고 집에 가버린 조합원이 있었어요. 다시 오긴 했지만, 정말 황당하더라고요. 이렇게 숱한 사람들을 만난 게 행복이죠. 같은 공장에서 일하지만 노동자끼리 서로 잘 몰라요. 300명 있는데, 입사가 짧고 부서가 다르면, 교류도 없어가지고 누군지 어떤 사람인지 서로 모른 채 일만 했죠. 오히려 조합 결성하고 농성하면서 알게 되었어요.

홍윤경 | 저는 지금 1학년, 5학년 두 딸이 있어요. 제가 가장 치열하게 싸우고 구속됐을 때 여섯 살, 3학년이었어요. 엄마 손길이 한참 필요할 때 제가 구속된 거죠. 그때 3학년 딸아이가 엄마를 자랑스럽게 생각한다, 이렇게 편지를 썼어요. 나중에 물어봤어요. "너 어떤 마음으로 이런 편지를 썼니?", "엄마, 편지는 원래 그렇게 쓰는 거야." (웃음) 아이들의 빈자리를 제가 채워주지 못해서 아이들과 많이 보내려고 노력을 하고 있어요. 아이들하고 보내는 게 더 어렵더라고요. 투쟁하는 것보다. 제가 하지 않았던 영역이기도 하고. (웃음)

오도엽 | 못 다한 이야기는 함께 소주잔을 나누면서 이어가도록 하겠습니다. 소중한 이야기 고맙습니다.

수다는 끝없이 이어졌습니다. 그 이야기를 고스란히 담지 못해 안타깝습니다. 방종운 씨는 아내가 보낸 엽서를 늘 몸에 간직하고 다닙니다. 꼬질꼬질 손때가 묻은 엽서를 보여주더니 겸연쩍은지 "마누라 자랑하는 거 같아서" 하며 엽서를 숨깁니다. 김소연 씨는 유럽에 원정투쟁 갔을 때 지하철에서 역무원에 걸려 벌금을 낸 이야기를 스스럼(?)없이 했으나 개인 프라이버시를 위해 여기에 옮기지는 않습니다. 지금껏 겪은 고통의 기억들과 앞으로도 계속될 험난한 길이 이들 앞에 놓여 있지만 이야기를 나누는 내내 가을 햇살처럼 맑은 웃음이 끊이지 않았습니다. 올 한가위에는 어머니 품 같은 보름달이 장기투쟁사업장 농성장에 기쁜 소식을 안겨주었으면 합니다. 정든 일터로 돌아갈 수 있도록.

우리가 알아야 할
대한민국의 가장 생생한 단면

한홍구 성공회대 교수

『밥과 장미』는 2006년 5월부터 2009년 6월까지 이 땅에서 벌어진 노동자들의 고난의 현장을 저자가 발로 찾아 생생하게 전한 기록이다. 그의 발길은 어린이집, 구청, 대학, 골프장, 저자회사, 제약회사, 공기업, 의류회사, 기타회사, 고속도로 휴게소 등 구석구석에 미친다. 이 책을 읽으면 많은 독자들은 〈세상에 이런 일이!〉 프로를 시청하는 듯한 느낌을 받을지도 모른다. 그러나 저자가 전하는 이야기는 지금 이 순간 이 땅에서 벌어지고 있는 생생한 현실이다.

저자의 발길을 따라 이 책에 나오는 사람들을 만나는 것은 솔직히 너무나 힘든 일이었다. 30년도 더 전에 대학에 들어와 노동자들의 현실과 처음 접하게 되었을 때의 당혹감이 되살아났다. 여기 실린 이야기가 혹시 그때 얘기가 잘못 실린 것은 아니었을까? 혹시 저 먼 일제 시대 이야기는 아니었을까? 차라리 그 시절 이야기였다면 이렇게 마음이 불편하진 않았을 텐데……. 지난 30년 동안 우리 사회는 엄청난 변화를 겪었다. 이제 대한민국은 1950, 60년대의 가난한 나라도, 1970, 80년대의 개발도상국도 아니다. 대한민국은 어느새 세계 10위권의 경제력과 군사력을 자랑하는 부강한 나라가 되어버렸다. 그런데 그 부강한 나라의 노동자들의 처지는 이리도 기가 막히다.

지난 30년간 우리는 도대체 무얼 했던 것일까? 이른바 민주정권을 한 번도 아니고 두 번씩이나 탄생시킨 나라에서 노동자들의 현실은 왜 이렇게 변하지 않은 것일까? 아니, 30년 전에는 이런 식의 마구잡이 해고도 없었고, 파업 노동자들 상대로 꿈도 꾸지 못할 정도로 거액의 손해배상소송을 내는 일도 없었다. 아니, 민주화 이전에는 비정규직이라는 말 자체가 없었다. 군사독재가 물러가고, 안기부나 보안사가 마구잡이로 사람을 잡아다가 고문하고 두들겨 패는 일도 사라지고, 보도지침도 땡전뉴스도 사라졌건만, 대명천지 민주화 된 세상에 비정규직이라는 괴물이 태어났다. 도급이니, 하청이니, 용역이니, 파견이니, 외주니 하는 웬만한 사람은 차이를 구별하기 힘든 아리송한 딱지를 단 사람들이 같은 작업장 내에 생겨나기 시작했다. 전태일에게 비정규직이 뭐냐고 묻는다면 그는 자신이 죽고 20년이 지난 뒤 나타나 순식간에 이 땅을 뒤엎은 비정규직에 대해서 설명할 수 있을까? 전태일은 그래도 근로기준법을 안고 싸울 수 있었지만, 지금 비정규직들은 그 근로기준법의 밖에서 오들오들 떨고 있다. 지난 30년, 우리는 도대체 무얼 했었기에 김진숙의 말처럼 전태일의 유서와 김주익의 유서가 같아야 하는 것일까.

민주화가 되면서 민주진영은 쪼개지기 시작했다. 영남과 호남이 갈라지고, 정치판에 들어간 사람들과 재야에 남은 사람들이 갈라지고, 재야에 남은 사람들은 다시 정치판에 들어가고 싶은 사람들과 그런 재주도 없는 사람들로 나뉘었다. 시민운동과 민중운동이 쩍 갈라지더니 민중운동의 중핵인 노동자들은 대기업과 중소기업으로, 정규직과 비정규직으로 확연히 갈라졌다. 반면 민주노동당도 생기고, 민주노총도 생기고, 전교조도 생기고, 삼성을 제외한 대기업에는 노동조합이 다 들어섰다. 군사독재시절 꿈도 꿀 수 없었던 일들이 노동운동 판에서도 현실화 되었건만, 노동운동은 표류하고 있다. 강고한 자본과 교활한 수구언론과 맞서기도 벅찬 판에, 노동자들은 정규직과 비정규직, 명퇴 대상과 잔류자로 나뉘어 노동자들끼리 서로 다투고 있다.

별로 멀지 않은 옛날, 민중의 편에, 노동자의 편에 서서 싸우던 사람들 중 어느새 저편에 가 있는 사람들이 많이 있다. 저편 정도가 아니라 이 대한민국에서 최고의 실력자로 꼽히는 사람들 중에는 젊은 시절 통일운동에, 노동운동에 몸 바쳤던 사람들이 많이 있다. 조국통일이 되었나, 노동해방이 되었나, 그런 것도 아닌데 젊은 날의 자신을 배신한 사람들이 이 땅에는 차고 넘친다. 그런 때 우리는 어디를 보아야 할까?

저자가 인도하는 처절한 현장은 우리가 다시 시작해야 할 출발선이다. 1970년대의 여공들도 배추시래기처럼 버려졌지만, 사정은 지금도 마찬가지다. 아니, 1970년대에는 배추시래기가 판자촌 골목길에 버려졌다면, 2010년의 배추시래기들은 초현대식 건물의 현관에 버려져 더 비참하고 초라해 보인다. 현장에서 만나는 사람들은 화가 날 정도로 소박한 꿈밖에는 꾸질 못한다. 월급이래 봐야 겨우 100만 원 남짓. 그들이 간직한 희망이란 고작 여태까지처럼 일하게 해달라는 것이다. 요즘 초등학생들 중에는 장래희망을 물으면 '정규직'이라고 답하는 아이들도 종종 있다고 한다. 지난 30년, 대한민국이 눈부시게 발전하는 동안, 대한민국의 어떤 아이들은 이렇게 신판 신분제에 적응해간다.

분단과 전쟁과 학살과 고문이 쓸고 간 이 땅이 지금 이만큼이라도 민주화 될 수 있었던 것은 그 시대의 가장 우수한 아들, 딸들이 고통받는 민중들과 함께하려고 했기 때문이다. 이 땅의 이곳저곳에서 "쌀 나무도 알고 있는 슬기로운 머리"를 가진 젊은이들이 "잠 한 숨 못 자고 술 기울이며" 그들의 고통에 동참하고자 했던 것이 한 방울 한 방울 떨어지는 물이 바위에 구멍을 내듯 세상을 바꾼 것이다. 그러나 지금 싸우는 노동자들은 참 외롭다. 2009년 4월 우연한 기회에 동희오토 노동자들이 싸우는 현장에 가보았다. 인기 경차 모닝을 만드는 동희오토는 생산직을 전부 비정규직으로 만든 한국자본주의의 '꿈의 공장'이다. 최저임금보다 20원 더 받는 동희오토 비정규직 노동자들을 응원하러 온 사람들은 최저임금보다 10원 더 받았다는 기륭전자 여성노동자들이었다.

진보진영에 있는 사람들은 모두 다 쌍용자동차 투쟁을 적극 응원했을 것이다. 그러나 저자가 전하는 쌍용 투사들의 뒷이야기는 참으로 우리들의 가슴을 아프게 한다. 우리 모두가 싸우는 노동자들을 성원하고 더 열심히 싸우라고 격려했다. 쌍용투쟁의 참가자들은 파업이 끝난 뒤 지금 어떤 모습일까? 백 군데가 넘게 이력서를 써냈건만, 쌍용해고자들은 쌍용에 근무했다는 이유만으로 면접조차 볼 수 없었다고 한다. 77일간의 파업기간 동안 열심히 박수쳐댄 우리는 이들이 겪어야 하는 고통에 대해서는 별 신경을 쓰지 못한 채, 새로 벌어진 싸움을 쫓아다니느라 정신을 차리지 못한다. 이들의 고통은 그때 열심히 박수쳐댄 우리 모두가 같이 나눠서 지고 가야 할 과제가 아닐까.

당혹스러운 일이지만 아직도 우리 사회 속에서 자신의 목소리를 낼 수 없는 집단이 많이 있다. 전태일 시절만 그랬던 것이 아니다. 오도엽이 자신의 글을 "기사도 르포도 아닌 삐라"라고까지 부르면서 "권리를 침탈당하고 잃은 쪽의 입장만을 편파적으로 많이, 아니 전부이다시피" 소개하고자 했던 이유는 아직도 자기 목소리를 낼 수 없는 사람들이 너무 많기 때문이다. 이런 사람들에게는 '연좌농성'이란 어려운 개념의 행동은 어울리지 않았다. 그들은 그저 '무릎이 팍 꺾여 이 자리에 주저앉은 것'일 뿐이다.

민주화가 되고, 민주정권이 들어서면서 노동자들의 삶은 더 팍팍해졌다. '야, 역시 민주화 운동하던 사람들이 정권을 잡으니 뭐가 달라

도 달라지는구나' 라는 모범을 우리는 만들어내지 못하였다. 그래서
생긴 혼란을 바로잡는 길은 고통 받고 있는 민중들의 삶 속에 뛰어드
는 수밖에 없다. 저자의 3년여에 걸친 작업이 보여주는 현실은 지금
이 순간 우리가 알아야 할 대한민국의 가장 생생한 단면이다.

권리를 위한 지독한 싸움

밥과 장미

초판 1쇄 2010년 5월 1일
초판 3쇄 2014년 6월 10일

글쓴이 | 오도엽
펴낸이 | 황규관
편집 | 엄기수 김은경

펴낸곳 | 도서출판 삶창
출판등록 | 2010년 11월 30일 제2010-000168호
주소 | 121-838 서울시 마포구 서교동 355-22 우암빌딩 4층
전화 | 02-848-3097 팩스 | 02-848-3094
홈페이지 | www.samchang.or.kr

디자인 | 이원우
인쇄 | 신화프린팅코아퍼레이션

ⓒ 오도엽, 2010
ISBN 978-89-90492-82-1 03330